L'argent de nos présidents

De Gaulle, Pompidou, Giscard d'Estaing, Mitterrand, Chirac, Sarkozy

Jean-Marc Philibert

L'argent de nos présidents

De Gaulle, Pompidou, Giscard d'Estaing, Mitterrand, Chirac, Sarkozy

Max Milo
Essais-Documents

Collection Essais-Documents, Paris, 2008
www.maxmilo.com
ISBN : 978-2-35341-046-0

Avant-propos

Au départ, l'idée paraissait simple. En cette fin d'année 2007, alors que le débat sur le style du nouveau président de la République déborde des colonnes de la presse, quelques voix isolées évoquent le général de Gaulle. À peine audibles dans le grand concert médiatique, elles comparent son ascétisme supposé au style « bling-bling » de son lointain successeur. Et puis plus rien. Les références au père de notre Constitution ne soulèvent aucun débat.

Quelle occasion en or, pourtant, d'aller y voir d'un peu plus près et de plonger dans l'histoire de notre République, tout juste quinquagénaire ! Quelle piste passionnante à explorer sur la trace des prédécesseurs de l'actuel locataire de l'Élysée ! Étudiés sous toutes les coutures, les six chefs de l'État qui se sont succédé à la tête du pays depuis 1958, n'ont, bizarrement, jamais fait l'objet d'une enquête approfondie sur le sujet. À l'exception de Nicolas Sarkozy justement et, dans une moindre mesure, de Jacques Chirac, le rapport à l'argent de Charles de Gaulle, Georges Pompidou, Valéry Giscard d'Estaing et François Mitterrand n'a été évoqué que de façon occasionnelle dans la presse, parfois à grand renfort d'allusions. Mais il a rarement été le sujet d'investigations poussées.

Il était temps d'y remédier et de s'intéresser un peu sérieusement à l'argent des présidents de la République. Il ne s'agit pas, ici, de détailler leurs décisions économiques, ni même de décortiquer le budget de l'État. Pas plus de revenir sur ces affaires politico-financières qui, dans la grande majorité des cas, trouvent leur origine dans le financement d'activités publiques plutôt que dans la recherche de profits personnels. Il s'agit plutôt de plonger au cœur de la personnalité de nos chefs d'État, d'aller à la rencontre de leur pratique de l'argent, de la relation qu'ils entretiennent avec ce nouveau dieu de la société de consommation. Et d'en profiter aussi pour jeter un œil tout au fond de leur portefeuille... Un travail d'autant plus excitant que le terrain est encore largement inexploré.

Au départ, donc, l'idée paraissait simple, mais bien vite, il a fallu se rendre à l'évidence. La tâche n'allait pas être facile. « Un livre sur les présidents et l'argent ? Franchement, je n'en vois pas l'intérêt... » Hubert Védrine, le président de l'Institut François Mitterrand, qui décline ce jour-là une rencontre dans le cadre de cette enquête, résume bien un sentiment largement répandu dans la classe politique : mieux vaut en dire le moins possible sur un sujet aussi sensible. « D'ailleurs, je n'ai rien à vous raconter, je n'ai rien vu. J'étais trop loin de l'Élysée », poursuit l'ancien ministre. Ce n'est pourtant pas ce que l'on croyait savoir de sa carrière. En tout cas, les choses sont claires : certains mots suffisent à clore le bec des oiseaux les plus bavards !

À vrai dire, sa réaction n'est pas surprenante. Malgré les discours, malgré la volonté affichée, malgré les concessions accordées, en général sous la pression de l'opinion, l'argent reste un sujet qu'on évite d'aborder dans notre vie publique. A fortiori lorsqu'il s'agit de celui des chefs d'État. Et la défiance n'est pas qu'une posture... Rendez-vous annulés, coups de téléphone restés sans suite, refus de répondre à des questions jugées « déplacées » ou simplement relevant « du domaine privé », un grand nombre des personnes sollicitées durant les dix mois qu'a duré cette enquête n'ont tout simplement pas souhaité donner suite. C'est leur droit le plus strict. Et quand d'autres se sont risqués à aborder le sujet, c'est le plus souvent sous le couvert de l'anonymat. Le courage de ceux qui ont accepté de se livrer à visage découvert n'en est que plus remarquable. Ils sont malheureusement une minorité.

Cela ne devrait pas être le cas. Certes, le président de la République est l'homme le plus puissant du pays. Depuis 1958, c'est même un véritable « monarque républicain » dont les pouvoirs sont immenses. Mais, justement pour cette raison, on pouvait espérer que les pratiques s'accorderaient avec les discours, que les engagements seraient pour une fois honorés, que le numéro un de l'État montrerait l'exemple. Bref, que dans les cabinets ministériels, au sein de l'administration ou dans les cercles du pouvoir, on ferait preuve de transparence !

C'était surtout faire preuve de naïveté que de le penser. La France n'est pas l'Amérique et, chez nous, l'argent sent toujours le soufre. Comme s'il était forcément mal acquis. C'est, bien sûr, un héritage de notre culture judéo-chrétienne, qui jette la pierre aux marchands du temple. Mais pas seulement. Les affaires politico-financières des années quatre-vingt/quatre-vingt-dix sont aussi passées par là. Dans la classe politique, dans les médias et dans l'opinion publique d'aujourd'hui, le mot *argent* garde un parfum de scandale.

Les présidents eux-mêmes semblent le penser. Ainsi, l'actuel chef de l'État et ses deux prédécesseurs toujours en vie, Valéry Giscard d'Estaing et Jacques Chirac, ont tous trois été contactés. Aucun n'a souhaité répondre à l'auteur. Pas plus que les héritiers de Charles de Gaulle ou de François Mitterrand. Seul Alain Pompidou, le fils du deuxième président de la Ve République, a accepté de répondre à quelques questions.

Malgré ces refus, l'exercice reste passionnant. Parce que tout est différent, il y a cinquante ans, lorsque Charles de Gaulle inaugure cette Ve République qu'il a façonnée à sa guise, parce qu'on ne parle pas de ces questions à l'époque comme on en parle aujourd'hui, parce que la sphère financière a désormais pris une place prépondérante dans notre vie, s'engager dans une comparaison de nos présidents ne manque pas de piquant. Et pour que cette comparaison soit vraiment parlante, il convient d'étudier chacun sous le même angle. Détailler leurs origines sociales, leur éducation, leur mariage, leur carrière, leur style présidentiel, mais aussi leur patrimoine ou leur reconversion à l'issue de leur mandat élyséen ; dégager les éléments qui rapprochent ou éloignent les uns et les autres ; les étudier côte à côte sous le prisme de l'argent ; éclairer les petits défauts de certains à la lumière des qualités des autres... à bien des égards, la mise en perspective est édifiante et permet de mieux cerner chacun.

Ce livre ne se veut pas un ouvrage à charge. En se penchant sur le rapport qu'entretiennent nos présidents à l'argent, il n'entend pas juger ni faire la morale. Juste constater, donner des faits qui, mis bout à bout, dévoilent un portrait intime des membres de ce très exclusif « club des Six ». Il souligne aussi, parfois, les contradictions entre un discours officiel et la réalité des documents ou des témoignages. Mais parce que nos présidents sont les personnages les plus importants de l'État, parce qu'ils sont nos représentants et l'image officielle de la France, ce pan de leur existence devait aussi être étudiée. D'abord, pour les comprendre. Après tout, les histoires d'argent ne sont intéressantes que par ce qu'elles révèlent de la personnalité des hommes...

PREMIÈRE PARTIE

LA VIE AVANT

Ou comment le personnage public, avant son accession à l'Élysée, entretient déjà un certain rapport à l'argent…

On ne construit pas un rapport à la société, aux hommes ou à l'argent en quelques années. C'est sur une vie que s'élaborent, par petites touches, les contours d'un tempérament. À mesure de l'expérience, ou des expériences, celui-ci se dessine, se rectifie, s'affine et parfois se fige. Un processus intime qui prend de nombreuses années.

Origine sociale et héritage familial, mariage d'amour ou de raison, carrière publique ou privée, passions… tout est prétexte à un nouvel apprentissage. C'est le fruit de choix déterminants faits par nos chefs d'État qui, à chaque étape, révèlent un peu plus leur personnalité. Parce qu'ils ne sont pas apparus vierges de toute expérience à leur arrivée à l'Élysée, leur « vie d'avant » livre un éclairage sans fard sur leur rapport à l'argent.

1. L'ORIGINE SOCIALE ET LA FAMILLE

Les bourgeois de province

Ils se sont connus, fréquentés et parfois combattus. Pourtant, ils se ressemblent. Charles de Gaulle, Georges Pompidou et François Mitterrand sont l'archétype d'un certain état esprit, d'abord dans le rapport à l'argent : les bourgeois de province. Une catégorie sociale qui sans être ostentatoire baigne dans une opulence discrète et mesurée. Nés tous trois dans des milieux petit-bourgeois, voire populaires, ils ont acquis cette dimension par leur héritage, leur histoire familiale ou leur parcours.

Charles de Gaulle est ainsi le fils d'un enseignant et d'une mère au foyer. À sa naissance à Lille, le 22 novembre 1890, Henri, son père, est professeur dans un collège de la banlieue lilloise tandis que Jeanne, sa mère, élève la fratrie qu'il constitue avec Xavier et Marie-Agnès, ses aînés, et Jacques et Pierre, respectivement âgés de trois et sept ans de moins que lui. Comme son père avant lui, Henri est profondément monarchiste et catholique pratiquant. Il est d'ailleurs durant un temps le précepteur des enfants du marquis de Talhouet, un ancien ministre et député de la Sarthe, avant de fonder un cours libre, l'école Louis-de-Fontanes.

Le jeune Charles s'épanouit ainsi dans cette famille de « hobereaux, des petits nobles, de la catégorie qui donne aussi bien des penseurs que des samouraïs. Ils avaient le sens de la patrie tout en n'ayant ni terre, ni mobilier, ni château à préserver », comme l'explique l'amiral Philippe de Gaulle en 1990, à l'occasion des vingt ans de la mort du Général [1]. Les de Gaulle n'ont effectivement pas de fortune. Et s'ils vivent confortablement, c'est d'abord dans l'idée qu'un sou est un sou. À cette époque, leur seul patrimoine est la considération due aux notables en cette fin de XIXe siècle. Pas de quoi se vautrer dans l'opulence...

La famille ne reste d'ailleurs pas dans le Nord et prend la route de Paris où Henri, le père, vient de décrocher un poste. Il est chargé d'enseigner la rhétorique, c'est-à-dire le latin et le grec, au collège jésuite de l'Immaculée-Conception, rue de Vaugirard à Paris. Ses élèves s'appellent alors Bernanos, de Lattre de Tassigny, Leclerc ou... Charles de Gaulle. Une situation que le jeune homme n'apprécie guère. « Il a même trouvé cela très désagréable : il avait l'impression d'avoir toujours quelqu'un sur le dos ! » raconte encore Philippe de Gaulle [2].

Après les années collège au Sacré-Cœur d'Antoing en Belgique et avant de prendre la direction de Stanislas, à Paris, Charles découvre les discussions animées avec ses camarades de classe et... l'écriture. À 15 ans, en 1905, son sens de la prospective est déjà bien aiguisé. Sorti de classe, le jeune homme consigne dans

1. Entretien avec Pierre Bois in *Le Figaro*, 12 avril 1990.
2. *Ibid.*

un petit carnet brun le récit d'une guerre imaginaire qu'il situe en France en 1931 : « Trois armées allemandes franchirent les Vosges [...]. En France, l'organisation fut faite très rapidement. Le général de Gaulle fut mis à la tête de 200 000 hommes et de 518 canons, le général de Boisdeffre commandait une armée de 150 000 hommes et 510 canons [...]. De Gaulle eut vite pris son plan, il fallait sauver Nancy, puis donner la main à Boisdeffre et écraser les Allemands [...]. De Gaulle savait qu'il jouait une partie décisive. » Trente-cinq ans plus tard, face à l'Allemagne nazie, les choses ne se sont malheureusement pas tout à fait passées comme cela.

Le jeune de Gaulle est en tout cas élevé dans le respect des règles et des traditions. À la maison, les enfants ne remettent pas en cause l'autorité des parents. Charles apprend l'importance des valeurs et d'abord celle de l'honneur. Son père, combattant défait de l'armée française contre l'Allemagne de 1870, tient à enseigner à ses enfants l'amour de la patrie plus que celui des biens matériels. En vacances, Henri emmène ses enfants à Stains où au Bourget, lieux de batailles perdues par l'armée française, où il a lui-même combattu avant de rendre les armes devant la puissance allemande. Un héritage spirituel qui a naturellement conduit Charles de Gaulle à présenter Saint-Cyr où il rentre en septembre 1909. Incorporé au 33e régiment d'infanterie d'Arras, il reçoit ses galons de caporal en 1910. Le début d'une longue carrière militaire.

Sous-officier puis officier, Charles de Gaulle récusera toute sa vie le terme *bourgeois* dont ses origines familiales sont accompagnées. « Ce n'est pas ma mentalité ni ma manière de vivre. Posséder a très peu d'importance pour moi », se défend-il devant les intrépides qui osent l'interroger sur un sujet aussi tabou. Les années de difficultés financières durant sa carrière militaire, mais aussi sa prodigalité – y compris à destination d'inconnus – et son caractère économe semblent le confirmer.

Pourtant les de Gaulle sont bien une famille bourgeoise... au sens du XVIIIe siècle. Ils le doivent à Jean-Baptiste, le lointain ancêtre mort en novembre 1797 à l'âge de 77 ans. Procureur au Parlement de Paris, il est le premier de la lignée à occuper un poste public important. Le *Dictionnaire de la vie politique française* de 1967 rappelle d'ailleurs perfidement, alors que de Gaulle est toujours à l'Élysée, que cet ascendant vaut à sa famille de figurer dans le *Recueil généalogique de la bourgeoisie ancienne*, publié à Paris en 1954. Jean-Baptiste est l'arrière-grand-père paternel du futur président de la République.

Mais, rien à faire : à la maison, pas question de parler d'argent. « Ce mot était tabou dans notre milieu, tant du côté de ma mère que de celui de mon père, confirme l'amiral Philippe de Gaulle [3]. Un jour, j'ai osé demander à table : "Combien papa gagne-t-il ?" Je devais avoir 8 ou 10 ans. On m'a immédiatement rétorqué : "On ne parle pas argent à table, et de toute façon, les enfants n'ont rien à en dire car, n'en gagnant pas, ça ne les regarde pas. » Une autre époque...

Né dans une famille bourgeoise, Charles de Gaulle récuse donc cette étiquette encombrante. Avec succès, d'ailleurs. Mais ce n'est pas le cas de son successeur, Georges Pompidou. Cet Auvergnat, fils d'enseignants et petit-fils de paysans, a, lui, acquis son statut de bourgeois et, à la différence de son illustre prédécesseur, n'en a jamais paru affecté.

Bien sûr, le parcours du deuxième président de la Ve République est différent de celui de son prédécesseur. Une génération sépare d'ailleurs les deux hommes qui n'ont pourtant presque jamais cessé de se témoigner une confiance réciproque jusqu'en 1968. Ainsi, quand Charles de Gaulle naît au XIXe siècle dans le Nord de la France, Georges Pompidou voit, lui, le jour le 5 juillet 1911, à Montboudif, dans le Cantal, un département qui fleure déjà bon le Sud.

Ses parents, Léon et Marie-Louise, sont tous deux instituteurs dans la commune voisine de Murat. Léon, pétri de principes

---

3. Philippe DE GAULLE, *De Gaulle, mon père*, Plon, 2003.

républicains, affiche clairement ses convictions radicales-socialistes. Mais il n'en est pas moins perméable aux traditions. En cette année 1911, la coutume auvergnate veut que la mère accouche dans son village natal. Marie-Louise et son époux s'y plient donc de bonne grâce. À 7 h 30 du matin, dans la maison familiale des Chavagnac, l'une des dynasties paysannes de ce village cantalien de cinq cents habitants, Marie-Louise donne naissance à son premier fils. Fous de joie, ses parents le baptisent Georges Jean Raymond.

C'est dans cette campagne montagneuse et rugueuse, entre plateaux battus par les vents et pâturages parsemés de vaches Salers, que pousse le petit Georges. Pendant que ses parents enseignent, l'enfant et sa sœur sont gardés par leur nourrice, Mme Estieu, qui s'adresse à eux tantôt en français, tantôt en patois. L'ambiance à la maison est studieuse et empruntée à la philosophie des Lumières. Les parents poussent leurs enfants à lire et étudier et les élèvent dans le respect des traditions de l'époque. Une éducation d'autant plus prise au sérieux que les Pompidou veulent s'élever socialement. Léon, originaire du sud du Cantal, est issu d'une famille de métayers, des paysans qui louent la terre à un propriétaire. Remarqué par son instituteur pour son application et son intelligence à l'école de la commune, il réussit à poursuivre ses études et devient, à force d'acharnement, professeur à l'école primaire de Murat, puis professeur d'espagnol à l'université de Clermont-Ferrand. À cette époque, l'ascenseur social semble encore avoir du ressort…

Pour le petit Georges, ces jeunes années sont heureuses. Écolier à Montboudif, le garçon est brillant et se fait remarquer. Il poursuit sa scolarité au collège puis au lycée La-Pérouse d'Albi avant de rejoindre Toulouse et le lycée Louis-le-Grand à Paris où, bac en poche, il prépare son entrée à l'École normale supérieure. « Normale Sup » qui prépare déjà la crème des enseignants de la République. Pompidou y brille en décrochant le premier prix de grec avant de devenir agrégé de littérature.

De ces jeunes années auvergnates, le deuxième président de la Ve République garde en tout un sens pratique, y compris au regard de l'argent. Cette disposition, c'est Valéry Giscard d'Estaing, son successeur au palais de l'Élysée, Auvergnat comme lui, qui en parle le mieux. « Il était méfiant, comme un Auvergnat de la montagne. S'il fallait rechercher les racines lointaines de cette méfiance, on les trouverait sans doute dans le mélange intime d'intelligence et de pauvreté qui a longtemps constitué le fondement culturel de la vie en Auvergne, mélange qui débouche naturellement sur la méfiance et sur la ruse. Méfiance vis-à-vis de celui qui veut acheter votre bien, bétail ou maison et qui cherche à vous voler sur le prix. Méfiance vis-à-vis de celui qui tente de s'introduire chez vous et dont on suspecte les intentions. Mais aussi intelligence, finesse, lucidité. L'Auvergnat ne se livre pas. Il observe, il soupèse, il compte [4]. »

S'il n'est pas Auvergnat, François Mitterrand aurait pu en revendiquer certains traits. À commencer par la méfiance et la ruse. Mais les points communs avec son prédécesseur ne s'arrêtent pas là. Le seul président socialiste de la Ve République, quatrième dans l'ordre d'apparition constitutionnel, est lui aussi un bourgeois de province. Né le 16 octobre 1916 en Charente, dans la petite ville de Jarnac, il est le fils de Joseph, un agent de la Compagnie des chemins de fer de Paris à Orléans qui deviendra industriel puis président de la Fédération des syndicats de fabricants de vinaigre de France, et d'Yvonne.

Cinquième d'une famille de huit enfants, le petit François ne manque de rien, mais les revenus limités de son père lui apprennent à distinguer le superflu du nécessaire. Son éducation est marquée par l'observance de règles strictes, frappées au sceau d'une religion janséniste, alors en vogue dans les milieux de la bourgeoisie provinciale. Chez les Mitterrand, il est exclu de parler argent. On préfère citer Saint-Luc. Mais on soutient aussi

4. *Le Figaro*, « Un grand président venu d'Auvergne », 2 avril 1994.

fermement les principes républicains même si les enfants vont à l'école privée.

À 9 ans, François est ainsi envoyé en internat au collège Saint-Paul d'Angoulême où la cloche sonne à 6 heures du matin. Il y effectue une scolarité brillante, mais lorsque ses camarades plus aisés partent en vacances à l'étranger ou aux sports d'hiver, lui se replie à Jarnac ou dans la maison maternelle de Touvent, en bordure du Périgord. Les Mitterrand n'ont pas la fortune de la bourgeoisie traditionnelle, mais ils en ont le statut...

C'est donc tout naturellement que Joseph Mitterrand nourrit des ambitions pour son fils et, en 1933, il envoie l'étudiant à Paris. En poche, un mot de recommandation pour François Mauriac, son idole. Le jeune Mitterrand, qui baigne déjà dans l'amour des livres, lui rend visite à plusieurs reprises. C'est le début d'une longue relation entre l'écrivain et son « personnage de roman ».

Dans la capitale, l'étudiant loge chez les pères maristes, 104 rue de Vaugirard. Un foyer idéalement situé dans le quartier Latin, où se trouvent aussi les facultés de droit et de lettres qu'il fréquente. François Mitterrand traverse ainsi l'agitation du Front populaire en 1936 en simple spectateur : c'est le seul luxe que lui laissent les maigres subsides qui arrivent de Jarnac. Quand survient la guerre, il a déjà ses diplômes en poche : licences de droit et de lettres, diplôme de l'École libre des sciences politiques. Mais le jeune homme, sorti avocat, est emporté, comme sa génération, dans le tourbillon de l'histoire...

Les réseaux en héritage

C'est certain : mieux vaut être « bien né » pour prétendre à une carrière dans les hautes sphères de l'État. Dans le cas de Valéry Giscard d'Estaing, l'expression n'est pas galvaudée et pour comprendre le rapport à l'argent du troisième président de la République, il faut d'abord commencer par connaître celui de sa famille, une longue lignée de notables aux velléités d'aristocrates...

Le moins que l'on puisse dire, c'est que le futur président est tombé dans la marmite du pouvoir et de l'argent quand il était petit. Ce n'est pas de sa faute, il s'agit juste de son héritage familial : chez les Giscard, politique et fortune se tutoient depuis l'Empire. Avec constance, la lignée a fourni au pays grands commis de l'État, hommes politiques et même intellectuels, voire intellectuels de la politique. Le destin n'est-il pas écrit d'avance lorsque votre père, votre grand-père et votre arrière-grand-père ont successivement siégé à l'Académie française ? Si ce n'est pas le cas, Valéry Giscard d'Estaing a en tout cas réussi à se faire élire à son tour à l'Institut en 2003. Sa façon de boucler l'histoire de la famille…

Une famille, certes riche, très riche, mais pas aristocrate et qui mettra de longues années à courir après sa particule. C'est l'ambition du patriarche, Valéry, grand-père du président du même nom, amplifiée après la guerre de 1914-1918, époque durant laquelle l'État, en pleine reconstruction, réclame de nouveaux serviteurs jeunes et ambitieux. Depuis son fief de Saint-Amant-Tallende dans le Puy-de-Dôme, Valéry Giscard senior pousse ses deux fils, Edmond et René, dans les bras du service public. Tandis que le premier devient inspecteur des finances et laboure les missions extérieures de la France à l'étranger, le second trouve sa place au Conseil d'État. Mais ce n'est pas suffisant. Les frères n'ont qu'une envie et qu'une passion : acquérir un château et le titre de noblesse qui va avec.

À ce petit jeu, c'est René, l'oncle du futur président, qui dégaine le premier. Il rachète le château abandonné des comtes de La Tour Fondue, sur la commune de Saint-Amant-Tallende au début des années vingt et s'attelle immédiatement à la restauration des vieilles pierres. Mais il entend aussi « relever » le titre, c'est-à-dire reprendre le titre de noblesse. Juridiquement, l'opération est possible sous réserve que soit constatée la mort de tous les ayants droit. Elle est avalisée par le Conseil d'État. Cela tombe bien, René est justement… conseiller d'État !

Malgré ces bonnes dispositions, cette première tentative échoue après qu'une lointaine héritière des La Tour Fondue s'est fait connaître. René conserve le château, mais voit le titre lui échapper. Ce n'est que partie remise pour le père et l'oncle du président. Désormais, c'est Edmond qui s'est mis en tête de « relever » un titre et son dévolu se porte sur le château de Murol. Située au-dessus du lac Chambon, dans un de ces cratères de volcan éteint qui font le charme de l'Auvergne, la propriété abandonnée appartient à la famille d'Estaing. Coup de chance, le dernier descendant connu, guillotiné à la Révolution, semble ne pas avoir laissé d'héritier. C'est ce que confirme le Conseil d'État qui, en 1923, au terme de deux décrets[5], autorise les frères Giscard à « relever » le nom des d'Estaing.

C'est donc sous le nom de Giscard d'Estaing que le petit Valéry vient au monde le 2 février 1926 à Coblence en Allemagne. Edmond, son père, est alors directeur des services financiers du Haut Commissariat de France en Rhénanie, cette partie de l'Allemagne occupée après la première guerre mondiale. Un poste prometteur vers lequel l'a poussé son propre beau-père, Jacques Bardoux, le père de son épouse May. Un personnage lui aussi… Député du Puy-de-Dôme et fils de ministre de la IIIe République, le grand-père maternel du futur président est une figure de la politique auvergnate et parisienne. Ses réseaux sont étoffés et nombreux et il entend bien les activer pour faciliter la carrière de son gendre. En attendant, rien de tel que l'étranger pour se forger une expérience. Peu importe que May, la mère du petit Valéry, ait voulu rester en Auvergne.

Heureusement pour elle, la famille ne s'attarde pas en Allemagne. Edmond a décidé de se lancer dans les affaires. Tout le monde déménage donc à Paris où, grâce au coup de pouce financier du grand-père Bardoux, en affaire avec la Banque d'Indochine et ses filiales, elle s'installe au 71 rue

---

5. Décrets du 17 juin 1922 et du 16 janvier 1923.

du Faubourg-Saint-Honoré, à deux pas de l'Élysée. Pas vraiment un quartier pauvre dans le Paris de la fin des années vingt…

À la maison, Valéry et sa sœur aînée Sylvie ne manquent de rien. Ils reçoivent une éducation plutôt raide où il est d'usage de vouvoyer ses parents. Le petit garçon apprend le piano, mais ne fréquente pas l'école primaire. C'est sa mère, May, qui fait office de précepteur durant ses premières années de scolarité…

Voilà qui sied à des propriétaires terriens alors qu'Edmond, entré lui aussi à la Banque d'Indochine où il grimpe rapidement les échelons, rachète en 1931 le château de la Varvasse. Cette superbe bâtisse du XVe siècle posée au milieu d'un parc de 15 hectares sur la commune de Chanonat en Auvergne, est alors une ruine noircie par les flammes. Elle ne sera habitable qu'en 1934. Le petit Valéry a alors tout juste 8 ans lorsqu'il découvre la vie de château à l'occasion de ses premières vacances à la Varvasse.

Brillant et intelligent, le garçon entre en 1935 à Janson-de-Sailly, ce prestigieux établissement de l'élite parisienne. Il suit parallèlement l'enseignement dispensé par l'école Gerson, une institution religieuse toute proche. Cela tombe bien, les Giscard d'Estaing viennent d'emménager à deux pas, au 101 avenue Henri-Martin, l'une des artères – déjà – les plus chères de Paris. Il faut dire que la famille s'agrandit avec les arrivées successives d'Olivier, d'Isabelle et de Marie-Laure. Edmond, lui, continue de faire son chemin dans les affaires. Il occupe désormais des postes de plus en plus importants au sein de filiales de la Banque d'Indochine : cultures tropicales, papeteries, chalandage et remorquage, sucrerie et raffinerie… De quoi se constituer un solide carnet d'adresses en France, mais aussi dans les territoires d'outre-mer et en Afrique. Son fils et ses neveux auront l'occasion d'en bénéficier des années plus tard et Edmond finira sa vie à la tête d'une liste de mandats à faire pâlir d'envie son fils, pourtant en poste à l'Élysée [6].

6. En 1975, Edmond Giscard d'Estaing est président de la SOFFO (Société financière pour la France et l'outre-mer) et administrateur de Thomson-Houston-Hotchkiss-Brandt, du Crédit foncier et immobilier, d'Air France, de

Mais la guerre rattrape la famille en septembre 1939. L'avancée allemande contraint May et les enfants à se réfugier à la Varvasse, tout en louant un appartement à Clermont-Ferrand pour que les grands puissent poursuivre leurs études. Edmond, lui, est mobilisé près de Paris. La situation ne dure toutefois que quelques mois et, après cet intermède dans le meilleur établissement de Clermont, le lycée Blaise-Pascal, Valéry réintègre Janson-de-Sailly à la rentrée 1940. Bac en poche, il prépare Polytechnique au lycée Louis-le-Grand, un autre de ces prestigieux établissements réservés à la meilleure société. Il n'entrera à l'X qu'en octobre 1946, après s'être engagé dans l'armée française pour plus de huit mois de campagne en Allemagne et en Autriche à bord d'un char.

« Plus tout à fait grand bourgeois, pas encore aristocrate », comme le dit l'ancien collaborateur de de Gaulle, Pierre-Louis Blanc[7], le tout jeune polytechnicien garde en tout cas de l'éducation reçue un sentiment de supériorité parfois exaspérant. Admis à l'ENA en 1949 (promotion Europe), il agace ses compagnons par son affectation et les artifices de son élocution. Sorti en 1951, il évite depuis de parler de ces années. « Les mauvaises langues disent qu'il n'a jamais pardonné à l'établissement de ne pas en être sorti major et d'avoir été classé après le plébéien Marceau Long », poursuit Pierre-Louis Blanc en évoquant le Giscard rencontré en 1975.

Un « mauvais » résultat difficile à avaler pour cet abonné des prix d'excellence, mais qui ne l'empêche pas d'intégrer l'Inspection des finances, l'un des corps les plus prestigieux de la haute administration. Les finances… quoi de plus normal pour VGE, né avec une cuillère en argent dans la bouche, et qui a toujours

---

Bergougnan, de Kléber-Colombes, de la Compagnie industrielle maritime et de Carbone-Lorraine. Il a tout au long de sa carrière accumulé nombre de présidences ou de postes d'administrateur, essentiellement dans des entreprises industrielles ou commerciales.

7. Pierre-Louis Blanc, *Valise diplomatique*, Éditions du Rocher, 2005.

considéré que l'argent était l'un des attributs normaux du pouvoir ?

Les self-made men

C'est sûr, pour eux, l'argent se gagne plus qu'il n'est dû. À cet égard, Jacques Chirac et Nicolas Sarkozy se ressemblent. Deux forces de caractère, déterminées à parvenir au sommet de l'échelle sociale à la force du poignet. Deux stratégies identiques qui révèlent un rapport à l'argent similaire. Deux bourreaux de travail aussi, capables d'aligner les heures au bureau comme d'autres les conquêtes féminines. Encore que les unes et les autres ne soient pas forcément incompatibles... Deux enfants des classes moyennes, enfin, qui ont réussi à se hisser parmi le 1 % de Français les plus riches.

L'opulence, pour le cinquième président de la Ve République et son successeur, cela se construit. Et quand on n'hérite pas des réseaux pour vous faciliter la tâche, reste à les mettre en place soi-même.

C'est ce qu'a vite compris le jeune Jacques Chirac, quelques années après sa naissance dans le 5e arrondissement de Paris, le 29 novembre 1932. Fils unique, le petit garçon est particulièrement couvé par sa mère, Marie-Louise. L'amour maternel de cette femme au foyer est d'autant plus fort qu'elle a perdu une petite fille dix ans auparavant à l'âge de 18 mois. Le petit Jacques est donc élevé dans une atmosphère particulièrement protectrice.

Son père, François, semble plus distant. Employé dans une banque, il gère les comptes de clients prestigieux tels que Marcel Bloch et Henri Potez, deux constructeurs d'avions dont il devient rapidement l'ami. Il finit d'ailleurs par démissionner de la banque pour être nommé directeur général des avions Potez. Et c'est dans la résidence des Potez sur la côte méditerranéenne que la famille Chirac se réfugie durant la seconde guerre mondiale.

Le petit garçon aurait aussi pu trouver refuge en Corrèze tant ses racines y sont profondément implantées. Ses quatre grands-parents y sont instituteurs. Un héritage auvergnat que le futur président saura plus tard parfaitement digérer en mêlant habilement l'efficacité de ses réseaux parisiens et la capacité d'accumulation des Auvergnats. Cocktail détonant, s'il en est…

En attendant, l'élève Chirac regagne Paris en famille après la guerre. Il s'installe avec ses parents dans un confortable appartement du 16e arrondissement et reprend ses études. D'abord au lycée Hoche de Saint-Cloud puis à Paris, aux lycées Carnot et Louis-le-Grand. Rien n'est trop beau pour ce fils unique qui, s'il ne roule pas sur l'or, ne manque de rien.

Au lycée, le jeune Jacques a déjà le tempérament bien forgé. Qualifié par ses professeurs « d'élève moyen qui travaille peu », il a compris où concentrer ses efforts pour parvenir à ses fins. À bien des égards, il est déjà cet épicurien, ce jouisseur, capable de donner un coup de pédale pour mieux profiter de l'instant suivant. Et histoire de mettre ces préceptes en pratique, il s'embarque à Dunkerque, à 17 ans, à bord d'un cargo pour les vacances. Cette fois-ci, ce sont les réseaux de son père qui lui permettent de goûter à la vie au long cours pendant quelques mois. Une expérience inoubliable pour le jeune Jacques dont il revient changé : en 1949, il signe l'appel de Stockholm rédigé par les communistes et distribue *L'Humanité*…

Cet « égarement » ne dure pas. À 18 ans, Jacques Chirac intègre Sciences Po et se met au travail. Il fréquente un temps Michel Rocard, rencontre Bernadette Chodron de Courcel, une jeune fille très catholique, avant de partir pour la première fois aux États-Unis en 1953 où il fréquente la Summer School de l'université de Harvard. Pour payer ses études, le jeune homme est plongeur dans un petit restaurant puis vendeur de glace. Une vie faite de « débrouilles » où chacun peut être maître de son destin à condition de s'en donner les moyens.

Rentré en France à l'automne 1953, Jacques Chirac se fiance avec Bernadette qu'il épouse en mars 1956. Il est alors temps pour lui d'intégrer la voie royale vers la réussite : l'ENA. Ce sera chose faite l'année suivante. Il sort de la promotion Vauban en 1959 pour intégrer directement la Cour des comptes. Il ne va pas tarder à entrer en politique.

Cet activisme consacré à sortir de sa condition, Jacques Chirac le partage donc avec son successeur, l'actuel président de la République, sixième dans l'ordre chronologique au tableau d'honneur de la Ve République, Nicolas Sarkozy. Que n'a-t-on déjà dit et écrit sur l'omniprésident et son « enfance déclassée » à Neuilly, le ghetto de riches de l'ouest parisien ? L'actuel locataire de l'Élysée est à lui seul un phénomène d'édition. Pourtant, au fil des enquêtes journalistiques, des ouvrages et des confidences des uns et des autres, il apparaît que, plus encore que pour les autres présidents, l'enfance de Nicolas Sarkozy a très clairement déterminé son rapport à l'argent.

C'est ce que raconte *Le Nouvel Observateur*[8] en décrivant un Nicolas Sarkozy « humilié » de la comparaison avec les fils de famille de Neuilly. Une vision des choses toute relative tant il est sûr que l'actuel président a grandi dans un milieu privilégié. Né le 28 janvier 1955, il est le deuxième fils d'un immigré hongrois, Pal Nagy Bocsa y Sarközy, qui a fui son pays natal devant l'occupation soviétique. Arrivé à Paris, ce père un peu fantasque et coureur de jupons rencontre en 1949 Andrée Mallah, une fille de médecin surnommée « Dadu », qu'il va vite séduire et épouser avant de lui faire trois enfants. La suite est l'histoire d'un couple qui aurait pu se rencontrer cinquante ans plus tard : le couple divorce en 1959, Pal allant refaire sa vie tandis qu'Andrée élève seule les trois enfants. Le mari volage rechigne à payer la pension alimentaire alors même qu'il fait fortune dans la publicité. Un épisode qui, selon ses proches, laisse des traces chez le jeune Nicolas. Il voit ainsi sa mère reprendre ses études de droit sous la contrainte financière et finir par décrocher son diplôme d'avocate.

---

8. *Le Nouvel Observateur*, « Sarkozy et l'argent », 17 mai 2007.

Les Sarkozy ne manquent pourtant de rien, même si ce n'est pas l'opulence tous les jours à la maison. Logés dans un hôtel particulier de la rue Fortuny, dans le quartier Monceau à Paris, ils partent en vacances à La Baule ou à Hendaye, à l'Alpe-d'Huez ou à Orgerus dans les Yvelines où le grand-père maternel possède une maison. Des endroits bien fréquentés où le jeune Nicolas se frotte à ces « fils de », enfants de capitaine d'industrie ou de barons de la finance.

Cette comparaison perpétuelle avec les « autres », les plus riches, les mieux nés que lui reste une dimension fondamentale du caractère de Nicolas Sarkozy. Comme le décrivent Renaud Dély et Didier Hassoux, « Sarkozy a besoin de se comparer pour admirer et seul l'argent est pris en compte [9] ». Un trait de caractère qui ira crescendo après le déménagement de la famille à Neuilly.

En 1973, la famille emménage avenue Charles-de-Gaulle, le quartier le moins huppé de l'opulente ville des Hauts-de-Seine. Nicolas a alors 18 ans et est, plus que jamais, confronté à beaucoup plus riche que lui. Des fils de famille fortunée, des héritiers, des aristocrates... Bref, le bottin mondain qui a élu domicile à Neuilly. Vexé, le jeune homme n'essaye pas de singer ces grands bourgeois à qui il ne peut pas ressembler. Au contraire, il mise sur la provoc' et surjoue le côté « peuple » pour mieux marquer sa différence. Mais son idée est faite : l'argent est une clé d'accès au pouvoir autant qu'un signe de reconnaissance.

Fort du constat, le jeune homme s'inscrit à Sciences Po après avoir passé ses années lycée sur les bancs du très chic cours Saint-Louis de Monceau. Des études pas forcément brillantes puisqu'il n'obtient pas son diplôme. Il hésite un temps entre la carrière de journaliste et celle d'avocat. Pas longtemps : il s'inscrit à la fac de droit de Nanterre où il obtient une maîtrise de

9. Renaud Dély et Didier Hassoux, *Sarkozy et l'argent roi*, Calmann-Lévy, 2008.

droit privé. Comme celle de Jacques Chirac, la carrière de Nicolas Sarkozy est lancée à la force du poignet.

2. Mariage et belle-famille

Qu'elles sont importantes ces alliances constituées à l'occasion de mariages avec une famille puissante ! Qu'elles sont décisives, ces dames de cœur qui emmènent leur mari sur les chemins de la fortune ou de l'ascèse ! Parce qu'elles occupent justement une place à part dans l'univers des hommes en général et des présidents de la République en particulier, elles méritent aussi qu'on s'attarde sur leur parcours et leur histoire. Elles révèlent aussi la personnalité des hommes qui pour certains s'allient au nom de la raison quand d'autres répondent à l'appel de l'amour.

Les noces de pouvoir

Dans ce monde-là, on ne se marie pas par amour. On se marie d'abord par convention. Il s'agit tout de même de ne pas épouser n'importe qui. Le mariage est un acte stratégique. Qu'il s'agisse de reproduire un milieu social trié sur le volet ou bien de progresser socialement, il obéit aux mêmes règles. Et ceux qui s'y soumettent révèlent pour une part leur vision de la société. C'est ce qui rapproche les troisième et cinquième de nos présidents, Valéry Giscard d'Estaing et Jacques Chirac.

Quand il rencontre la jeune Anne-Aymone de Brantes, en 1952, Valéry a l'allure du brillant polytechnicien et énarque qu'il est devenu. Le voilà nommé, à 26 ans, adjoint à l'Inspection des finances, l'un des postes les plus enviés et les mieux rémunérés de la République. Mais c'est aussi un univers de ronds de cuir qui manque cruellement de présence féminine. Cela tombe bien, car May, sa mère, a décidé de le marier. Et Anne-Aymone de Brantes est justement un excellent parti pour son « Valy ».

May Giscard d'Estaing organise donc elle-même la première rencontre entre son fils et la jeune fille. Elle a lieu à Saint-Tropez, dans la maison des de Brantes. Les deux familles se connaissent et s'apprécient. Elles se fréquentent déjà dans les cercles de la bonne société. Anne-Aymone est alors une jeune fille timide de 18 ans, un peu surprise par l'arrivée de ce grand échalas à la calvitie déjà naissante.

Elle est surtout l'héritière de la dynastie Schneider, une très influente famille d'industriels dont le patriarche a créé le plus grand groupe sidérurgique français. Un groupe qui rayonne bien au-delà du Creusot où l'a implanté son fondateur. Forte de ses dizaines de milliers d'ouvriers, la société d'Eugène Schneider est même colossale et sa puissance s'incarne dans le Comité des forges dont elle est le pivot. Le Comité des forges : l'ancêtre de l'UIMM [10], dont les pratiques à base de virements bancaires secrets et de valises de billets ont été mises au jour fin 2007...

Autant dire que la fortune de la famille est immense. Une fortune à laquelle François de Brantes, le père d'Anne-Aymone, ajoute le glamour en épousant une princesse, Aymone de Faucigny-Lucinge et Coligny. Valéry Giscard d'Estaing sait tout cela lorsqu'il se présente à la maison de Saint-Tropez en compagnie de May en cet été 1952.

Tous deux réservés et timides, les deux jeunes gens se rencontrent et se parlent. Un peu. Il n'en faut pourtant pas plus à Valéry pour tomber amoureux et, dès septembre, les deux tourtereaux se fiancent. Leur mariage est célébré le 23 décembre, toujours de la même année, au château de Fresnes, une demeure de famille, près d'Authon dans le Loir-et-Cher. Mariage mondain, mariage d'amour « où s'unissent deux consentements et deux paquets d'actions », persiflent les mauvaises langues [11].

10. Union des industries minières et métallurgiques.
11. Albert-Paul Lentin, *Les Héritiers du Général*, Denoël, 1969.

De paquet d'actions, Jacques Chirac n'en apporte pas lorsqu'il se présente devant M. le Maire ce 16 mars 1956 au bras de Bernadette. C'est même plutôt l'inverse tant le marié est mal doté face à sa promise. Il faut dire qu'elle aussi appartient à une dynastie, celle des Chodron de Courcel, dont une branche a accédé à la noblesse au XIXe siècle. Le jeune Parisien aux racines corréziennes issu de la classe moyenne s'est-il vu en Rastignac du XXe siècle ? Si c'est le cas, il a misé sur le mauvais cheval : Bernadette est issue de la branche dépourvue de sang bleu…

Mais elle n'est pas dépourvue de moyens. Son père, Jean de Courcel, a longtemps dirigé, avec l'un de ses deux frères, deux grosses manufactures dans le Loiret : une fabrique d'émaux à Briare et une usine de faïences à Gien. La première a compté jusqu'à 1 400 salariés, tandis que la seconde en accueille 800. De quoi générer de coquets bénéfices… Les deux manufactures ont d'ailleurs été vendues en 1962, assurant à la famille de Bernadette un confortable matelas.

Jacques et Bernadette Chodron de Courcel se connaissent en tout cas depuis plusieurs années déjà. Ils se sont rencontrés sur les bancs de Sciences Po, rue Saint-Dominique à Paris. Le jeune homme est tout de suite impressionné par cette étudiante intrépide qui n'hésite pas à prendre la parole en public lors du premier jour de cours. Elle le trouve de son côté bien trop séducteur lorsqu'il vient lui proposer de faire partie de son groupe de travail.

Les deux jeunes gens se rapprochent toutefois durant ses années universitaires. Mais en 1953, Jacques prend la direction de Harvard aux États-Unis. Beau parleur, séducteur, un avantageux petit accent français à la bouche… il y rencontre une jeune Américaine avec qui il se fiance. Mais l'idylle ne dure pas. Chirac rompt deux mois plus tard. À son retour en France, à l'automne 1953, c'est avec Bernadette qu'il noue ses fiançailles. Même roturière, c'est dans une famille aux multiples réseaux que le jeune premier met les pieds en épousant Bernadette.

Les noces de province

Il en va de ces mariages comme de la vie des bourgeois de province : ils ne sont pas le fruit d'une stratégie, mais plutôt du respect des conventions sociales profondément enracinées dans leur système de pensées. On ne se marie pas par passion, mais au nom de la raison. Arrangées ou spontanées, leurs unions répondent d'abord à un impératif social.

Lorsque le jeune capitaine de Gaulle rencontre Yvonne Vendroux à l'automne 1920 dans un salon parisien, ce n'est pas l'amour qui guide son cœur. Certes, la jeune fille, qui affiche dix ans de moins que lui, est charmante, discrète et bien élevée. Le futur président n'y est pas insensible, lui qui apprécie la gent féminine. Mais l'officier, en passe de devenir commandant, a 30 ans et il est temps de lui trouver une épouse. Comme souvent chez le fondateur de la Vᵉ République, c'est donc la raison qui dicte les choix.

Fille d'une famille de riches industriels, Yvonne Vendroux est, elle aussi, originaire du Nord de la France. Elle est née à Calais le 22 mai 1900 où ses parents Jacques et Marguerite Vendroux se sont installés quelques années auparavant. À la tête d'un armement naval, les Vendroux sont des notables de ce XXᵉ siècle naissant. « La mère de ma mère avait obtenu le permis de conduire nº 4 en France, et ce fut chez ses parents que fut posée la première ligne téléphonique de la ville », raconte l'amiral Philippe de Gaulle[12]. Rien de contradictoire avec une éducation très catholique.

Lorsque la famille déménage en banlieue parisienne, c'est donc tout naturellement que la jeune Yvonne fréquente l'école Sainte-Agnès des dames dominicaines à Asnières, dans les Hauts-de-Seine, une institution religieuse comme il convient aux jeunes filles de bonne famille. On y dispense des cours de religion bien sûr, mais aussi les « humanités féminines », c'est-à-dire

12. Entretien avec Pierre Bois in *Le Figaro*, 12 avril 1990.

la cuisine et la couture parallèlement à l'histoire de l'art. La future première « première dame » de France en gardera de stricts principes moraux.

Lorsqu'elle découvre ce grand échalas sanglé dans son uniforme de capitaine, Yvonne a donc 20 ans, l'âge de tous les possibles. Leur rencontre a été arrangée par leurs parents respectifs. Tout auréolé de son statut de héros de guerre [13], Charles de Gaulle séduit rapidement la jeune fille. Ils se marient le 6 avril 1921 à la cathédrale Notre-Dame de Calais. Lui en grand uniforme et gants blancs, elle « le front couronné de fleurettes, a les yeux baissés d'une communiante [14] ». Philippe, leur premier enfant, naît huit mois plus tard. Deux filles suivront.

Bien sûr, Yvonne est issue d'une famille fortunée. Son père, Jacques Vendroux, est un industriel prospère qui, de l'armement naval se reconvertit dans la biscuiterie. Il fournit notamment l'armée française en rations de guerre durant le premier conflit mondial. Une rente de situation susceptible de constituer un solide patrimoine. Pourtant, Charles de Gaulle n'entend activer ni les réseaux ni la fortune constitués par son beau-père. Il n'en a pas besoin… Pendant ces années de casernement, en France ou à l'étranger, l'armée s'occupe de tout : logement, nourriture, transport. Dans cet entre-deux-guerres sous tension, Marianne n'est pas avare avec ses militaires.

À la maison, en revanche, c'est Yvonne qui gère la cassette personnelle du couple. « Les dépenses courantes et la gestion du budget du ménage, c'était l'affaire des femmes ou, comme le précisait mon père, "le privilège des femmes". Il aurait trouvé de très mauvais goût d'avoir à s'en mêler », précise leur fils, Philippe [15]. C'est donc elle qui tient les comptes, sans plus d'ostentation que son militaire de mari. Si elle fréquente le Bon Marché, le magasin chic de la rive gauche, elle n'y achète

---

13. Charles de Gaulle a été blessé durant la première guerre mondiale, tout comme ses trois frères. Tous reviendront vivants.

14. Philippe DE GAULLE, *Mon père en images*, Michel Lafon, 2006.

15. Philippe DE GAULLE, *De Gaulle, mon père*, Plon, 2003.

jamais plus que de raison. L'époque n'est pas encore atteinte par la fièvre du shopping…

Mariés par convenance, le couple de Gaulle va quoi qu'il en soit se révéler comme l'un des plus solides de la Ve République. Certes traditionnel, voire traditionaliste, mais aussi complice et où l'amour n'est pas absent. Toute sa vie, celle que les Français vont surnommer « Tante Yvonne » va veiller sur le destin et la santé de son grand homme. « C'est la personne qu'elle aime le plus au monde. Mon père a toujours compté plus dans son cœur que nous, ses enfants », se rappelle Philippe de Gaulle[16]. Un amour que le Général lui rend bien, comme l'attestent de nombreux témoignages des proches collaborateurs du futur président.

Complices et partenaires, c'est également le couple que forment, dans les premières années, François et Danielle Mitterrand. Si leurs relations ont été longuement disséquées par la presse et les observateurs, notamment après la révélation publique de l'existence d'une deuxième famille et d'un enfant adultérin, leur rencontre est bien moins connue.

Elle survient en pleine guerre mondiale. Ancien prisonnier de guerre, jeune fonctionnaire de Vichy, François Mitterrand intègre parallèlement la Résistance en 1943. Le jeune homme, qui répond au surnom de Morland, a alors 27 ans et mène des missions clandestines essentiellement dans la capitale. C'est en mars 1944 qu'il rencontre par l'intermédiaire de Christine Gouze, la fille d'une famille de résistants, la jeune Danielle, sa sœur de 17 ans. Elle-même est agent de liaison pour le compte d'un autre réseau.

Lorsque Morland-Mitterrand doit fuir Paris, deux mois plus tard, c'est donc tout naturellement Danielle qui facilite sa fuite en Bourgogne. Le couple, qui voyage en train, se sait recherché par la Gestapo. Aussi, lorsqu'un contrôle se précise, jouent-ils les

16. *Ibid.*

amoureux pour mieux tromper la vigilance des Allemands. À l'arrivée, le couple factice se fiance… pour de vrai. Il se marie le 28 octobre 1944.

Alliance de combat plus que de passion, le couple François-Danielle Mitterrand est, s'il en est, placé sous le signe de la raison. Lorsqu'ils se rencontrent, François rêve déjà à son destin national et Danielle est une militante qui veut agir. Entre eux, il ne sera jamais question d'argent…

Mais comment aborder les dames de cœur de François Mitterrand sans évoquer aussi Anne Pingeot ? Sans rentrer dans les détails d'une passion hors du commun entre deux êtres humains, leur rencontre mérite l'attention pour ce qu'elle influence le cours des affaires publiques…

La jeune femme, en vacances avec ses parents, a tout juste 18 ans lorsqu'apparaît dans sa vie l'homme politique. Il est alors âgé de 45 ans et ni leur différence d'âge ni sa situation matrimoniale ne vont contrarier leur coup de foudre. Anne est la fille de Pierre Pingeot, un industriel né un an avant François Mitterrand. C'est au club-house du club de golf d'Hossegor, dans les Landes, que les deux hommes se rencontrent à l'été 1961. Invité à déjeuner avec sa femme Danielle, le futur président débarque dans la Villa Lohia de la famille Pingeot.

Il est très vite séduit par Anne, la cadette de la famille, « brune à la taille de guêpe et aux airs de sauvageonne [qui] conjugue la retenue de ses manières rangées à l'audace de son regard vert d'eau [17]. » Lui la fascine et l'intimide. Ils discutent une bonne partie de l'après-midi. « Qui comprend alors ce qui s'ébauche, cet été, entre cette jeune fille de 18 ans et cet homme de 45 ans ? Personne ou presque. »

C'est pourtant le début d'une histoire passionnelle, longue de trente-cinq ans et au cours de laquelle Anne Pingeot va suivre François Mitterrand comme son ombre. C'est notamment le cas en 1974, durant la campagne électorale qui l'oppose à Giscard.

---

17. Ariane CHEMIN et Géraldine CATALANO, *Une Famille au secret*, Stock, 2005.

Mais cette année-là, la jeune femme doit bientôt cesser d'accompagner le candidat. Enceinte, la rondeur de son ventre risque de révéler leur secret. Elle s'éloigne donc quelque temps et met au monde une petite fille le 18 décembre 1974. C'est Mazarine...

Entre ces deux-là non plus, il ne sera jamais question d'argent. Dans leur contrat, seul l'amour fait partie de la transaction. Mais pour l'homme mûr qu'est François Mitterrand, il est évident que c'est à lui de prendre en charge la jeune femme. Et il ne s'en prive pas, l'installant notamment dans une maison qu'il fait construire à Gordes, dans le Vaucluse, en 1976. Pour l'occasion, le député de la Nièvre demande à son fidèle conseiller, François de Grossouvre, de constituer une société civile immobilière. La SCI Lourdanaud est créée à Trevesse, dans l'Allier. Groussouvre en détient 988 parts, son épouse Claude 10. « Les deux dernières appartiennent à "Melle Anne Pingeot, conservateur de musée" qui appose sa sage signature au bas des documents [18]. »

Il en sera de même après 1981. Devenu président de la République, François Mitterrand veille à ce qu'Anne et sa fille ne manquent de rien. Mais, cette fois-ci, la République est mise à contribution [19]...

L'amour n'est pas si loin

Entre les Pompidou non plus, il n'a jamais été question d'argent. Leur rencontre, c'est même la plus belle histoire d'amour de la Ve République. L'histoire d'un couple uni et complice qui n'avait pas forcément choisi la politique. Un exemple presque unique dans les palais de la République.

Lorsque Georges Pompidou et Claude Cahour se rencontrent à Paris en 1934, les deux jeunes gens ont presque le même âge. Lui, du haut de ses 23 ans, sort de Normale Sup où il vient d'être reçu premier à l'agrégation de Lettres. Elle, fille de médecin

18. *Ibid.*
19. Lire chap. « Petits privilèges à partager ».

parisien, a un an de moins et fréquente autant les universités que les cafés du quartier Latin. Entre eux, le courant passe immédiatement autour de leur passion commune : l'art contemporain. « Lorsque j'ai rencontré Georges Pompidou, il se passionnait déjà pour l'art contemporain. Ainsi, alors qu'il préparait encore l'École normale supérieure, acheta-t-il, à 18 ans *La Femme 100 têtes* de Max Ernst qui venait d'être publié », explique Claude en 1994 [20].

Très vite, les deux amoureux roucoulent ainsi devant les tableaux de Kandisky ou de Klee. Mais pas seulement. En 1935, dans les parcs et les cafés du quartier Latin, Claude passe aussi des après-midi entiers à écouter Georges lui déclamer des poèmes. Le jeune homme y excelle. La poésie est son autre passion.

Georges et Claude se marient le 30 octobre 1935. Leur fils Alain, naît sept ans plus tard. Entre les deux époux règne plus qu'une forte complicité, un véritable amour. Jamais, dans leur couple, il ne sera question d'argent.

Leur relation est d'une telle intensité que Claude finit par devenir le maillon faible de l'homme politique. Ainsi, la seule affaire dont le futur président ait vraiment à souffrir le vise à travers sa femme. C'est l'affaire Markovic, du nom du garde du corps d'Alain Delon, retrouvé assassiné en 1969. Au cours des investigations, les enquêteurs mettront à jour un complot visant à compromettre Claude Pompidou, accusée de participer à des parties fines données par des figures du Milieu. Des accusations qui atteignent Georges Pompidou au cœur.

De toutes les premières dames, Claude Pompidou a en tout cas été celle qui a apprécié le moins l'Élysée. L'élection de son mari en 1969 est même pour elle une véritable catastrophe. Locataire du palais de la République du 15 juin 1969 au 4 avril 1974, la femme du deuxième président de la Ve République n'a jamais souhaité y remettre les pieds après son départ.

20. *Autour d'une collection, Le Président et Mme Georges Pompidou*, Éd. Maison des arts Georges Pompidou, 1994.

« L'Élysée m'a beaucoup coûté. On perd toute indépendance. C'est une maison qui n'est pas agréable », se souvient-elle encore quinze ans après son départ[21]. Amatrice, comme son mari, de plaisirs simples, elle regrette particulièrement les visites aux galeries d'art et aux expositions.

Pourtant, Claude Pompidou a aussi l'occasion de satisfaire à sa passion de l'art contemporain à l'Élysée. À son initiative, le nouveau couple présidentiel redécore entièrement le vieil hôtel particulier de la Pompadour. Il meuble les salons de mobiliers contemporains, accroche aux murs les œuvres de Soulages ou de Sonia Delaunay et fait même réaliser une antichambre, à l'entrée de l'Élysée, par le plasticien Agam. Un choc artistique pour beaucoup. « Notre but était de faire de ce palais un peu triste, où nous devions recevoir les hôtes de la France, une demeure agréable. Malheureusement, notre action n'a pas toujours été bien perçue[22] », regrette-t-elle en 1994.

Comme le dit le chroniqueur Henri-Jean Servat, après Yvonne de Gaulle, « Claude Pompidou introduit la modernité à l'Élysée[23] ». Le contraste est en effet saisissant par rapport à « Tante Yvonne ». Ainsi, elle lance la mode de la haute couture rue du Faubourg-Saint-Honoré et, pour la première fois, commence à promouvoir la création française à travers son rôle de première dame. « Traditionnellement, les couturiers sont contents d'habiller la femme du chef de l'État. Ils vous font un ou deux modèles et la règle, bien sûr, c'est de rendre », précise-t-elle à Henri-Jean Servat[24], comme si cela n'était pas évident… Imaginait-elle qu'un top-modèle lui succéderait un jour dans le palais de la République ?

---

21. *Le Monde,* « Un entretien avec Mme Claude Pompidou », 30 novembre 1989.

22. *Autour d'une collection. Le Président et Mme Georges Pompidou,* Éd. Maison des arts Georges Pompidou, 1994.

23. Entretien avec l'auteur le 8 mai 2008.

24. *Premières Dames,* documentaire de Jean-Luc Prévost et Henri-Jean Servat, diffusé le 10 novembre 2007 sur France 3.

Femmes trophées

S'il y a un président dont le rapport à l'argent peut s'analyser à travers les femmes, alors il s'agit de Nicolas Sarkozy. Les relations avec la gent féminine de l'actuel locataire du palais de l'Élysée constituent même un élément fondamental de son schéma de pensée. Amoureux, il est capable de faire les plus grandes folies, y compris financières, pour plaire à sa belle. Et une chose est sûre, notre président, enfant de son époque, raconte son histoire et ses ambitions à travers ses relations conjugales.

Marie-Dominique Culioli, Cécilia Ciganer-Albeniz, Carla Bruni : Nicolas Sarkozy, comme beaucoup d'hommes de son temps, a eu plusieurs vies et s'est marié plusieurs fois. Trois fois exactement, à l'heure d'aujourd'hui. Rien ne l'en empêche. Mais, dans son cas, son parcours sentimental a ceci d'intéressant qu'il récapitule l'évolution de son rapport à l'argent.

Lorsqu'il épouse, en premières noces, Marie-Dominique Culioli, une jeune Neuilléenne d'origine corse, le 23 septembre 1982, le futur président a déjà les deux pieds en politique. À sa droite, ses témoins, Charles Pasqua et Brice Hortefeux, sont d'abord son mentor et son bras droit. Le jeune avocat de 27 ans, qui ne fréquente déjà plus beaucoup le palais de justice, est conseiller municipal de Neuilly-sur-Seine depuis 1977. C'est dans la meilleure société qu'il a rencontré Marie-Dominique, parente du maire de l'époque, Achille Peretti.

Fille du pharmacien de Vico, une petite ville corse près de Cargèse, la jeune femme est aussi jolie que discrète. Elle est catholique, modeste, et ne fréquente que très peu les dîners en ville. Autant dire que son mariage avec Nicolas Sarkozy, qui lui a fait une cour assidue, change sa vie.

Dès les premiers mois de vie commune, le jeune couple commence à recevoir dans son appartement qu'il loue au-dessus de celui de « Dadu », la mère du futur président, avenue Charles-de-Gaulle, à Neuilly. Il se met à fréquenter la jet-set locale, part en vacances en Corse ou à Megève. Nicolas Sarkozy, déjà proche d'Achille Peretti pour l'avoir soutenu dans de précédentes campagnes électorales délicates, a toutes les raisons de recevoir régulièrement à dîner son parent par alliance. Une parenté avec le maire qui va aussi lui servir pour enlever la ville au nez et à la barbe de Charles Pasqua en 1983, à la mort de Peretti.

Marié à une Neuilléenne, Nicolas Sarkozy conquiert donc Neuilly à 28 ans grâce à son entregent, mais aussi aux réseaux de son épouse. Il va dès lors pouvoir mettre en place ses propres soutiens depuis son bureau de maire de Neuilly où défile bientôt tout ce que la ville la plus riche de France compte de grandes fortunes, d'artistes, d'avocats et de « people ».

Ce n'est pas dans son bureau, mais dans la salle des mariages de sa mairie qu'il rencontre Cécilia Ciganer-Albeniz pour la première fois, le 10 août 1984. Le jeune maire préside en effet son... union avec l'animateur vedette Jacques Martin. Un coup de foudre immédiat pour Nicolas Sarkozy qui tombe amoureux de la belle, enceinte jusqu'aux yeux. Il n'a, dès lors, de cesse de conquérir cet ex-mannequin, petite-fille d'ambassadeur.

Lorsqu'il y parvient, à l'issue d'une longue liaison clandestine conclue par la haine tenace que lui voue désormais Jacques Martin, le mari trompé, Nicolas Sarkozy change à la fois d'épouse et de statut social. Ce 23 octobre 1996, à la mairie de Neuilly, le futur sixième président de la Ve République dit oui à Cécilia devant ses témoins, Martin Bouygues et Bernard Arnault, deux grands patrons et surtout deux piliers du capitalisme français. Le petit avocat a fait du chemin depuis son « enfance déclassée » dans la ville la plus riche de France...

« Son premier mariage était 100 % politique ; le second 100 % CAC 40 », écrit *Le Nouvel Observateur*[25], dans une enquête publiée

---

25. *Le Nouvel Observateur*, « Sarkozy et l'argent », 17 mai 2007.

juste après l'accession au pouvoir du nouveau chef de l'État. Et de fait, son union avec Cécilia va faire basculer Nicolas Sarkozy dans une nouvelle dimension. Celle de l'amour de l'argent, du luxe et de l'ostentation. Finies les vacances au Pyla et le bassin d'Arcachon : trop ringard. Désormais, le nouveau couple Sarkozy descend à l'hôtel Normandy de Deauville ou à l'hôtel Hermitage de La Baule. Des cinq étoiles à 500 euros la nuit qui appartiennent à l'ami Dominique Desseigne, l'actionnaire majoritaire du groupe Barrière. « Avant Cécilia, Nicolas ne fréquentait pas tous ces palaces », constate Andrée Sarkozy, la mère du futur président. Une évolution qui culmine avec la soirée du 6 mai 2007, le soir de son élection, au Fouquet's, l'établissement huppé des Champs-Élysées. « C'est bien sûr elle qui l'a organisé et a dressé la liste des invités », assurent les proches de l'actuel chef de l'État.

Le couple Nicolas-Cécilia plonge ainsi à corps perdu dans le luxe. Grands couturiers, vacances royales, mais aussi cocktails mondains et invitations prestigieuses… la fille du fourreur de la rue François-Ier est à son aise. Sa jeunesse dorée, passée entre l'appartement de ses parents, rue Marbeuf, près des Champs-Élysées, et l'institut de l'Assomption où elle a fait ses études, rue de Lübeck, lui a donné les clés du monde des riches. Sans compter que, depuis son divorce d'avec Jacques Martin, la nouvelle Mme Sarkozy perçoit une pension alimentaire de plus de 50 000 francs (environ 8 500 euros)[26]. De quoi mettre du caviar dans les épinards…

Méthodiquement, les Sarkozy reçoivent donc, dans l'appartement qu'ils louent rue Pierre-Charron, près des Champs-Élysées, tout ce que Paris compte de puissants et de célèbres. Une stratégie qu'ils poursuivent après leur emménagement dans le duplex de 216 mètres carrés qu'ils achètent en 1997 sur l'île de la Jatte, à Neuilly.

---

26. Renaud Dély et Didier Hassoux, *Sarkozy et l'argent roi*, Calmann-Lévy, 2008.

Pourtant, rien ne va plus entre les deux amoureux. Si Nicolas n'a de cesse de démontrer son amour, on la sent, de son côté, plus distante et sur la réserve. Comme si partager la vie de ce bourreau de travail hyperactif l'ennuyait profondément.

La crise éclate en 2005. Cécilia finit par claquer la porte du ministère de l'Intérieur où vient de se réinstaller son mari. Alors que les époux s'éloignent depuis de longs mois déjà, la publication, à l'été par Paris-Match, de photos de Cécilia dans les rues de New York en compagnie de son amant, Richard Attias [27], officialise le revers de fortune de celui que tout le monde perçoit déjà comme le futur candidat de la droite à l'élection présidentielle de 2007. On connaît la suite : Nicolas Sarkozy parvient à convaincre son égérie de revenir à ses côtés le temps de la campagne puis de la victoire présidentielle. Mais le retour de flamme n'est que de courte durée. Et le 25 octobre 2007, les époux Sarkozy finissent par divorcer.

Comme si le temps ne passait pas à la même vitesse pour « l'hyperprésident » que pour le commun des mortels, le chef de l'État, jusque-là transi d'amour pour Cécilia, ne met que quelques mois à remonter la pente. Là aussi, l'histoire officielle est connue de tous, tant les méandres de la vie sentimentale de Nicolas Sarkozy font alors partie du domaine public.

Ce 13 novembre 2007, le publicitaire Jacques Séguéla, l'homme de « la force tranquille » de François Mitterrand, organise chez lui, à la demande du président récemment divorcé, un « dîner de copains [28] ». Sont présents ce soir-là autour de la table l'ancien ministre de l'Éducation nationale Luc Ferry et sa femme Marie-Caroline, l'animatrice Péri Cochin et son mari Guillaume, Jacques Séguéla et sa femme Sophie, le président Sarkozy et le superbe ex-top-modèle Carla Bruni. « En arrivant, j'ai compris

27. Cécilia Ciganer-Albeniz et Richard Attias se sont mariés en grande pompe à New York le 23 mars 2008.

28. Yves Azéroual et Valérie Benaïm, *Carla et Nicolas, la véritable histoire*, Éd. du Moment, 2008.

que c'était un *blind date*. Il y avait trois couples et nous deux, deux célibataires », raconte la jolie Italienne [29].

Pommettes hautes et yeux de chat, Carla Bruni, dont certains remarquent la ressemblance physique avec Cécilia, subjugue le président de la République ce soir-là. La suite, comme tout le reste avec Nicolas Sarkozy, va très vite. Le couple se laisse photographier à Disneyland en novembre, part en vacances à Petra en Jordanie en décembre, passe le jour de l'An sur les bords du Nil… sous les yeux de la presse et de la planète entière. Voilà Carla Bruni devenue, au même titre que Cécilia avant elle, partie intégrante de la vie politique française. À tel point que le 8 janvier, devant six cents journalistes français et étrangers qui n'en pouvaient plus d'attendre, Nicolas Sarkozy déclare qu'entre lui et la belle Italienne, « c'est du sérieux ».

Le mariage entre le président de 53 ans et l'ex-mannequin de 40 ans devenue chanteuse a lieu le 2 février 2008, dans les salons de l'Élysée. Le maire du 8e arrondissement de Paris, exceptionnellement, s'est déplacé au palais pour célébrer l'union. Cette fois-ci, les témoins des mariés sont Nicolas Bazire, l'ancien directeur de cabinet d'Édouard Balladur à Matignon entre 1993 et 1995, désormais directeur adjoint de LVMH, le groupe du milliardaire Bernard Arnault, et Mathilde Agostinelli, autrefois amie intime de Cécilia et directrice de la communication de Prada. Un mariage 100 % luxe…

Il faut dire que la belle Italienne est également très bien dotée. À vrai dire, « Carlita », comme la surnomme Nicolas Sarkozy, est même richissime et son patrimoine n'a pas attendu les premiers refrains de son album pop pour prendre ses aises et engraisser comme un gentil petit cochon. Hôtel particulier rue Mozart près de la porte d'Auteuil, dans le 16e arrondissement de Paris, appartement place des Ternes dans la partie chic du 17e arrondissement, château près de Turin, villa dans le Var… son seul

29. *Ibid.*

patrimoine immobilier se chiffrerait à plus de 10 millions d'euros.

La fille cadette des Bruni-Tedeschi a l'avantage d'être née avec une cuillère en argent dans la bouche. Son père, Alberto, amateur d'art averti et patron de la société de pneumatiques italienne CEAT, a laissé à sa femme Marisa et à leurs trois enfants, lors de son décès en 1996, le château de Castegnato en Italie, ainsi qu'une immense villa sur la Côte d'Azur, sur le très chic et très cher Cap-Nègre. Un domaine évalué par les agents immobiliers locaux à plus de 12 millions d'euros. Le couple présidentiel y a passé son premier été ensemble, en 2008.

Les héritiers d'Alberto ont également vendu aux enchères une exceptionnelle collection d'art et de mobiliers. Tapisseries Louis XIV, chandelier de l'époque napoléonienne... le tout dispersé par Sotheby's pour 18,7 millions en mars 2007. Une jolie somme à partager...

Et ce n'est pas tout, car cette bonne fortune n'a pas empêché Carla Bruni de travailler depuis l'âge de 18 ans. « J'aime gagner ma vie, même si je n'ai jamais été dans le besoin », reconnaît ainsi la nouvelle Mme Sarkozy [30]. Détaillé par le mensuel *Capital*, le montant de ses gains sur les podiums de haute couture et pour les ventes de son premier album, *Quelqu'un m'a dit* [31], a de quoi donner le tournis. 6,7 millions d'euros, auxquels il convient de rajouter le montant de son contrat publicitaire avec la marque italienne d'automobile Lancia. Soit 2 millions supplémentaires. Au total, la cadette de la famille Bruni-Tedeschi pèserait 18,7 millions d'euros. Largement plus que le président de la République que sa déclaration officielle de patrimoine crédite de « seulement » 2 millions d'euros [32].

La richissime Carla n'a d'ailleurs pas arrêté de chanter en épousant Nicolas Sarkozy. Une première sous la République, qui

30. *L'Express*, 14 février 2008.

31. Vendu à 2 millions d'exemplaires, il aurait rapporté à la chanteuse 2,5 millions d'euros, passages radio et concerts inclus. *Capital*, février 2008.

32. Lire chap. « Collections fantômes ».

n'avait encore jamais accueilli d'artiste en activité dans ses palais. Mais, malgré la promotion inespérée et sa visibilité médiatique, son troisième album, *Comme si de rien n'était*, sorti au mois de juillet 2008, n'a pas connu un démarrage foudroyant. À peine 60 000 exemplaires vendus en dix jours quand Naïve, sa maison de disques, en espérait au moins le double. La première dame a pourtant annoncé qu'elle reverserait l'ensemble de ses droits d'auteur à une association caritative. À croire que les Français n'ont pas envie de financer les œuvres humanitaires…

Les ventes de son album constituent tout de même un très bon résultat. Selon les experts, elles devraient atteindre 350 000 à 400 000 exemplaires, en l'espace de six mois. De quoi financer des projets à hauteur de 500 000 euros, environ. Reste à définir lesquels.

En tout cas, l'ancien top-modèle ne devrait pas peser trop lourd sur le budget présidentiel. Et c'est tant mieux, car l'actuel président doit déjà à ses précédentes épouses de sérieuses amputations de son patrimoine. Divorcé d'avec Marie-Dominique, le jugement du tribunal oblige le maire de Neuilly et ministre du gouvernement Balladur à verser une très importante indemnité compensatoire à sa première femme ainsi qu'une pension alimentaire pour l'éducation de ses deux enfants, Pierre et Jean. Une époque où Nicolas Sarkozy confie avoir besoin « d'au moins 100 000 francs » (15 000 euros) pour vivre. Il est vrai qu'il lui faut aussi répondre à la frénésie de shopping de Cécilia.

Et la situation ne s'arrange pas avec son deuxième divorce, justement. Marié sous le régime de la communauté, le sixième locataire de l'Élysée depuis 1958 a dû partager son patrimoine. Il a donc reversé environ 1 million d'euros à Cécilia. Sans compter la pension alimentaire accordée à la mère du petit Louis. Si son montant n'a jamais filtré, les confidences de la très brève première dame laissent entrevoir l'âpre bagarre livrée lors de la séparation. « Même en renégociant une pension alimentaire, j'obtiendrais quoi ? 1 000 ou 2 000 euros de plus ? Ce n'est pas avec cela que je vais pouvoir vivre. Nicolas ne va pas laisser son fils sous les ponts, tout de même », lâche-t-elle, n'hésitant pas à qualifier son ex-mari de « pingre [33] ».

Oui, c'est sûr. Le rapport à l'argent de l'actuel locataire de l'Élysée est étroitement lié à ses relations avec les femmes. Et pour les observateurs de la vie politique comme pour ses ministres ou les psychologues interrogés par la presse, le troisième mariage de Nicolas Sarkozy ne serait rien d'autre que la dernière étape de sa volonté de reconnaissance. Discret durant son union avec sa première épouse, « bling-bling » durant les années Cécilia, le voici désormais adepte d'un luxe tout en volupté.

3. L'Élysée, but ultime

Une machine de guerre pour gagner l'élection

Charles de Gaulle a montré la voie. Alors que le parcours des chefs de l'État successifs n'a été tendu que vers un but, l'accession au pouvoir suprême, le fondateur de la Ve République a, le premier, défini les moyens d'y parvenir. À tout seigneur, tout honneur. Mais si le Général a rêvé son destin national bien avant de parvenir à l'Élysée, il a aussi été servi par une conjoncture exceptionnelle.

Héros de la deuxième guerre mondiale, le chef de la France libre est appelé à la tête du gouvernement provisoire de la République dès la fin août 1944. Il y reste jusqu'au 20 janvier 1946. Mais dans cette IVe République naissante où il reconnaît le « régime des partis », le général de Gaulle présente sa démission. C'est le début d'une « traversée du désert » qui durera douze ans.

Le Grand Charles perçoit très vite le moyen de peser sur les affaires : il crée un parti politique dédié à sa cause, le Rassemblement du peuple français, en 1947. Ses successeurs dans la course à la magistrature suprême vont, eux aussi, comprendre l'intérêt

33. Anna Biton, *Cécilia*, Plon, 2007.

d'être à la tête d'une telle machine de guerre pour remporter l'élection.

À l'exception de Georges Pompidou, tous les présidents de la Vᵉ République vont ainsi s'attacher à prendre la tête d'un parti politique. Une étape essentielle dans leur stratégie de conquête du pouvoir qui leur garantit tribune officielle et financement public. Ainsi Valéry Giscard d'Estaing prend la tête de la Fédération nationale des républicains indépendants dès 1966. François Mitterrand dirige le nouveau Parti socialiste, sorti du congrès d'Épinay en 1971. Jacques Chirac, lui, crée le RPR en 1977, le Rassemblement pour la République et le met à son service. Il le transforme, en 2002, en Union pour la majorité présidentielle (UMP) avant que Nicolas Sarkozy ne le lui ravisse en 2005.

À chaque fois, les futurs candidats à la magistrature suprême vont s'appuyer sur ces machines à remporter les élections, véritables pompes à finances confortablement subventionnées par l'État depuis 1988. Une clé pour devenir président de la République ? Oui, mais pas obligatoirement. Georges Pompidou a bien réussi à se faire élire en 1969 sans être à la tête du moindre groupuscule. Il est vrai que le successeur de de Gaulle détient aussi le record de longévité à Matignon, où il est resté plus de six ans. Une période suffisamment longue pour disposer de ses propres réseaux.

Des choix révélateurs

De la même façon, leur choix de carrière est déterminant pour éclairer la façon dont les présidents perçoivent l'argent. Secteur public ou secteur privé, le choix n'est pas anodin…

Là aussi, des groupes se dégagent. Ainsi, Charles de Gaulle, Valéry Giscard d'Estaing et Jacques Chirac ont toujours exercé dans la fonction publique. François Mitterrand et Nicolas Sarkozy ont, eux, été avocats avant de se lancer en politique. Quant à Georges Pompidou, il est le seul à avoir réellement exercé ses talents dans le secteur privé.

Militaire de carrière, Charles de Gaulle a émargé toute sa carrière dans les rangs de la Grande Muette. Fraîchement émoulu de Saint-Cyr en 1910, il est d'abord caporal puis sous-lieutenant et lieutenant à l'aube de la première guerre mondiale. Blessé à Douaumont dans la Marne et interné en Allemagne à Ingolstad, il continue de percevoir sa solde. Mais au sortir de la guerre, celle-ci est au plus bas. Pour faire fondre les effectifs d'une armée désormais pléthorique, le gouvernement a réduit la paye autant que faire se peut. Parmi les officiers, les reconversions se multiplient. Mais pas chez de Gaulle.

Après la guerre, il fait la campagne de Pologne sous les ordres du général Weygand, intègre l'état-major de l'armée du Rhin, puis le cabinet du maréchal Pétain, le héros du premier conflit mondial alors vice-président du Conseil supérieur de la guerre. En 1927, la brouille avec ce premier mentor l'envoie en mission à l'étranger. Financièrement, ce n'est pas une mauvaise affaire. Muté à l'armée du Rhin, à Trèves, il voit sa solde augmenter et peut enfin se payer une Citroën B14, sa première voiture, grâce au complément d'un emprunt familial.

Le commandant enchaîne alors les missions à l'étranger : Irak, Iran, Égypte, Liban... À chaque fois, logé, nourri, blanchi et bien payé par l'armée puisque sa solde est doublée. De quoi mettre un peu d'argent de côté même si les frais consacrés à la santé de sa fille Anne dévorent une grande part de son budget. Rentré en France au début des années trente, ce n'est qu'en juin 1940 que Charles de Gaulle devient général de brigade. Quelques jours à peine avant la défaite de l'armée française face à l'Allemagne et la demande d'armistice, l'histoire est déjà en marche...

Pour autant, le Grand Charles n'est pas totalement déconnecté des affaires d'argent. Même s'il n'a jamais de liquide sur lui, il ne se sépare que rarement de son chéquier de la Banque de France. Une habitude qui remonte à l'avant-guerre. « On l'avait alors obligé à disposer d'un compte bancaire pour le versement de sa solde et de ses délégations à sa famille[34] », se rappelle Philippe de Gaulle. Locataire d'un vieil appartement sans chauffage boulevard Raspail, à Paris, il reste d'ailleurs toute sa vie fidèle au même établissement, la succursale de la Banque de France dans le quartier de la Croix-Rouge.

Sa carrière politique continue en parallèle. Président du gouvernement provisoire de la République française dès son retour sur le territoire national en juin 1944, il le dirige jusqu'en 1946 avant de démissionner en tout début d'année.

Charles de Gaulle se retire dans sa propriété de Colombey-les-Deux-Églises, une demeure de quatorze pièces qu'il a acquise en 1934. Mais, en partie détruite durant la guerre, celle-ci nécessite d'importants travaux de restauration. Titulaire de sa seule solde de général, environ 80 000 francs par an[35], il ne peut faire face aux coûts des travaux. En revanche, le héros de la Libération peut compter sur de multiples soutiens. Nombreux sont ses partisans disposés à lui prêter de l'argent…

Le Général « a vécu d'emprunts jusqu'à ce que les droits d'auteur du premier tome de ses *Mémoires* viennent heureusement et largement les rembourser, à partir d'octobre 1954 », révèle Philippe de Gaulle en 2003[36]. Parmi ses créanciers : « des banques privées dont les présidents comptaient au nombre de ses partisans pendant la guerre. Dès la parution des *Mémoires de guerre*, elles ont été remboursées au fur et à mesure », poursuit l'amiral. Ses droits d'auteurs deviennent ainsi, et de loin, la première source de revenus de Charles de Gaulle.

Il n'est pourtant pas complètement dépourvu : au lendemain de la guerre, il est toujours propriétaire de deux domaines agricoles qu'il loue en fermage. Il y a d'abord la propriété de Coulogne, près de Calais, d'une superficie de 15 hectares, qui appartient en fait à Yvonne. Et puis le domaine de Hallennes-lez-Haubourdin, dans le Nord, soit 13 hectares de terres hérités

34. Philippe de Gaulle, *De Gaulle, mon père*, Plon, 2003.
35. L'équivalent de près de 6 000 euros.
36. Philippe de Gaulle, *De Gaulle, mon père*, Plon, 2003.

de sa mère. Mais même si les fermages qu'ils continuent de toucher ne s'avèrent pas suffisants pour vivre, le Général se refuse à les augmenter.

De la même façon, il n'envisage pas une seconde de bénéficier du moindre traitement de faveur. En 1946, alors qu'Edmond Michelet, ministre des Armées de la IVe République, lui fait adresser un formulaire de reconstitution de carrière qui lui aurait permis de toucher une pension supérieure, le futur président ne prend pas même pas la peine de lui répondre. Son aversion pour le régime des partis est telle qu'il voit toute discussion comme une compromission. « Je ne veux rien leur devoir, pas même une retraite ou une pension », s'exclame-t-il.

S'ils n'ont pas passé autant de temps dans l'institution militaire que leur illustre prédécesseur, Valéry Giscard d'Estaing et Jacques Chirac n'ont, eux non plus, jamais émargé dans le secteur privé. Les deux ennemis jurés de la droite durant plus de trois décennies ont d'ailleurs un parcours qui révèle un nombre étonnant de points communs. Tous deux énarques, ils ont exercé de multiples responsabilités gouvernementales avant de conquérir l'Élysée. Implantés en Auvergne, ils ont chacun développé leurs réseaux en province tout autant que dans la capitale. Conseiller municipal, maire, conseiller général, conseiller régional, député… ils y ont aussi exercé tous les mandats ou presque. La République sait se montrer généreuse avec ceux qui la servent.

Frais émoulu à l'Inspection des finances, l'une des institutions les plus prestigieuses de France, Valéry Giscard d'Estaing peut compter dès le début de sa carrière, en 1954, sur des émoluments à la hauteur de ses talents. Mais ce n'est qu'une base arrière pour se lancer à l'assaut de ce qui l'intéresse vraiment : la conquête du pouvoir. On ne peut d'ailleurs pas dire que ses premiers pas en politique soient particulièrement difficiles. Son grand-père, Jacques Bardoux, lui cède son siège de député en 1956. À 30 ans, le voilà à l'Assemblée nationale.

Un traitement d'inspecteur des finances, une indemnité de député... VGE prend vite le pli du cumul des rentrées financières. Mais comme si cela ne suffisait pas, le futur troisième président de la Ve République – appelons-le « numéro 3 » –, se fait élire deux ans plus tard conseiller général de Rochefort-Montagne. Le voilà qui émarge également au conseil général du Puy-de-Dôme...

La carrière de ce travailleur brillant s'accélère ainsi rapidement. Remarqué par Antoine Pinay, il fait son entrée au gouvernement en 1959, à l'âge de 33 ans. Plus jeune secrétaire d'État de France, puis plus jeune ministre des Finances à 36 ans, il fait vite partie du sérail. D'autant plus qu'il impressionne ses auditeurs en étant capable de commenter le budget de la France sans l'aide d'aucune note.

Mettant ses mandats locaux entre parenthèses, c'est désormais Marianne qui prend en charge le locataire du palais du Louvre. Appartement et voiture de fonction, traitement et train de vie de ministre... Valéry Giscard d'Estaing goûte très jeune aux délices du service de la République. Lorsque Georges Pompidou meurt en fonction le 2 avril 1974, le ministre d'État, ministre de l'Économie et des Finances est devenu incontournable.

Pas plus que ses deux prédécesseurs, Jacques Chirac n'a été tenté par l'aventure du privé au cours de sa carrière. Mais le caméléon de la vie politique française, l'homme politique qui a résisté au plus grand nombre de scandales, a bâti sa stratégie différemment pour parvenir à ses fins. Dans son parcours politique, la démarche est claire : la République est bonne mère avec ceux qui savent s'y prendre. C'est ce que le cinquième président – « numéro 5 », donc –, qui a passé les quarante dernières années dans les palais nationaux, s'est efforcé de démontrer.

Avant d'accéder à l'Élysée en 1995, il a exercé tous les mandats, ou presque. Conseiller municipal, député, conseiller général, président de conseil général, conseiller régional, maire... Sans compter les postes de ministre ou de secrétaire d'État qu'il a occupés depuis 1962. Au final, Jacques Chirac a cumulé traitements et indemnités qui lui permettent aujourd'hui de bénéficier d'une très généreuse retraite [37]. Mieux, en plus de quarante ans de vie publique, l'ancien chef de l'État n'a jamais habité chez lui, n'a jamais conduit de voiture et n'a qu'en de très rares occasions fait lui-même ses courses. Logé, nourri et convoyé aux frais de la République… ou de la Ville de Paris.

Car la stratégie de Jacques Chirac, c'est celle de la citadelle. Citadelle corrézienne où l'ancien chef de l'État a ses racines et ses habitudes. Mais surtout citadelle parisienne tant celui qui fut le premier maire de la capitale de 1977 à 1995 s'est évertué à mettre en place un système tout entier tourné vers sa conquête du pouvoir [38].

Stratégie différente, mais résultats identiques. Comme Valéry Giscard d'Estaing, Jacques Chirac cumule, pendant près de trente ans, indemnités et traitements qui lui offriront plus tard une très confortable retraite. Ni Charles de Gaulle ni Georges Pompidou n'avaient jamais osé un tel cumul…

François Mitterrand et Nicolas Sarkozy, non plus, n'ont jamais dédaigné les postes ministériels avant leur accession à l'Élysée. Loin de là. Mais les quatrième et sixième présidents de la Ve République sont avocats avant d'être hommes politiques. Inscrits au barreau de Paris en 1954 pour le premier, en 1981 pour le second, ils n'ont jamais renoncé à leur serment. Même si l'un comme l'autre se sont lancés jeunes en politique.

Intégré au premier gouvernement de Gaulle en août 1944, François Mitterrand enfile les portefeuilles ministériels dans la IVe République qui succède au gouvernement provisoire. Entre 1947 et 1958, il est ministre des Anciens Combattants, ministre de l'Intérieur puis Garde des Sceaux. Parallèlement, il peaufine son implantation locale. Son fief à lui se situe à 300 kilomètres de Paris, dans la Nièvre. Député puis sénateur du département,

37. Lire chap. « Les vieilles habitudes ont la vie dure ».
38. Lire chap. « L'amour n'est pas si loin ».

conseiller général, président du conseil général, maire de Château-Chinon, lui aussi cumule mandats et indemnités.

La Nièvre sera donc sa base arrière. Un refuge d'autant plus important, politiquement et financièrement, que François Mitterrand se retrouve rapidement dans l'opposition. Adversaire du général de Gaulle, il l'affronte au cours de la première élection présidentielle au suffrage universel en 1965. Ce n'est que seize ans plus tard, en 1981, qu'il accède enfin à l'Élysée.

C'est l'époque où le combat politique est au premier plan. Le rapport à l'argent du socialiste Mitterrand s'en ressent. « Le monopole ! terme extensif… pour signifier toutes les puissances de l'argent, l'argent qui corrompt, l'argent qui achète, l'argent qui écrase, l'argent qui tue, l'argent qui ruine, et l'argent qui pourrit jusqu'à la conscience des hommes ! » s'enflamme-t-il ainsi au congrès d'Épinay en 1971. Cela ne l'empêche pas, deux ans plus tard, d'acheter l'appartement de la rue de Bièvre : 253 mètres carrés en plein quartier Latin, acquis pour près de 1 million de francs de l'époque. Même en partie financé par un emprunt, voilà de quoi le soumettre à l'impôt sur la fortune, s'il avait existé…

L'autre avocat de cette galerie présidentielle acquitte lui aussi l'impôt sur la fortune. 1 988 euros exactement pour l'année 2006[39]. Et comme son prédécesseur de gauche, Nicolas Sarkozy n'a jamais complètement abandonné sa carrière. L'actuel président est d'ailleurs toujours associé du cabinet Arnaud Claude, dont il touche aujourd'hui encore les dividendes. Mais comme pour son prédécesseur, l'attrait de la politique a été précoce et puissant.

Élu plus jeune maire de France à la tête de la municipalité de Neuilly en 1983, à l'âge de 28 ans, Nicolas Sarkozy découvre vite les avantages qu'il y a à être au service du public. Logement, voiture, téléphone de fonction ne sont pour lui que la partie

39. Lire chap. « Collections fantômes ».

émergée de l'iceberg. Car ce que découvre réellement l'ambitieux, c'est avant tout l'attrait des riches pour le pouvoir. Et cette découverte le fascine.

Dans son bureau de maire de Neuilly, défile en effet tout ce que la ville la plus riche de France compte de grands patrons, d'avocats ou de patrons de presse. Très vite, le jeune homme se lie avec Martin Bouygues. Les deux hommes se voient sans cesse, se téléphonent parfois plusieurs fois par jour. À son contact, Nicolas Sarkozy rencontre les barons du capitalisme français, les cadors du CAC 40. L'occasion de prendre conscience de la frontière entre ces ténors de la Bourse, rémunérés plusieurs millions d'euros par an, et les hommes politiques habitués aux émoluments du service public. « Vous trouvez normal qu'un ministre gagne moins qu'un patron ? », se répand-il encore plusieurs années après, alors qu'il est aux commandes du ministère de l'Économie et des Finances.

La profession de foi du maire de Neuilly est faite. Désormais, il va s'attacher à « réconcilier les Français avec la réussite ». « La France doit régler son problème avec l'argent », explique-t-il. Lui, en tout cas, l'a apparemment réglé. Le premier magistrat de la ville cumule ses indemnités avec celle de conseiller régional, de conseiller général et de député. Près de 65 000 par mois[40]. De quoi organiser quelques dîners en ville…

Cumuler, le ministre du gouvernement Raffarin continue de le faire alors qu'il est au gouvernement. Devenu ministre de l'Économie et des Finances en 2004 après avoir été en poste au ministère de l'Intérieur, il se fait également élire à la tête du conseil général des Hauts-de-Seine. 3 498 euros d'indemnités qui viennent s'ajouter aux 11 500 euros de traitement que perçoit le locataire de Bercy. Pas mal, mais pas assez pour « numéro 6 » dont les amis jouent, eux, dans la cour des grands.

Au final, seul Georges Pompidou tâte réellement du secteur privé. Et pas n'importe lequel. Le successeur du

40. L'équivalent de 11 240 euros.

général de Gaulle, qui débute sa carrière comme professeur au lycée Saint-Charles de Marseille, intègre la banque Rothschild en 1955. L'agrégé de Lettres est alors maître des requêtes au Conseil d'État, l'un des postes les mieux rémunérés de la République. Mais son passage au secteur privé et sa rapide progression au sein des instances dirigeantes de la banque vont changer sa vie.

Vacances jet-set à Saint-Tropez, dîners mondains, voyages lointains, achat d'œuvres d'art… le couple Pompidou profite de la vie, car Georges est grassement payé. « Ce ne fut qu'avec la nomination de mon mari à la direction de la banque Rothschild, en 1955, que nous avons pu procéder à quelques achats de tableaux », raconte Claude Pompidou en 1994[41]. Une époque bénie où l'argent coule à flot.

Car Pompidou, le « numéro 2 » commence à faire fortune. Représentant la banque dans les conseils d'administration de grandes entreprises, il encaisse les jetons de présence. Il est ainsi administrateur de la Compagnie franco-africaine de recherches pétrolières (Francarep), de la Compagnie du chemin de fer du Nord, de la société Rateau, de la Société de gérance et d'armement (Saga). Il préside aussi la Société d'investissement du Nord et assure la vice-présidence de la Compagnie du chemin de fer de Paris à Orléans.

Pour autant, il laisse derrière lui l'image d'un homme irréprochable. « La profonde intégrité de son caractère ne pouvait échapper à personne », déclare ainsi son ami Guy de Rothschild, quelques jours après sa mort[42]. De fait, nommé Premier ministre en 1962 par le général de Gaulle, Georges Pompidou abandonne immédiatement ses fonctions au sein de la banque. De la même façon, il renonce à acheter son appartement du 24 quai de Béthune à Paris pour ne pas être suspecté d'enrichissement personnel. Jusqu'à sa mort à l'été 2007, sa veuve Claude Pompidou y demeure locataire. « Oui, raconte-t-elle

---

41. *Autour d'une collection. Le Président et Mme Georges Pompidou*, Éd. Maison des arts Georges Pompidou, 1994.

42. *Le Monde*, « Tel que je l'ai connu », 23 avril 1974.

quelques mois avant sa disparition [43]. Il disait toujours “Pas d’affaires quand on est aux Affaires ». L’époque a bien changé…

Les doigts qui brûlent

Carrière publique ou carrière privée… quel que soit le choix, l’expérience de nos chefs d’État avant leur entrée à l’Élysée recèle parfois faux pas et chausse-trappes. À l’exception du général de Gaulle, dont on met avant tout en cause l’autoritarisme, et de Georges Pompidou, dont l’expérience dans les affaires le prémunit contre le mélange des genres, les locataires de l’Élysée se sont tous, à un moment ou à un autre, fait épingler sur des dossiers financiers.

Sans attendre « l’affaire des diamants [44] », Valéry Giscard d’Estaing semble ainsi manifester une attirance particulière pour l’argent occulte, dès avant son élection à l’Élysée. C’est en tout cas la thèse de l’ancien directeur des Renseignements généraux, le sulfureux Yves Bertrand. Précédé d’une réputation de promoteur de coups tordus, l’homme raconte ainsi comment l’argent de l’UIMM – déjà – aurait servi à financer la campagne électorale du troisième président de la République en 1974.

« Seuls quelques naïfs croient encore que Giscard a pu mener campagne, en 1974, avec les maigres moyens humains des républicains indépendants : sa logistique, son service d’ordre, ce sont les “petits gars” d’Ordre nouveau qui les ont assurés, grâce aux enveloppes en liquide de l’Union des industries métallurgiques et minières, la fameuse UIMM, dont la gauche ne s’est jamais privé de rappeler qu’elle descendait de l’ancien Comité des forges, le bastion des deux cents familles [45]. »

Double accusation que porte l’ancien patron des RG, débarqué par Nicolas Sarkozy en 2007, après douze ans passés à la tête des barbouzes. Non seulement « numéro 3 » s’est fait élire

43. *Premières Dames*, documentaire de Jean-Luc Prévost et Henri-Jean Servat, diffusé le 10 novembre 2007 sur France 3.

44. Lire chap. « La main dans le sac ».

45. Yves Bertrand, *Je ne sais rien, mais je dirai (presque) tout*, Plon, 2007.

avec le soutien musclé des gros bras de l'extrême droite, mais il aurait, pour se faire, bénéficié du soutien financier de l'UIMM, le successeur du fameux Comité des forges, omniprésent dans la vie économique et politique française tant son pouvoir, notamment financier, est grand. Il est en effet l'émanation des « deux cents familles », comme le dit Bertrand. Ces deux cents plus grosses fortunes de France rassemblées autour du député François de Wendel, l'aïeul de l'ancien président du Medef, Ernest-Antoine Seillère, mais aussi autour d'Eugène Schneider, l'ancêtre… d'Anne-Aymone Giscard d'Estaing.

Combien ces enveloppes contenaient-elles ? Mystère. Malgré les sollicitations, VGE n'a pas souhaité apporter d'explication, sur ce point comme sur les autres. Pourtant, à l'époque, aucun texte ne régit le financement des partis politiques ou des campagnes électorales. Si Bertrand dit vrai, le troisième président n'a donc violé aucune loi, même si, en la matière, c'est surtout l'opacité de ces « liaisons dangereuses » qui laisse pantois…

Mis en cause dans une seule affaire, Giscard n'a en tout cas pas à craindre la comparaison avec son successeur, le « numéro 5 » dans l'ordre d'apparition chronologique. De tous les présidents de la Ve République, Jacques Chirac est en effet celui qui accumule, et de loin, le plus de mises en cause. À elle seule, la liste des affaires financières dans lesquelles le nom de l'ancien maire de Paris a été cité laisse percer le rapport de l'homme à la chose publique et à l'argent.

« Le problème de Chirac, c'est qu'il a vécu au basculement de deux époques. Il a connu une période où tout le monde se servait de l'argent public, mais personne ne s'en émouvait. Avant, c'était normal, et après, cela ne l'était plus. Pourtant, tout le monde savait. Y compris les journalistes qui étaient invités », rappelle un journaliste politique, en poste dans un grand quotidien national et qui l'a beaucoup fréquenté.

Effectivement, « numéro 5 » s'est peut-être un peu égaré sur le chemin de la transparence financière au cours de ces années quatre-vingt/quatre-vingt-dix. Des années où les dérives sont telles que la justice finit par s'en mêler, contraignant les politiques à réglementer un peu leurs pratiques[46]. Et, même s'il n'est pas le seul responsable de cette avalanche de scandales, le président du RPR y a, plus que d'autres, sa part de responsabilités...

Affaire de la villa de la rue du Bac, affaire des billets d'avion payés en cash, affaire des frais de bouche... sans compter les affaires de financement occulte du RPR, voilà autant de dossiers qui impliquent, non pas le chef de parti, mais l'homme. Des dérives où, à chaque fois, Jacques Chirac est mis en cause pour avoir tiré un bénéfice personnel de sa fonction.

Ainsi, en 1995, le tout nouveau locataire du palais de l'Élysée est rattrapé par l'affaire de l'appartement parisien, qu'il occupe depuis 1977 : 189 mètres carrés luxueusement aménagés au rez-de-chaussée d'une somptueuse villa, située 110 rue du Bac dans le très chic 7e arrondissement de Paris. Camouflé de la rue par un premier bâtiment, le « pied-à-terre » de Chirac donne surtout sur un très beau jardin à la française de 525 mètres carrés, lui-même entouré de vastes parcs privés. Bref, un véritable havre de paix... loué à prix d'ami au maire de Paris.

Propriétaire d'un appartement rue de Seine, à quelques centaines de mètres à peine de la rue du Bac, hébergé gratuitement par la Ville de Paris dans le plus grand logement de fonction de la capitale (1 050 mètres carrés, à l'époque), Jacques Chirac n'hésite pourtant pas à verser chaque mois à son propriétaire américain un loyer de 11 000 francs auxquels s'ajoutent 1 200 francs de charges, soit environ 58 francs par mètre carré habitable. On le comprend : il s'agit d'un vrai cadeau quand, à l'époque dans le quartier, les prix oscillent plutôt entre 130 et 150 francs...

---

46. Lire chap. « Les années fric ont tué la vertu ».

Mais les choses se corsent en 1988 quand le propriétaire de la villa fait part au maire de Paris de son intention de vendre. Mise à prix : 18 millions de francs. Une tuile pour l'élu qui, même s'il ne peut pas l'acheter lui-même, ne se résout pas à abandonner la rue du Bac. Alors, pour continuer d'en profiter à prix d'ami, il imagine un montage complexe, comme le révèle quelques années plus tard *Le Canard enchaîné*[47].

En décembre 1988, la SGIM (Société de gérance des immeubles municipaux), une société HLM contrôlée par la Ville de Paris, fait part au propriétaire de son intérêt pour la villa. Il faut dire que cette société n'a rien à refuser au maire qui nomme ses responsables et contrôle, via la ville, 40 % de son capital... Reste le problème du prix qui continue de faire tiquer l'autre actionnaire, majoritaire celui-ci, de la SGIM : la Francarep des barons Guy et David de Rothschild. Proches de Chirac, ils finissent pourtant par donner leur accord. Au terme de plusieurs semaines de négociation, la transaction est signée pour 12 millions de francs le 29 juin 1990. Les Parisiens, pour une bonne part, ont payé le confort personnel de leur maire...

Et ils ont même continué à le faire jusqu'à l'entrée de « numéro 5 » rue du Faubourg-Saint-Honoré. Car le bail du locataire Chirac, renouvelé par « tacite reconduction » au même tarif de faveur, coûte de l'argent au propriétaire, compte tenu des charges à ses frais. « La société d'HLM y est toujours de sa poche aujourd'hui », conclut *Le Canard enchaîné* en mars 1995. Saisi par un contribuable de la capitale, le tribunal administratif puis le parquet de Paris ne trouvent pourtant rien à redire et finissent par classer l'affaire en novembre 1995. Le président du tribunal administratif, Roland Vandermeeren, a en effet refusé d'enregistrer la plainte. Il se trouve que ce magistrat est lui-même logé par la municipalité. « Cette situation ne m'a pas gêné

47. *Le Canard enchaîné*, « Une société d'HLM a vidé sa tirelire pour empêcher Chirac d'être expulsé », 29 mars 1995.

pour annuler, dans le passé, plusieurs décisions de la Ville de Paris », explique-t-il…

C'est en tout cas bien pour son profit personnel que Jacques Chirac a fait intervenir la mairie dans ce dossier. Une tendance confirmée par d'autres affaires comme celle des frais de bouche ou celle des billets d'avion payés en liquide [48]. Ce n'est pourtant pas faute de moyens. Outre sa rémunération de maire de la capitale, il perçoit aussi ses indemnités de président du conseil général de Corrèze ainsi que celles de député du département.En 1988, cela représente près de 600 000 francs par an [49].

Mais le maire de Paris est aussi, à l'occasion, attaquable au travers de… sa famille. Quelques mois avant la présidentielle de 1995, le quotidien *Le Monde* dévoile ainsi les conditions d'une juteuse opération immobilière menée par les Chodron de Courcel, la famille de Bernadette, en 1993. À cette date, selon le journal, la belle-famille du candidat vend des terrains à Vigneux-sur-Seine, en bordure de la forêt de Sénart, pour la somme de 63,5 millions de francs, l'équivalent de 12 millions d'euros aujourd'hui. L'acheteur, une société créée par les Courcel pour la circonstance, les revend le jour même au Port autonome de Paris, une société contrôlée par l'État, pour 83 millions de francs. En une journée, voilà une jolie plus-value de 20 millions de francs. Gain de l'opération pour Bernadette Chirac : 1,5 million de francs (285 000 euros), correspondant à sa quote-part au sein de la copropriété Chodron de Courcel. S'il n'y avait eu cet écho dans la presse, c'était tout bénéfice. Jacques Chirac a toujours suspecté l'entourage du Premier ministre de l'époque, Édouard Balladur, d'être à l'origine de la fuite. Particulièrement visé : le ministre du Budget en poste à ce moment-là. Un certain Nicolas Sarkozy…

---

48. Pour plus d'informations sur ces deux affaires, lire *L'Express*, « La fortune des Chirac », 4 janvier 2001.
49. Soit plus de 130 000 euros.

L'actuel locataire de l'Élysée n'aligne, bien sûr, pas les mêmes mises en cause que son prédécesseur. Il est même sorti blanc comme neige de toutes les affaires politico-financières des années quatre-vingt/quatre-vingt-dix. Une performance au regard de sa proximité avec le pouvoir durant ces deux décennies, notamment dans les Hauts-de-Seine…

Mais le parcours de « numéro 6 » avant son accession à l'Élysée n'est pas pour autant dénué de faux pas. Et c'est bien sûr lors de la campagne électorale de 2007 qu'ils sont mis sur la place publique. Ainsi, l'affaire de son appartement à Neuilly éclate-t-elle en février 2007, quelques semaines après que la presse a commencé à s'intéresser au patrimoine des candidats à l'élection présidentielle.

Soumis à l'ISF[50] depuis 2006, Nicolas Sarkozy, qui ne l'était pas auparavant, admet devoir le gonflement de son patrimoine à la belle opération immobilière réalisée un an plus tôt. En novembre 2006, le maire de Neuilly et son épouse Cécilia vendent en effet leur duplex situé sur l'île de la Jatte, en bord de Seine, pour 1 933 130 euros. Un appartement de 216 mètres carrés agencés en sept pièces, acheté en 1997 pour 5,4 millions de francs (824 000 euros). De quoi réaliser une jolie culbute…

Mais c'est surtout les conditions de la transaction qui retiennent l'attention. Bien sûr, quand, en juin 1997, les Sarkozy signent leur contrat de réservation pour ces deux appartements situés au rez-de-chaussée et au premier étage d'une résidence de luxe, ils n'ont aucun mal à convaincre les banques : même si Cécilia ne travaille pas, l'ancien ministre du Budget cumule toujours, malgré sa traversée du désert ministérielle, ses indemnités de maire de Neuilly et son traitement de député des Hauts-de-Seine. Même dans les limites imposées par la loi, cela lui laisse encore largement plus de 10 000 euros par mois, frais

50. L'impôt de solidarité sur la fortune que doivent acquitter les contribuables dont le patrimoine se situe au-dessus de 760 000 euros, soit 548 000 personnes en 2008.

compris. Et c'est compter sans son cabinet d'avocat qui continue chaque année de lui verser des dividendes. Le couple obtient donc facilement, en juin 1997, un prêt de la Société générale de 1,6 million de francs (244.000 euros), et un autre de plus de 3 millions de francs (458.000 euros) de l'Assemblée nationale. Jusque-là, rien d'étonnant.

En revanche, les avantages accordés à Nicolas Sarkozy par le promoteur de l'opération, le groupe immobilier Lasserre, au moment de l'achat et de la livraison, ont, eux, de quoi surprendre. Déterrées par *Le Canard enchaîné* en février 2007, les factures de l'époque semblent en effet montrer que le couple aurait bénéficié d'au moins 2 millions de francs (300 000 euros) de remises inexpliquées. Renvoi d'ascenseur, cadeaux spontanés ou bien remises classiques ? Suspicieux, l'hebdomadaire soulève que le groupe Lasserre est le promoteur favori de la mairie de Neuilly, dirigé par… Nicolas Sarkozy.

Voilà qui tombe mal pour le candidat de la droite à l'élection présidentielle. Car justement, il a déjà dû répondre à ses adversaires qui l'accusent d'avoir voulu minorer son ISF. Désintérêt pour le sujet ou manque de courage ? Toujours est-il que la presse ne s'attachera pas à déterrer cet os avec toute la vigueur qu'on lui connaît parfois… Et aucun soupçon n'empêchera le jeune homme « déclassé » de Neuilly de conquérir l'Élysée.

4. Coûteuses passions

La pierre patrimoniale

Dans ce monde-là, on a les passions de son rang ! C'est du moins ce que doit se dire Valéry Giscard d'Estaing lorsqu'il rachète le château d'Estaing dans le village du même nom en février 2005. Déjà propriétaire du château de Varvasse dont il a hérité de son père Edmond, l'ancien président de la République a la passion de la pierre. Il faut dire qu'il est né dedans, ou presque. Et cette passion, il la partage avec son successeur,

Jacques Chirac. Mais quand celui-ci y voit le symbole de sa réussite sociale, il s'agit d'abord, pour Giscard, d'illustrer son pouvoir…

Ainsi, quand Chirac fait l'acquisition en mars 1969 du petit château de Bity – « un grand manoir », préfère-t-il dire – dans la commune de Sarran en Corrèze, cela fait déjà plus de trente ans que Giscard est habitué à cette vie de châtelain. Son père, Edmond, l'ancien maire de Chanonat, a acquis la demeure de la Varvasse sur le territoire de la commune, après avoir « relevé » le nom d'Estaing et reçu l'autorisation d'ajouter la particule à son patronyme. La Varvasse : une immense demeure de vingt-trois pièces et 1 200 mètres carrés posée au cœur d'un parc de 15 hectares, dans la famille depuis 1931 et où le jeune Valéry a l'habitude de passer ses vacances d'été.

C'est donc avec un regard amusé et condescendant que l'ancien ministre des Finances, provisoirement écarté du dernier gouvernement de Gaulle au profit de Maurice Couve de Murville, observe le jeune secrétaire d'État à l'Économie et aux Finances qui vient de s'acheter un château. Nul doute qu'il n'a rien manqué des détails de l'opération montée par Chirac.

« Quand on fait de la politique, on n'a pas de château… sauf s'il est dans la famille au moins depuis Louis XIV ! », peste, de son côté, Georges Pompidou, alors Premier ministre, à l'encontre de son jeune secrétaire d'État dont l'exploit est largement commenté dans les colonnes de la presse en ce début mars 1969. Jacques Chirac vient en effet de se payer Bity, une magnifique demeure de 2 050 mètres carrés, bâtie au XVIe siècle, vaste de dix pièces et agrémentée d'un joli parc à la française de 11 hectares. Le tout entouré de deux petits pavillons, dont celui du gardien, et de dépendances. Prix : « 60 000 francs », clame Chirac qui assure avoir fait l'achat d'une vieille bicoque chancelante « ne comportant que huit fenêtres » et « de 1 hectare de terres en friche ».

Pourtant, le témoignage du vendeur, un hôtelier toulousain qui y hébergeait son père, vient contredire cette version. Le jeune secrétaire d'État aurait payé 210 000 francs[51] pour le château de deux étages, son escalier de granit rose et les 10,7 hectares de terrain qui l'entourent. Qui a tort ? Qui a raison ? La polémique est immédiate.

Ce n'est qu'en 1976 que Chirac consent à s'expliquer. « Paradoxalement, les deux informations sont exactes, explique au *Nouvel Observateur* l'ancien Premier ministre. En fait, mon père voulait m'acheter cette propriété et m'en faire cadeau. Il économisait de l'argent pour cela. Malheureusement, il est mort en 1968 ; il n'avait économisé que 150 000 francs. J'ai voulu acquérir ce château qu'il me destinait, et j'ai donc ajouté 60 000 francs pour l'acheter. Ce qui fait que j'ai bien payé ce château 60 000 francs, mais il est exact qu'il a été acheté 210 000 francs. Quant à la superficie, il y a 1 hectare de jardin et, derrière la propriété, 8 hectares et demi de broussailles sans aucun intérêt[52]. » Un art de la pirouette déjà largement développé chez ce châtelain qui estime en 1976 la valeur de son bien entre « 300 000 et 500 000 francs »...

Mais outre la polémique sur le prix, Jacques Chirac est parfois aussi soupçonné de mettre sa fonction au service de ses intérêts personnels. La deuxième « affaire Bity » éclate ainsi moins de trois ans après l'achat de la propriété par le futur « numéro 5 ». Encore une fois, elle est publiée par *Le Canard enchaîné* qui révèle que la demeure a été classée monument historique le 3 avril 1969, soit quinze jours à peine après son rachat par le secrétaire d'État. Une procédure exceptionnellement rapide, même si une première demande de classement avait été faite en 1965, et qui permet surtout au propriétaire de toucher de confortables subventions de l'État pour réhabiliter les lieux. Jacques Chirac empoche ainsi au passage 20 000 francs en 1969 et 40 000 francs en 1970 de subventions pour Bity. C'est toujours cela de pris.

---

51. Soit environ 220 000 euros de 2007.
52. *Le Nouvel Observateur*, « La fortune des Français », 18 octobre 1976.

Mieux, grâce à son château, le cinquième président de la Vᵉ République est même exempté d'impôt sur le revenu. En 1969 et 1970, il n'est pas imposé grâce aux frais engagés pour la rénovation de Bity. Une disposition parfaitement légale, autorisée par le classement de la propriété...

Et ce n'est rien au regard de la troisième « affaire Bity » qui explose en plein cœur de l'été 2001. Sortie une nouvelle fois par l'hebdomadaire satirique, elle raconte cette fois comment Jacques Chirac a fait racheter au prix fort par la Fondation Pompidou un terrain proche du château pour assurer sa tranquillité. Un coup double au bout duquel le futur président fait payer... les contribuables parisiens.

Pas encore maire de Paris et déjà plus Premier ministre de Valéry Giscard d'Estaing, Jacques Chirac est en pleine – mini – traversée du désert, lorsqu'il apprend, à la fin de l'année 1976, que son voisin, M. Joly, s'apprête à vendre un terrain inondable de 5 hectares à quelques centaines de mètres du château. Un compromis de vente est même en passe d'être signé avec des investisseurs. C'est pour empêcher cette vente, selon *Le Canard enchaîné*[53], que le futur président va convaincre la Fondation Pompidou de se porter acquéreur du terrain. Il n'a pas de mal : Georges Pompidou lui a demandé d'être... le trésorier de la fondation de sa femme en faveur des personnes âgées. Le conseil d'administration donne donc son accord, le 12 mai 1977, officiellement afin de construire un centre de vacances pour personnes âgées. Montant de la transaction : 500 000 francs, soit 260 000 euros d'aujourd'hui. « Trois fois plus cher que des terrains constructibles, non inondables et beaucoup plus accessibles dans la région », relève perfidement l'hebdomadaire.

Mais le prix n'est pas un obstacle. Car devenu le premier maire de la capitale en 1977[54], Jacques Chirac s'arrange pour ne pas léser cette bienfaitrice fondation dont les caisses sont vides.

---

53. *Le Canard enchaîné*, 1ᵉʳ août 2001.

54. Paris était auparavant administrée par le préfet de police, nommé par l'État.

Et c'est la mairie de Paris, c'est-à-dire les Parisiens, qui va finalement acquitter la facture au travers de généreuses subventions. Les 175 000 francs annuels alloués à la Fondation par Paris, qui est à la fois ville et département, sont ainsi doublés en 1978 et 1979 puis encore augmentés l'année suivante pour être portés à 500 000 francs par an. « Grâce au concours involontaire des personnes âgées de la capitale, la fondation pourra rapidement régler la facture du terrain de Bity[55] », écrit l'hebdomadaire. Pourtant aujourd'hui, 28 ans plus tard, le terrain n'abrite toujours aucun centre de vacances…

Le futur locataire de l'Élysée aurait pourtant bien pu acheter ce terrain avec ses propres deniers. Député de Corrèze et conseiller municipal du canton de Meymac, il cumule alors des indemnités pour un peu plus de 20 000 francs de l'époque, soit plus de 10 300 euros d'aujourd'hui. Surtout, il bénéficie du traitement de maire de Paris dès mars 1977. Encore une indemnité qu'il peut cumuler sans limite, comme l'autorise la loi de l'époque. À moins que l'ancien Premier ministre de VGE, qui vient de quitter Matignon le 25 août 1976, n'ait emporté une partie des fonds secrets dont il disposait rue de Varennes. « Il est bien rare qu'un Premier ministre laisse des reliquats de fonds secrets dans les coffres », commente d'ailleurs, en écho, un bon connaisseur des affaires publiques…

La passion de la pierre, plus ancienne, a causé moins de tracas à Valéry Giscard d'Estaing. Cela ne serait pas convenable… Chez les Giscard, le patrimoine immobilier est un de ces attributs du pouvoir, de ces signes extérieurs de reconnaissance, qui ne souffrent pas la médiocrité. La famille n'est-elle d'ailleurs pas à l'aise dans ses meubles, comme il convient ?

Quand Chirac achète Bity, le troisième président de la Ve République passe ainsi son temps entre le château de Varvasse à Chanonat, qui appartient à son père, et celui de l'Étoile à Authon dans le Loir-et-Cher, qui appartient à sa

55. *Le Canard enchaîné*, 8 août 2001.

femme, Anne-Aymone. Mais VGE peut aussi aller passer ses vacances au château du Saillant à Voutezac, en Corrèze, qui appartient à sa sœur Isabelle Lasteyrie du Saillant, ou bien à celui de la Baume, à Prinsuéjols en Lozère, le « Versailles du Gévaudan », dont la propriétaire est son autre sœur, Sylvie de Las Cases. Sans compter les autres propriétés de la famille qui font assaut d'élégance : le manoir de Bourg-Don, à Fontaine-le-Don en Seine-Maritime, propriété du cousin Jacques ; le domaine de la Framboisière, à Senonches en Eure-et-Loir, que possède le cousin Philippe ; le château de Chaillot, à Vierzon dans le Cher, qui appartient à son frère Olivier ; ceux du Fresnes, à Authon, et du Plessis, à Sasnières, propriétés de ses belles-sœurs, Sue de Brantes et Rosamée Henrion…

Propriétaire de Varvasse depuis la mort de son père en 1982, l'ancien président de la République n'a pas encore tout à fait renoncé aux fastes du pouvoir à l'orée du XXIe siècle. Bien qu'il ait abandonné la présidence de l'UDF depuis 1996, Giscard est toujours, en 2000, député du Puy-de-Dôme, président de la région Auvergne et président du conseil des communes et régions d'Europe, une organisation qui rassemble des élus locaux européens. Aussi, quand il apprend que l'énorme château qui domine le petit village d'Estaing, en Aveyron, est à vendre, y voit-il aussitôt la possibilité d'associer la particule « relevée » par son père au patrimoine qui va avec. Une possibilité d'autant plus tangible que son frère Olivier a justement été maire d'Estaing de 1965 à 1977. Largement le temps de connaître tout le monde dans cette petite commune de 600 habitants.

L'opération s'avère un peu plus compliquée que prévu car, à la surprise générale, les propriétaires du château, les sœurs de l'ordre religieux de Saint-Joseph, n'entendent pas céder la bâtisse de soixante-dix pièces et ses dépendances à l'ancien président et à son frère. Alors c'est la commune, représentée par son maire Léon Romieu, qui rachète le bien en 2000 pour 5 millions de francs (soit 750 000 euros). Son projet : aménager le château pour y accueillir des projets culturels, dont un son et lumière et un spectacle en costume.

C'est rapidement un gouffre financier pour le village, accablé par les frais d'entretien. Début 2003, Valéry Giscard d'Estaing et son frère Olivier se portent donc discrètement candidats au rachat de la bâtisse. Cette fois-ci, l'opération semble bien embarquée. « On a un faible pour la famille Giscard », explique Léon Romieu au quotidien *Le Monde,* qui révèle l'affaire un an et demi plus tard [56].

Les négociations continuent toutefois d'achopper sur le prix. En cause, selon *Le Canard enchaîné* qui prend le relais : les « servitudes d'office [57] ». Autrement dit, les Giscard veulent bien conserver le son et lumière à l'intérieur du château, mais pas les coulisses du spectacle qui a lieu chaque année début juillet. Un argument pour faire baisser le prix et... qui porte. Après quelques mois de négociations, la vente est conclue en 2005 pour 510 000 euros. Une aventure qui a coûté cher à Estaing, mais pas trop à Giscard...

Depuis, « numéro 3 » a tout de même commencé à faire revivre la vieille endormie. Les travaux ont été entamés en 2006 sous la responsabilité de l'architecte des Monuments historiques. Pour rénover les salles, stabiliser les œuvres endommagées et continuer d'organiser l'accueil du public, 450 000 euros de subventions sur fonds publics ont d'ailleurs déjà été versés aux nouveaux propriétaires.

VGE, lui, est présent sur le chantier aussi souvent qu'il le peut. « J'aime beaucoup ce château parce qu'il est authentique et n'a pas été touché, déclare-t-il à la presse locale en juillet 2008. Nous avons sans cesse des surprises : des fresques sous les enduits, des niches dans les murs. Les architectes ont analysé la poussière pour retrouver le dessin original des dalles. Nous les avons fait

56. *Le Monde,* « Giscard veut racheter le château d'Estaing », 24 décembre 2004.

57. *Le Canard enchaîné,* « Giscard veut s'offrir un autre d'Estaing », 29 décembre 2004.

venir de la même carrière, près de Saint-Geniez-d'Olt, d'où étaient issues les premières dalles [58]. »

Mais il n'y a pas que cela. Si Giscard s'intéresse autant à Estaing et a commencé à y installer ses meubles de familles, c'est aussi parce qu'il nourrit un grand dessein pour son château de l'Aveyron : il projette d'y établir le musée de son septennat [59]. « Dès avril prochain, on pourra voir ce qui concerne la campagne électorale de 1974 et mes premières réformes telles que l'abaissement de la majorité ou la dépénalisation de l'avortement. Puis, sur trois ans, suivront le reste du septennat et les travaux préparatoires de la Constitution européenne ; mes notes et des correspondances [60] », s'enthousiasme-t-il. On a effectivement hâte de voir cela...

Cette passion de la pierre aurait sans doute bien fait rire le général de Gaulle. Portant en étendard son désintérêt pour la possession de biens matériels, le fondateur de la Vᵉ République a, lui, refusé le château qu'on lui offrait... Il est pourtant en pleine traversée du désert lorsqu'il reçoit cette étrange proposition. « C'était une dame âgée habitant la région de Quimper qui avait une grande admiration pour mon père, raconte Philippe de Gaulle [61]. Elle était largement octogénaire et est morte quelques années plus tard. En 1947, elle lui a fait savoir : "Voilà, j'ai d'autres biens, je n'ai pas tellement de famille, je voudrais vous laisser ma propriété." Il s'agissait d'un beau château du XIXᵉ siècle avec plusieurs dizaines d'hectares pas très loin de la mer. Il a demandé à Jacques Vendroux, son beau-frère, d'aller la remercier et de lui dire de sa part, le plus gentiment du monde, que le général de Gaulle n'acceptait pas de recevoir de cadeau et qu'il ne pouvait hériter d'une propriété que par

58. *La Dépêche du Midi*, « Estaing : Giscard adore son blason », 6 juillet 2008.
59. Lire chap. « À la recherche des cadeaux perdus ».
60. *La Dépêche du Midi*, « Il accroche déjà les tableaux de ses ancêtres », 6 juillet 2008.
61. Philippe DE GAULLE, *De Gaulle, mon père*, Plon, 2003, p. 72-73.

héritage familial. » Qu'auraient fait ses successeurs placés dans une telle situation ?

La culture, investissement pour la passion

On les retrouve une nouvelle fois partageant les mêmes goûts. Est-ce un hasard si les deux « bourgeois de province » qui ont accédé à l'Élysée expriment aussi une passion commune pour la culture ? Certes, Georges Pompidou est d'abord attiré par l'art contemporain et François Mitterrand préfère les beaux livres. Mais, l'essentiel de leur passion est bien là : dans les choses de l'esprit…

Une passion qui naît au plus jeune âge dans le cas de Georges Pompidou qui achète son premier tableau, *La Femme 100 têtes* de Max Ersnt, à 18 ans. Il vient alors tout juste de quitter son lycée de Toulouse pour monter à Paris et ses moyens ne sont pas énormes. Pour se payer son acquisition, le futur successeur de de Gaulle s'endette. Mais son goût est déjà sûr. À bien des égards, l'art contemporain est déjà cet « art par essence contradictoire : strict comme les mathématiques ou violemment lyrique, sincère jusqu'à l'impudeur ou insolent dans l'imposture, explosion de couleur et de joie ou négation de tout, de lui-même, il est toujours à l'affût du lendemain. N'est-ce pas l'image de notre monde ? », comme il se le demande après avoir conquis l'Élysée [62].

Après son mariage avec Claude, Georges Pompidou n'acquiert que lentement les moyens financiers de sa passion. Membre du cabinet de de Gaulle de 1944 à 1946 puis maître des requêtes au Conseil d'État, il vit confortablement et se permet exceptionnellement l'achat de petites toiles de peintres encore méconnus. Au nombre de ceux-ci : Soulages, Picabia, Klein… « Des artistes dont la cote est énorme aujourd'hui », explique Martine Richard, la directrice de la Maison des arts Georges Pompidou à Cajarc,

62. *Le Monde*, 17 octobre 1972.

dans le Lot, où l'ancien président possédait une résidence secondaire [63].

Mais les Pompidou vont réellement constituer leur collection privée après l'entrée de Georges dans le monde de la finance, en 1955. Claude Pompidou le confirme, en 1994, même si elle tempère : « Même un directeur de banque ne peut acheter des Vermeer ou des Rembrandt ! Il y a, dans notre collection, une part de nécessité qui nous a fait, la plupart du temps, privilégier des petits formats [64]. »

Petits formats certes, mais grandes signatures à en croire la liste des toiles accrochées dans l'appartement des Pompidou, quai de Béthune à Paris : Arman, Buffet, Nicolas de Staël, Dubuffet, Max Ersnt, Kandinsky, Klee, Fernand Léger, Hans Hartung, Joan Miro, Vasarely… Sans oublier les sculptures de César et Brancusi, les dessins de Christo ou le mobilier d'Yves Klein… Au total, plus d'une centaine d'œuvres rassemblées essentiellement entre 1955 et 1969. De quoi constituer une collection particulière plus que bien dotée…

« Les Pompidou ont eu du nez. À cette époque, acheter un Soulages était un vrai pari », lance Martine Richard [65], comme pour mieux souligner l'extraordinaire culbute réalisée depuis les années soixante. « Ils ont acheté avec leurs moyens et ont créé une collection qui a de l'esprit et dont la valeur a augmenté au fil du temps », confirme Me Cyrille Cohen, commissaire-priseur chez Sotheby's, à Paris [66]. Me Cohen sait de quoi il parle : les 26 et 27 mai 2008, à la demande d'Alain Pompidou, il a vendu dix-huit œuvres appartenant à la collection privée [67]. Au programme : des pièces de Tinguely, de Nikki de Saint-Phalle ou d'Arman. Les lots qui, à l'exception d'une acrylique de

63. Lire chap. « Un banquier à l'Élysée ».

64. *Autour d'une collection. Le Président et Mme Georges Pompidou*, Éd. Maison des arts Georges Pompidou, 1994.

65. Entretien avec l'auteur, 13 mai 2008.

66. Entretien avec l'auteur, le 14 mai 2008.

67. Lire chap. « Une vie à l'abri du besoin ».

Hans Hartung, n'étaient pas les plus importants ni les plus beaux de la collection, ont tout de même rapporté 775 000 euros.

Surtout, il s'agissait de l'une des premières ventes consacrées à des œuvres de cette collection. Georges et Claude Pompidou se sont longtemps refusés à se séparer de leurs tableaux. Y compris au profit d'autres amateurs d'art, au premier rang desquels le très riche et très influent galeriste Aimé Maeght, dont les propositions étaient nombreuses. Mais à chaque demande, c'est le même refus obstiné. « Il n'en était, bien sûr, pas question : nous n'achetions pas dans un but spéculatif, nous avons simplement essayé d'acquérir des œuvres de qualité quand elles étaient encore abordables[68] », se rappelle Claude Pompidou. Pourtant, des années plus tard, la vieille dame doit se résoudre à vendre quelques toiles. Décédée à l'été 2007, elle est partie entourée de presque toute sa collection…

François Mitterrand, lui, n'a pas eu cette chance. Il n'est pas mort entouré de ses livres, mais dans l'appartement mis à sa disposition par l'État, au 9 avenue Frédéric-Le-Play, dans le 7e arrondissement de Paris. Mais à l'image de son prédécesseur, le quatrième président de la République n'a pas attendu de rentrer à l'Élysée pour satisfaire à sa passion des éditions originales. Adolescent, il dévore Gide, Valéry, Chardonne ou les classiques Stendhal et Dostoïevski. Il picore déjà d'un genre à l'autre, lisant jusqu'à cinq livres en parallèle. Mais son amour des beaux livres n'a pas encore pris ce tour coûteux qu'il connaîtra plus tard…

Car chez ce président, l'attirance pour les ouvrages de qualité n'est pas qu'intellectuelle. Elle est aussi charnelle. François Mitterrand aime toucher les livres, caresser les reliures, sentir le vieux cuir et le papier jauni… Cette passion-là, cette « manie » comme il l'appelle, il va la satisfaire dans l'achat

---

68. *Autour d'une collection. Le Président et Mme Georges Pompidou*, Éd. Maison des arts Georges Pompidou, 1994.

d'éditions originales parfois hors de prix. Et bientôt, il va les collectionner...

« Tout livre en vitrine excite mon appétit, un formidable appétit de lettres, de signes, de titres, de typographie plutôt que de lecture, avec une préférence provisoire pour la jaquette rouge et blanche de Julliard, et le pincement au cœur que me vaut immanquablement le double filet rouge à l'intérieur du filet noir de ma chère NRF », écrit-il en 1978 [69]. Un hommage appuyé à la collection de l'éditeur Gallimard dont « numéro 4 » est un fidèle client, mais aussi la marque de sa bibliophilie.

François Mitterrand, dans son rapport charnel au livre, écume donc les librairies du boulevard Saint-Germain et du quartier Latin, à la recherche de ces éditions originales. Il veut toucher, respirer, voir ces livres imprimés des dizaines ou des centaines d'années avant sa naissance. Et aussi les posséder.

Premier secrétaire du Parti socialiste qu'il vient de porter sur les fonts baptismaux à Épinay, conseiller général du canton de Montsauche, président du conseil général de la Nièvre et maire de Château-Chinon, Mitterrand cumule autant d'indemnités. Sans parler des avantages en nature de ses différentes fonctions. Il en profite donc pour étoffer sa collection et se donne les moyens de sa passion. Il en a bien besoin dans ce monde un peu mystérieux des ouvrages d'art où les plus belles pièces peuvent parfois atteindre des sommes astronomiques.

Le futur locataire de l'Élysée règle encore en général lui-même ses achats dans ses librairies favorites : aux Arcades, rue de Casteglione, au Pont traversé, rue de Vaugirard, ou à la librairie Sinibaldi, rue Henner dans le 9e arrondissement de Paris. Petit à petit, sa collection prend de l'envergure. À tel point que pour acheter son appartement de la rue de Bièvre, en 1973, il doit en vendre une partie. « J'ai dû emprunter 500 000 francs à la banque, dont 250 000 au Crédit foncier. Cela ne suffisant pas, j'ai vendu des éditions rares du XIXe siècle, ma maison d'Hossegor et

69. François Mitterrand, *L'Abeille et l'Architecte*, Flammarion, 1978.

mon terrain de Gordes », révèle-t-il en 1976 au *Nouvel Observateur*[70]. Des livres pour financer un appartement ? Voilà un petit aperçu de la valeur de la collection rassemblée par Tonton. Une collection qui va bien plus encore prospérer après son accession à l'Élysée...

Tenir le rythme du gotha mondial

De toiles de maître, il n'est pour lui pas question et de livres encore moins. La pierre ? Pas assez valorisant lorsqu'on a – encore – des moyens trop limités. Pour autant, comme il a révolutionné le style présidentiel, Nicolas Sarkozy se devait de se distinguer de ses prédécesseurs, amateurs de plaisirs snobs ou surfaits, et de se chercher d'autres passions. L'omniprésident a trouvé : ce sera lui-même. Et pour montrer sa propre réussite sociale, lui qui n'envisage les rapports humains qu'à l'aune de la fortune, il va s'attacher à prouver son appartenance à ce monde de happy-few.

Train de vie qui explose, voyages de stars, montres de luxe, chaînes en or, lunettes de « fashion victim », vêtements à la mode : le sixième locataire de l'Élysée n'a pas, lui non plus, attendu d'emménager rue du Faubourg-Saint-Honoré pour investir dans sa passion. Mais elle n'a pris, dans son cas, qu'une place récente dans sa vie. Comme si « numéro 6 » s'était finalement décomplexé sur le tard. Pour les observateurs de la sphère sarkozyste, le basculement date des années Cécilia.

En tout cas, le résultat est étonnant. Après la mise en scène de sa vie familiale, à partir de la fin des années quatre-vingt-dix, la presse people commence à s'emparer du phénomène Sarko. Bientôt, à longueur de pages, le ministre de l'époque apparaît aux côtés des stars, des têtes couronnées et des grands patrons. Il leur ressemble, fréquente les mêmes endroits, dîne dans les mêmes restaurants, part en vacances dans les mêmes stations à la mode. Reste à tenir le rythme imposé par le gotha...

---

70. *Le Nouvel Observateur*, « La fortune des Français », 18 octobre 1976.

Heureusement, en ces années Jospin, le passage dans l'opposition n'empêche guère le maire de Neuilly d'avoir les moyens de ses ambitions. Le premier magistrat de la ville la plus riche de France cumule son traitement (environ 25 000 francs, soit 3 800 euros) avec ses indemnités de député des Hauts-de-Seine (42 881 francs, soit 6 537 euros). Il dispose également de tous les avantages liés à sa fonction de secrétaire général du RPR.

Mais c'est son retour au gouvernement en 2002 qui va vraiment lui permettre d'assouvir cette nouvelle passion du luxe. Dès son installation au ministère de l'Intérieur, place Beauvau, le ministre se donne les moyens de sa tâche. Multiples voitures de fonction, déplacements dans les avions du gouvernement, appartement flambant neuf… Nicolas Sarkozy peut compter sur son traitement de ministre de l'Intérieur, 11 500 euros, que complètent ses indemnités de, désormais, simple adjoint au maire de Neuilly, 1 615 euros. Loin des salaires des stars du CAC 40 certes, mais tout de même pas négligeable lorsqu'il s'agit d'argent de poche

Cela laisse en tout cas suffisamment d'argent au ministre pour se « looker » de la tête au pied. Costumes Prada, Dior ou Boglioli réalisés sur mesure, chaussures Weston ou John Lobb, lunettes Ray-Ban Aviator, tenues de sport Ralph Lauren ou Nike…, le ministre plonge tête la première dans le signe extérieur de richesse.

Arrivé à Bercy en 2004, son train de vie est quasi présidentiel. Mais quelques semaines à peine après son arrivée, c'est « l'affaire des écrans plasma ». Le nouveau ministre qui souhaite « gérer la France en bon père de famille » doit bien admettre que sa femme a fait installer cinq téléviseurs dernier cri dans l'appartement de fonction. Coût : 3 000 à 5 000 euros pièce. Le prix des écrans plats n'a pas encore baissé à l'époque ! Pas de chance pour « l'État modeste » vanté par le président Chirac…

De la même façon, le ministre ne mobilise pas moins de sept véhicules pour se déplacer avec sa famille : quatre Renault VelSatis et trois Peugeot 607. « Tous les matins, c'est donc une voiture du ministère qui conduit le petit dernier de la nichée à l'école. "En utilisant la sirène, ce qui est illégal, mais le môme adore qu'on fasse pimpon », explique au *Canard enchaîné*[71], l'un des officiers chargés de la sécurité. Transporter son fils en voiture officielle, voilà qui vous pose en matière de train de vie…

Et que dire de son attirance pour les montres de luxe ? Quelques semaines après l'accession du candidat à l'Élysée, la presse tente de dresser la liste de ces chronographes que « numéro 6 » possédait pour la plupart avant son élection[72]. Ce n'est plus un inventaire à la Prévert, c'est la bourse aux montres de Lausanne… : Rolex Daytona en or blanc (prix neuf : 22 530 euros), Breitling Old Navitimer (3 600 à 5 000 euros), Rolex Oyster Datejust (2 000 euros), modèle Bréguet en or blanc avec réserve de marche (25 000 euros). Sans compter une autre Breitling : un modèle Navitimer à 16 200 euros, dont il aurait d'ailleurs offert un exemplaire à chacun de ses fils aînés, Pierre et Jean[73]. Et puis encore un modèle vintage de chez Cartier, un chronographe Moorea de Pequignet (environ 1 200 euros), offert lors d'un salon de l'horlogerie à Besançon, en 2004 et, tout récemment, une Patek Philippe offerte par sa nouvelle épouse, Carla : un modèle 3940G en or gris sur alligator à 45 500 euros. En ajoutant la collection de stylos Montblanc et celle de timbres, voilà un futur président aux passions extrêmement coûteuses…

Le goût des japonaiseries

Lui n'a jamais aimé les montres et pourtant il aurait pu trouver matière à utiliser le Réveil du tsar, ce modèle de chronographe Breguet porté par son successeur, et qui permet de lire l'heure sur deux fuseaux horaires. Car Jacques Chirac a beaucoup voyagé à l'autre bout de la planète. Au Japon en particulier,

---

71. *Le Canard enchaîné*, 5 mai 2004.
72. *Le Monde*, 3 juin 2007.
73. Renaud DÉLY et Didier HASSOUX, *Sarkozy et l'argent roi*, Calmann-Lévy, 2008.

un pays dont on dit la culture hermétique aux esprits occidentaux. Et pourtant, le cinquième président de la Vᵉ République, amateur de tête de veaux et de soirée télé, y a effectué pas moins de soixante-douze déplacements en vingt-cinq ans, dont près de cinquante lors de sa traversée du désert à lui, de 1988 à 1995. Plus qu'une passion, c'est une véritable frénésie...

Son attirance pour le pays du Soleil-Levant ne date pas d'hier. En classe de 1ère au lycée Carnot à Paris, un de ses oncles travaille au musée Guimet tout proche. Il le fréquente assidûment et devient rapidement un spécialiste. Et en 1970, alors secrétaire d'État à l'Économie et aux Finances, il pose une première fois le pied dans l'archipel à l'occasion de l'exposition universelle d'Osaka. Il y retourne en 1976, alors Premier ministre de Valéry Giscard d'Estaing. Mais, c'est dans les années quatre-vingt, alors qu'il est solidement installé à la mairie de Paris, que « numéro 5 » va vraiment approfondir ses liens avec le bout du monde.

Son mandat de maire lui permet de tisser de nombreux liens culturels, économiques et d'amitié avec des cités japonaises dans lesquelles il se rend aussi souvent qu'il le peut. À l'hôtel Okura de Tokyo, il aime se régaler de bœuf de Kobé puis se rend aux tournois de sumos. Il se fait ainsi présenter les plus grands champions de ce sport roi au Japon où les meilleurs lutteurs sont considérés comme des dieux.

En retour, il organise en 1986 à Paris l'accueil d'un premier tournoi de sumos. Puis ce sont des expositions prestigieuses d'estampes ou d'art bouddhique qui débarquent en France, comme les trésors de l'ancienne cité impériale de Nara qu'il arrive à déplacer après de longues années de négociations et de tractations.

En août 1994, au plus bas dans les sondages face à son « ami de trente ans », Édouard Balladur, le maire de Paris se rend une nouvelle fois au Japon. Cette fois-ci, il y reste trois semaines, à l'abri dans un ryokan du mont Fuji, un de ces hôtels traditionnels japonais où les cloisons sont en papier et où servir le thé est un art millénaire. Puis il y retourne fin octobre-début novembre. Il avouera plus tard que c'est à l'occasion de ce nouveau séjour, à l'hôtel Okura de Tokyo, qu'il a pris sa décision de se présenter à l'élection présidentielle. De fait, le 4 novembre 1994, de retour d'Asie, Chirac annonce sa candidature. Voilà bien une passion insoupçonnée chez ce supporter de foot. Et qu'on se met à soupçonner…

Le cinquième président a à peine démarré son second mandat qu'éclate « l'affaire du compte japonais ». En juin 2002, la presse révèle comment les services secrets français, DST et DGSE[74], se sont intéressés, en 2001 et 2002, aux « relations financières » entre Jacques Chirac et certains milieux d'affaires japonais. En pleine cohabitation avec les socialistes de Lionel Jospin, les barbouzes tentaient notamment d'y voir plus clair sur les liens entre le président et le patron de la Tokyo Sowa Bank, un certain Soichi Osada. Un personnage sulfureux, mis en examen au Japon pour la faillite frauduleuse de son établissement. Des rapports internes de la DGSE mentionneraient d'ailleurs, depuis plusieurs années, un compte bancaire au nom de Jacques Chirac à la TSB. Et celui-ci serait largement approvisionné…

Dans un télégramme adressé à la « piscine », l'ancien quartier général du contre-espionnage, le chef de poste de la DGSE à Tokyo rapporte ainsi, en novembre 1996, les inquiétudes de sa source, nom de code « Jambage ». Selon cet informateur, une éventuelle faillite de la TSB, au moment où elle se propose d'investir en France, pourrait être accompagnée de la révélation de quelques scandales. « Le montant des sommes versées sur le compte ouvert par Sowa au nom de M. Chirac serait de 7 milliards de yens, soit environ 300 millions de francs », ajoute Jambage sans autre commentaire. Il n'étaye pourtant ses informations par aucun document.

74. Direction de la sûreté du territoire, le contre-espionnage, et Direction générale de la sécurité extérieure.

Mais le 21 janvier 1997, un second télégramme du poste de Tokyo relaye les mêmes inquiétudes. Elles sont attribuées, cette fois, à l'ambassadeur de France au Japon, Jean-Bernard Ouvrieu. Lui aussi, selon le chef de poste de la DGSE, évoque ses craintes d'une faillite et la découverte « d'affaires scandaleuses en raison du caractère particulier des relations entre son président, Osada, et le président Chirac [75] ». Des propos que l'ambassadeur ne reconnaît pas aujourd'hui.

Pourtant, c'est sur ces affirmations que les services secrets, selon la version officielle, auraient décidé de pousser les investigations sur le sujet. De fait, selon un premier rapport interne de septembre 2001, « l'enquête a porté sur les avoirs du président Chirac dans la Tokyo Sowa Bank ». Une absence de conditionnel qui laisse la porte ouverte à toutes les hypothèses. Mais, en janvier 2002, les maîtres-espions font volte-face. Un second rapport attribue le compte japonais à une « information de presse non recoupée ». Autrement dit, une simple rumeur…

Pour l'Élysée, c'est l'heure de la contre-attaque. Renforcé par sa victoire écrasante face à Jean-Marie Le Pen, en mai, Jacques Chirac crie à la manipulation. À mots couverts, les collaborateurs du président accusent le gouvernement Jospin d'avoir utilisé les services secrets pour constituer un dossier compromettant sur le président. Les directeurs de la DST, Jean-Jacques Pascal, et de la DGSE, Jean-Claude Cousseran, ne résistent pas à la tempête.

La victoire est belle, mais le répit n'est que de courte durée pour Jacques Chirac. L'affaire du compte japonais réapparaît en effet en 2006, au détour des méandres de l'affaire Clearstream. Entendu le 28 mars par la justice dans le cadre de l'un des volets de cette affaire [76], le général Philippe Rondot, un spécialiste du

75. *Le Point*, « Chirac, le compte et la légende », 31 janvier 2008.

76. En 2004, de faux fichiers informatiques sont adressés à la justice de façon anonyme. Ils sont censés contenir la liste des personnes détenant un compte bancaire secret dans cette institution basée au Luxembourg. Parmi elles figure notamment Nicolas Sarkozy. L'enquête révèlera une manipulation

renseignement chez qui ont été saisis des carnets manuscrits, reconnaît sur procès-verbal l'existence du compte japonais, « Il est indiqué sur les documents que vous avez saisis à mon domicile que ce compte a été ouvert à la Tokyo Sowa Bank et a été crédité d'une somme totale évaluée par les services de la DGSE à 300 millions de francs. À ma connaissance, ce compte a été ouvert en 1992 », explique le général[77].

La publication de ce témoignage, le 17 mai 2006, provoque une réaction immédiate de l'Élysée. Démenti officiel, déclaration du président à l'issue du Conseil des ministres contre la « dictature de la rumeur »... les collaborateurs du président ne manquent pas de rappeler à la presse que toute l'affaire est partie d'un article paru dans un magazine à scandale japonais, publié plus de quinze ans auparavant. Cela souligne son manque de crédibilité, disent-ils en substance. Manque de chance : les journalistes ont justement décidé d'aller vérifier cela sur place. Ils ne trouveront jamais l'article en question.

Jacques Chirac possède-t-il un compte au Japon ? L'intéressé le nie avec fermeté : « Je n'ai jamais eu de compte dans aucune banque au Japon et prétendre le contraire serait diffamatoire. Aussi, pour mettre un terme définitif aux divagations qui ont cours sur ce sujet, j'ai souhaité qu'une vérification soit engagée, dont nul ne peut contester qu'elle a été menée de façon indépendante », déclare « numéro 5 », au début de l'année 2008[78]. Il vient en fait de recevoir les résultats de la requête envoyée en septembre 2007 au président de l'ordre des avocats de Tokyo. Selon les investigations menées sur place, « il n'existait pas de compte bancaire au nom du demandeur à la date de la cession d'exploitation » de la TSB. Une preuve de la manipulation, selon l'avocat du président, Me Jean Veil.

Ce que l'avocat ne dit pas, c'est que la « date de cession d'exploitation », c'est-à-dire de la faillite de la TSB, intervient en

77. *Le Canard enchaîné*, « Rondot, thème et variation », 17 mai 2006.
78. *Le Point*, « Chirac, le compte et la légende », 31 janvier 2008.

juin 2001. Or, à ce moment-là, cela fait déjà cinq ans que la rumeur évoque l'existence d'un compte et les rapports de la DGSE portent plutôt sur une période antérieure. Pour autant, sa réalité n'a jamais non plus été attestée. Pas plus par la presse que par les auteurs de l'enquête la plus approfondie sur le sujet. Leur travail, même s'il n'apporte pas de résultats probants, illustre bien, en tout cas, les multiples rebondissements déjà survenus. Ils l'ont intitulé *L'Incroyable Histoire du compte japonais de Jacques Chirac*[79]...

79. Nicolas Beau et Olivier Toscer, *L'Incroyable Histoire du compte japonais de Jacques Chirac*, Éd Les Arènes, 2008.

DEUXIÈME PARTIE

La vie à l'Élysée

Ou comment les présidents se sont mêlés de la gestion du budget officiel ; pour faire quoi ; pour toucher combien…

Le peuple a parlé ! Depuis 1962 et l'élection du président au suffrage universel direct, c'est lui qui désigne l'homme chargé de le représenter. Une réforme voulue par de Gaulle, le fondateur, où chaque voix est égale. Celle du riche et celle du pauvre...

Reste maintenant pour le nouveau président à découvrir sa nouvelle vie. Une expérience unique, qui ne s'offre qu'à un tout petit nombre de personnes. Un club si restreint qu'il n'en est même plus exclusif : c'est celui des chefs de l'État.

Pour eux, la République va se mettre en quatre, anticipant leurs moindres désirs, les cajolant dans leurs moindres déplacements, les dorlotant à chaque occasion ou se pliant à tous leurs désirs. Placés dans cette position exceptionnelle, ces hommes révèlent encore davantage le rapport qu'ils entretiennent avec l'argent.

Quel style chacun d'entre eux exerce-t-il durant son ou ses mandats ? Comment gère-t-il l'Élysée ? Que gagne-t-il à la tête de l'État ? Trichent-ils, lui, sa famille ou ses proches ? Où passe-t-il ses vacances de président ? Autant de points qui éclairent d'un œil singulier et nouveau la personnalité de nos dirigeants...

1. La vie quotidienne au palais

Comme des coqs en pâte

Qu'elle est généreuse cette République qui sait si bien choyer ses dirigeants ! Qu'elle est bonne cette Marianne qui veut prendre à cœur le confort de ses leaders ! Elle est prête à tout pour satisfaire le moindre de leurs désirs dans cette grande maison qu'est l'Élysée. Et même en dehors, il ne sera pas dit que son service n'est pas irréprochable. Certes, le palais, justement, n'est peut-être pas le plus beau de Paris, ni le plus moderne et encore moins le plus pratique pour un chef d'État du XXIe siècle. Mais la vieille demeure de Mme de Pompadour n'est pas dépourvue de charme.

Les ors de la République ont de quoi séduire. Les dorures de la salle des fêtes, les peintures des salons d'honneur, le charme discret de l'appartement du roi de Rome, le logement privé du président, peuvent faire tourner la tête. Mais l'attrait du pouvoir, du vrai, n'est pas là. Il réside avant tout dans l'empressement des 1 045 personnes attachées au service de l'Élysée [1], à répondre à la moindre sollicitation.

Chauffeurs, cuisiniers, femmes de chambre, médecins, infirmières, policiers, membres du cabinet, jardiniers, responsable des communications, militaires… on trouve de tout au 55 rue du Faubourg-Saint-Honoré, dans le 8e arrondissement de Paris. Il faut dire que la résidence officielle du chef de l'État depuis 1874 est devenue le centre du pouvoir avec la constitution de la Ve République qui fait du président l'homme le plus puissant du pays. Il a donc fallu y faire venir du personnel pour gérer l'intendance, la logistique, les déplacements, la sécurité et faire en sorte que le locataire du palais… ne règle pas une facture.

Il y a d'abord les locaux : l'ancien hôtel d'Évreux bâti au XVIIIe siècle par Henri-Louis de la Tour d'Auvergne, comte d'Évreux. Un grand bâtiment classique bâti autour d'un corps central à trois degrés, et composé de deux ailes en simple rez-de-chaussée. Viennent ensuite s'ajouter les annexes, rachetées par la République au fil du temps : l'hôtel de Marigny, situé juste en face du palais, qui accueille les hôtes de marque de la France, une propriété vendue par les Rothschild en 1972. Il y a aussi le 2 rue de l'Élysée, ainsi que le 4 et le 14 qui hébergent certains services. Sans parler du très chic 11 quai Branly où sont installés le service du courrier et les appartements de nombreux proches

1. Effectifs au 1er novembre 2007.

collaborateurs du chef de l'État. Claude Guéant, le secrétaire général de l'Élysée, y dispose d'un logement.

Le secrétaire général d'ailleurs, c'est un peu la cheville politique de l'Élysée. Celui qui fait la navette entre le président et les responsables politiques, en premier lieu le Premier ministre. Il est au cœur du vrai pouvoir. À ses côtés, le chef de cabinet gère l'intendance : il a en charge le budget de la maison présidentielle et a la haute main sur les factures, les embauches ou encore les salaires. C'est aussi sous sa responsabilité que sont placées les quinze mille bouteilles qui constituent la cave du palais. C'est un personnage stratégique s'il en est. Car, que ce soit à Paris ou en déplacement, pas question que le président perde du temps dans des affaires d'intendance. Même lorsqu'il s'agit parfois de dépenses personnelles…

L'austère chez la Pompadour

Charles de Gaulle, le premier président de la Ve République et son fondateur, n'est pourtant pas du genre à profiter des avantages… qu'il s'est lui-même consentis. Le militaire de carrière, habitué au confort sommaire de la chambrée, ne goûte que modérément aux lambris de l'hôtel d'Évreux. Élu le 21 décembre 1958 et entré au palais de l'Élysée le 8 janvier 1959, sa présidence, qui s'achève après le non au référendum sur les institutions locales de 1969, est presque monacale.

Là encore, de Gaulle imprime une marque indélébile sur des institutions qu'il a façonnées à son goût. Sur bien des points, la pratique qu'il instaure à son arrivée à l'Élysée devient vite une tradition pour ses successeurs, largement prisonniers de cette image de statue du commandeur. Heureusement pour eux, sur les questions d'argent ou de « style présidentiel », ils vont vite s'en affranchir.

De ce style, justement, on a déjà presque tout dit : le Général est économe, il paye ses propres repas à l'Élysée et éteint les lumières lorsqu'il quitte une pièce. Il ne se préoccupe que peu des questions matérielles. « L'intendance suivra », a-t-il coutume de dire. Vrai ? Faux ? Le rapport à l'argent du premier président de la Ve République, en particulier au cœur du pouvoir, est moins simple qu'il n'y paraît.

Comme dans sa vie de militaire, s'il feint de dédaigner les affaires d'argent, il est parfaitement conscient qu'elles sont essentielles dans les rouages de la politique. Il va donc y prêter une attention toute particulière, supervisant par exemple lui-même la distribution des fonds secrets aux membres du cabinet [2]. Mais pour lui-même, « numéro 1 » est plutôt chiche. Il est vrai qu'il n'aime pas l'Élysée, une demeure trop étroite pour lui, habitué aux grandes marches autour de son jardin de 15 hectares à Colombey.

« Le Général vivait à l'Élysée exactement comme on vit à l'hôtel, se rappelle ainsi Jean Mauriac, le fils de François, journaliste à l'AFP qui le suit presque sans interruption de 1944 à 1970. Il se considérait de passage. Il n'avait rien amené de Colombey : pas un objet personnel, pas un souvenir, pas un livre, pas même une photo [3]. » Pas tout à fait vrai, si l'on en croit les proches du Général.

Charles et Yvonne de Gaulle s'installent réellement à l'Élysée en 1959, même si ni l'un ni l'autre n'apprécie la demeure. Ils font donc procéder à de larges travaux d'aménagement, y compris dans les appartements privés. Mais, il s'agit d'abord d'adapter la maison à sa nouvelle dimension politique. Jusqu'à présent, le président de la République inaugurait les chrysanthèmes. Sans pouvoir exécutif, René Coty, le dernier président de la IVe République se contentait de sept conseillers rue du Faubourg-Saint-Honoré !

Mais tout change avec l'entrée en application de la nouvelle Constitution. Le président de la République est désormais le personnage numéro un de l'État. Le nombre de ses conseillers

2. Lire chap. « Fonds secrets et petites combines ».
3. *Le Figaro*, « Le Général au jour le jour… (II) », 21 mai 1990.

passe immédiatement à quarante et l'Élysée devient le centre de la vie démocratique du pays. Pour le Général, c'est cette dimension politique que doit refléter la demeure du chef de l'État.

Quand il s'agit de la République, de Gaulle est exigeant. Il commence par réquisitionner un immeuble, rue de l'Élysée, afin d'y héberger ses nouveaux services. Une extension territoriale qu'il poursuit d'ailleurs tout au long de ses mandats et dont l'État finance toutes les étapes. Mais lui-même se contente de peu. Il choisit de s'installer au premier étage du palais, alors que son prédécesseur occupait le rez-de-chaussée. Et quand il faut meubler le nouvel appartement privé, il oppose son refus aux responsables du Mobilier national venus apporter pendules, meubles de style et tableaux de maître. « Nous voulons un appartement confortable, mais sans fioritures. Pas un musée. Ce qui est nécessaire[4]. »

Yvonne, de son côté, fait installer son secrétaire dans le petit salon attenant à la bibliothèque. Le seul endroit où elle se sente bien dans cette grande maison qu'elle aime encore moins que ne l'aime son mari. Comme dans leur vie d'avant, c'est elle qui gère les cordons de la bourse pour le couple. Elle y fait preuve d'un grand souci d'économie, n'achetant jamais plus que de besoin. Pourtant, dès son arrivée à l'Élysée, elle se rend au Bon Marché pour faire l'acquisition d'un service de vaisselle. La femme du Général ne veut pas se servir de celle aux armes de l'État pour sa salle à manger particulière...

« Pas de confusion des caisses », l'approuve son mari. « Mon père mettait un point d'honneur à régler avec son chéquier les moindres dépenses sortant de l'ordinaire », raconte Philippe de Gaulle[5]. Il fait ainsi installer un compteur électrique pour les appartements privés, séparé du reste du bâtiment. Étonné du montant considérable des factures d'électricité, il

4. Philippe DE GAULLE, *De Gaulle, mon père*, Plon, 2004, p. 33.
5. *Ibid.* p. 37.

tient en effet à connaître exactement sa consommation personnelle.

De la même façon, comme l'ont rapporté de multiples anecdotes, le Général éteint effectivement la lumière à chaque fois qu'il quitte une pièce. Et il demande au personnel de l'Élysée d'en faire autant. Mais il n'achète pas ses propres timbres ni ne paye ses repas ainsi qu'on l'a souvent raconté. « Non, il ne paye pas sa correspondance, confirme Michel Tauriac, l'un de ses biographes [6]. En revanche, il fait mettre ses lettres dans une boîte à l'extérieur du palais. Il a un côté économe. Pour lui, un sou est un sou. En voyage officiel par exemple, il lui arrive souvent de rabrouer un collaborateur qui ne doit pas être là et qui voyage aux frais de l'État. »

De Gaulle met surtout un point d'honneur à distinguer ce qui s'attache à sa fonction et ce qui s'attache à sa vie privée. « Il a deux trains de vie à cette époque, poursuit Michel Tauriac : celui du chef d'État et celui du gentilhomme campagnard quand la DS arrive à Colombey. Mais dans un cas comme dans l'autre, il n'y a pas d'ostentation. »

Pas d'ostentation, ni de luxe, ni de grandes fêtes à l'Élysée, mais un peu de paillettes tout de même : Charles de Gaulle aime l'opéra et le théâtre et il lui arrive de se rendre parfois à une représentation à la Comédie-Française ou bien à Garnier. Mais il n'aime pas ces séances de serrage de mains à répétition à l'entrée, à l'entracte et à la fin du spectacle. Alors ce qu'il préfère par-dessus tout, c'est se faire projeter un film en compagnie de sa famille ou de collaborateurs dans la salle de cinéma du palais. Une activité bien innocente pour ce président qui se considérait de passage et dont le premier souci était l'image de la mission qu'il incarnait…

---

6. Entretien avec l'auteur le 2 juin 2008.

Les flamboyants

Même origine régionale, même parcours politique, même passion pour la pierre... il est donc normal que Valéry Giscard d'Estaing et Jacques Chirac se retrouvent une nouvelle fois côte à côte quand on évoque leur style présidentiel. Les deux frères ennemis de la droite, « numéro 3 » et « numéro 5 », sont tous les deux des flamboyants, des seigneurs à qui l'apparat du pouvoir est loin de déplaire. Et pourtant, à ce petit jeu, ils sont rejoints et même battus par François Mitterrand. Le seul président de gauche de la Ve République est aussi le plus « monarchique » de ce très fermé club des Six. Ces trois flamboyants profitent consciencieusement de leurs années à l'Élysée...

Quand Valéry Giscard d'Estaing franchit, à pied, la grille du 55 rue du Faubourg-Saint-Honoré, ce 27 mai 1974, il vient de se défaire de François Mitterrand justement, au terme d'une campagne extrêmement rapide. L'élection a eu lieu le 5 puis le 19 mai, à peine quatre semaines après le décès de Georges Pompidou. VGE a appris sa mort alors qu'il se trouvait dans son chalet de Courchevel. Autant dire qu'il a fallu mettre les bouchées doubles pour l'emporter. Mais conséquence indirecte, les frais de campagne, pour une fois, n'ont pas explosé...

Giscard est en tout cas, et de loin, le plus jeune président de la Ve République. Il a 48 ans à peine et est précédé d'une réputation de sérieux acquise durant son passage au ministère des Finances. Son entrée au palais est la récompense de l'énorme ambition nourrie depuis des années : une ambition qui lui vaut aussi l'image d'un homme hautain et éloigné, un énarque à l'accent chuintant, lesté de châteaux familiaux...

C'est cette image que VGE veut s'attacher à casser dès ses premiers mois de présidence. Le jour de son investiture, il commence par délaisser la redingote pour se présenter en veston. Il soigne son allure et se fait tailler ses complets chez les meilleurs couturiers de Paris. Mais pour montrer qu'il n'est pas l'aristocrate lointain qu'on décrit, on le voit aussi s'inviter à dîner chez des Français moyens ou partager son petit déjeuner à l'Élysée avec les éboueurs de l'avenue Marigny. Opération de communication bien orchestrée même si l'homme est resté ce grand bourgeois un peu hautain qui, en coulisse, estime que ses collaborateurs ont de la chance de travailler avec lui…

Au palais, en tout cas, le style se veut d'abord « moderne », jeunesse oblige. Quant au train de vie, il est… présidentiel. Le couple Giscard commence par engager de grands travaux dès leur installation et change l'intégralité du mobilier. Il est vrai que leurs prédécesseurs, les Pompidou, avaient transformé la résidence en salle d'exposition d'art contemporain. « Nous avons choisi quelque chose de plus… classique [7] », explique Anne-Aymone, visiblement pas convaincue par les goûts de l'ancien président.

Pourtant, les Giscard n'habitent pas à l'Élysée, « une maison qui ne peut pas abriter une famille nombreuse ». Si Anne-Aymone y dispose d'un bureau, elle dort avec ses quatre enfants dans l'hôtel particulier de la famille, au 11 rue Bénouville dans le 16e arrondissement de Paris. Les travaux entamés dans les appartements privés le sont avant tout pour le président lui-même.

Lui veut faire peuple, mais il a parfois des difficultés à chasser le naturel et la presse l'épingle régulièrement sur ses goûts de luxe. Il fréquente les restaurants à la mode, sort le soir dans Paris, fréquente la jet-set et lorsqu'en 1975, par mégarde, il provoque un accident de la circulation en percutant une camionnette de laitier au petit matin, c'est au volant… d'une Ferrari.

Sans compter qu'il traîne une solide réputation de pingre. « Il est Auvergnat, vous savez, confie un de ses proches. Ce n'est pas une légende. » Très près de ses sous, le troisième président n'a jamais d'argent sur lui et il n'hésite pas à faire payer ses

7. *Premières Dames*, de Henri-Jean Servat et Jean-Luc Prévost, documentaire diffusé sur France 3 le 10 novembre 2007.

compagnons en cas de besoin. « Un jour que nous allons inaugurer une autoroute, le président conduit lui-même et veut montrer à ses invités comment fonctionne le nouveau système de péage qu'il vient de mettre en place, se rappelle un autre. Bien sûr, il n'avait rien sur lui et ce sont les invités qui ont dû régler la note. » Comment naissent les réputations…

Du côté d'Anne-Aymone, c'est apparemment la même chose. La première dame, qui ne cache pas son goût pour le boursicotage[8], est ainsi épinglée en juin 1980, en marge du sommet du G7 qui se tient à Venise. La presse a remarqué que la première dame était allée échanger le sac à main qu'elle avait reçu en cadeau de bienvenue contre… un à-valoir. Une attitude sur laquelle les éditorialistes ne manquent pas de gloser, évoquant perfidement le patrimoine déjà bien garni du couple présidentiel.

Mais c'est surtout la passion du troisième président pour Louis XV qui l'enferme dans une image hautaine et distante. Persuadés d'en être tous les deux des descendants (Valéry et Anne-Aymone sont cousins au quatorzième degré), les Giscard finissent par se comporter en monarques républicains. Pour les observateurs, 1976 est même l'année d'un profond changement de style : finies la remontée des Champs-Élysées à pied ou les photos en pull, mélange de simplicité moderne et de décontraction marie-chantalienne… Giscard s'attache désormais à ressembler à son lointain ancêtre.

À table, le président se fait bientôt servir en premier et, si personne n'est de son rang, la chaise en face de lui doit rester vide… Il refait aussi son blason, installe le portrait de Louis XV, justement, dans le vestibule de l'Élysée, fait visiter le palais comme autrefois on visitait Versailles et bouscule le protocole républicain. En voyage officiel, ses enfants et son épouse sont ainsi placés devant les ministres, ce qui ne manque pas de choquer l'opinion qui dénonce cette « dérive monarchique ».

8. Lire chap. « L'aristocratie habite au palais du peuple ».

Sans parler des nombreuses parties de chasse auxquelles VGE, fine gâchette, se livre dans les domaines présidentiels… Une passion royale s'il en est. C'est finalement ce changement de style, mais aussi l'affaire des diamants de Bokassa, qui coûte à Valéry Giscard d'Estaing sa réélection en 1981 [9].

Son lointain successeur, Jacques Chirac, a donc fait mieux en se faisant réélire en 2002 face à Jean-Marie Le Pen. Il faut dire que, si lui aussi profite bien de ses années élyséennes, le cinquième président donne en revanche une image de dirigeant proche du peuple et débonnaire. Son style n'en est pas moins flamboyant, comme l'était celui de son meilleur ennemi, mais son côté populaire lui permet de le faire passer beaucoup mieux…

Poignées de main à tous et toutes, tapes dans le dos, appétit pour les « plats canailles », aisance dans les bains de foule comme au milieu des vaches, à l'exemple de ses longues visites au salon de l'Agriculture à Paris… « numéro 5 » réussit à faire oublier son goût du luxe dès son entrée à l'Élysée. Il est vrai que le nouveau président, qui s'est fait élire le 17 mai 1995 sur le thème de la fracture sociale, a proclamé « l'État modeste ».

Pourtant, la pratique est souvent éloignée du discours. Ainsi, lorsque par souci d'économie, Jacques Chirac, à peine élu, décide de supprimer le Glam [10] et de privilégier les lignes régulières pour ses déplacements, la presse ne met pas longtemps à se rendre compte que… rien n'a changé : le Glam disparu, une nouvelle structure baptisée Etec (Escadron de transport, d'entraînement et de calibrage) a tout simplement repris sa place, ses avions et ses missions !

C'est le style Chirac, mélange de bonhomie et d'esbroufe d'un homme habitué à vivre dans les palais de la République sans étaler son train de vie. Celui-ci n'a pourtant rien à envier à celui de son prédécesseur : séjours luxueux dans les plus beaux

9. Lire chap. « Des passions enfin satisfaites ».
10. Le Groupement des liaisons aériennes ministérielles, qui assure le déplacement du président et des membres du gouvernement.

palaces, croisières en Méditerranée à bord de yachts de milliardaires, déplacements en jet privé, grands couturiers pour Madame… le cinquième président ne se prive pas. Il aurait tort de ne pas aussi profiter des petits avantages de la République, l'essentiel étant de le faire avec discrétion.

Luxe suprême du pouvoir, les fonds secrets distribués en quantité à l'Élysée lui permettent justement de cultiver une certaine opacité. Les liasses de billets font pourtant plus que mettre du beurre dans les épinards. « Pour avoir le train de vie de Jacques Chirac, un contribuable « normal » devrait avoir un patrimoine trois ou quatre fois supérieur au sien », explique un proche du président en 2001 [11].

Mais l'homme est prodigue et distribue sans compter. Sous ses deux mandats, il fait ainsi de la réception du 14 Juillet à l'Élysée, la fameuse *garden-party*, un véritable événement mondain où se presse une foule de plus en plus importante. Jusqu'à 6 000 personnes arpentent ainsi les pelouses de l'Élysée sous son « règne »… aux frais de la République.

La multiplication des affaires de financement occulte va finalement faire tomber le masque. De 1995 à 2000, l'opinion publique découvre en effet que les pratiques douteuses dénoncées dans la presse ne sont pas toujours uniquement montées pour financer les partis politiques. Pour « abracadabrantesques » qu'ils soient, certains dossiers laissent penser que l'ancien maire de Paris a tiré un avantage personnel de ses fonctions. « Je ne suis pas un homme d'argent », explique-t-il le 14 décembre 2000 devant les caméras de TF1. Qu'importe : le soupçon pèse désormais sur le président.

Son prédécesseur non plus n'est pas un « homme d'argent ». Pourtant, intercalé entre ces deux présidents de droite, François Mitterrand mérite tout autant qu'eux de figurer au rang des présidents flamboyants. Car le quatrième locataire de l'Élysée depuis 1958 est aussi celui dont le style est le plus monarchique.

---

11. *L'Express*, « La fortune des Chirac », 4 janvier 2001.

Par son exercice florentin du pouvoir, il se constitue un cercle de proches, une « cour » disent ses détracteurs, pendant que lui ne néglige ni le faste ni le lustre de la présidence. « L'argent, Mitterrand ne l'aimait pas, mais il aimait les commodités qu'il procure, confirme un de ses plus proches collaborateurs [12]. Il avait vis-à-vis de lui les mêmes ambiguïtés que vis-à-vis du pouvoir. Il s'en méfiait, mais appréciait le confort qu'il assurait. » Parvenu à la présidence, le confort fait désormais partie du quotidien.

Tradition républicaine oblige, le nouveau président commence par engager des travaux d'aménagement au palais. À l'image de Georges Pompidou, avec qui il partage tant de points communs, la création contemporaine est à l'honneur : pendant que le décorateur Philippe Starck se voit confier la rénovation des appartements privés, le designer Thierry Paulin réaménage le bureau du chef de l'État.

Au quotidien, le candidat socialiste se glisse sans trop de difficultés dans les habits du pouvoir. Il se fait coiffer par Alexandre, le coiffeur des stars, s'habille de costumes taillés sur mesure par l'Italien Cifonelli, se laisse dorloter par la machine élyséenne qu'il veut à ses ordres. Entré à l'Élysée en 1965 puis nommé chef des cuisines en 1985, Joël Normand, se rappelle comment François Mitterrand, un soir, débarque sans prévenir vers 19 h 30 pour commander un repas de huit personnes composé de caviar et de homard. « Il était incapable de se retrouver seul à table », écrit le chef, habitué à servir aussi le cercle des très proches du président socialiste [13]. Au menu : un mélange de plats de luxe et de produits du terroir dont tout le monde profite…

Car c'est la spécificité de cet autre « monarque républicain » : un entourage omniprésent, pas toujours constitué de conseillers politiques. Heureusement, la République n'assume pas toujours

---

12. *Les Dossiers du Canard enchaîné* n° 107, « Le président fric-frime », avril 2008.

13. Joël Normand et Pierre Doncieux, *La Ve République aux fourneaux*, Éd. Table ronde, 1999.

l'entretien de ces courtisans. C'est même parfois l'inverse, comme dans les années quatre-vingt et quatre-vingt-dix où le Tout-Paris politico-médiatique rigole des affrontements entre Pierre Bergé et Georges Kiejman pour inviter le président et sa suite à la Cagouille, au Divellec ou chez Guy Savoy, des restaurants parmi les plus chers de Paris. « On savait tous que Mitterrand, qui aimait bien manger, allait rarement au restaurant sans ses porte-monnaie », raconte un journaliste politique qui l'a un temps suivi.

Les porte-monnaie, chez ce président qui ne porte jamais d'argent sur lui et ne s'est jamais servi d'une carte bancaire, ce sont ces proches qu'il récompense ou congédie selon son humeur : André Rousselet (Taxis G7), Jean Riboud (Schlumberger), François Dalle (L'Oréal) font alors partie du cercle. Les méritants sont invités à l'accompagner lors d'un déplacement officiel ou, mieux, dans la marche vers le sommet de Solutré, un des grands rendez-vous de la geste mitterrandienne. La machine élyséenne se charge de l'intendance…

Et quand « numéro 4 » a besoin de plus de discrétion, les hommes de l'ombre ne sont jamais loin. François de Grossouvre, Roland Dumas ou Roger-Patrice Pelat se chargent notamment de faciliter sa double vie avec Anne et Mazarine. Pendant que l'avocat, futur ministre des Affaires étrangères, imagine des montages juridiques pour des acquisitions immobilières, comme la rue de Bièvre ou la maison de Gordes, Grossouvre, parrain de Mazarine, s'attache à tenir les curieux éloignés. Pelat, lui, met la main à la poche lorsque les fonds secrets ne suffisent pas [14]…

Des conseillers occultes, un exercice monarchique du pouvoir… le style de François Mitterrand n'est pas incompatible avec l'étiquette qui colle à un président de gauche. En tout cas, dans son esprit. En revanche, son goût pour le golf ou les déplacements en hélicoptère sont d'un tout autre calibre. Car le

14. *Marianne*, « Dieu et les siens », 4 mai 1998.

président du peuple est aussi celui qui fait supprimer le golf de la liste des signes extérieurs de richesse lors de son premier septennat. Les membres de l'ultra-chic golf de Saint-Cloud, dont il fait partie, le remercient encore aujourd'hui.

Jusque-là, l'appartenance à un club de golf est en effet officiellement considérée par l'administration fiscale comme un signe d'aisance financière. Elle doit être mentionnée sur les feuilles d'impôts, car le montant des cotisations est tel que seuls les contribuables les plus riches peuvent y prétendre. Mais « numéro 4 » aime le golf qu'il a découvert à Hossegor dans les années soixante. En toute discrétion, il supprime la mesure instaurée par Giscard et continue en secret de pratiquer son sport préféré. Dans les années quatre-vingt, pratiquer un sport de riche n'est pas vraiment un argument électoral pour un président de gauche.

Ce n'est qu'en 1988, à l'occasion de la publication en une de l'hebdomadaire *VSD* d'un cliché le montrant sur un parcours, que François Mitterrand rompt le silence sur le sujet. Quelques mois à peine avant l'élection présidentielle, l'opinion publique découvre ainsi ce que la communauté golfique savait depuis des années : le locataire de l'Élysée est un golfeur émérite qui joue tous les lundis matins à Saint-Cloud ou à Saint-Germain-en-Laye. Un peu comme si Georges Marchais, le patron du parti communiste de l'époque, pratiquait le polo…

Mais ce que le quatrième président préfère, ce sont les déplacements en hélicoptère. Mitterrand en raffole et n'hésite pas à débarquer chez tel écrivain ou telle connaissance à bord d'un des appareils de la République, parfois pour un simple déjeuner. Latché dans les Landes où il possède une bergerie, Gordes où sa fille Mazarine est en vacances, Saint-Pierre-de-Chignac où habite son ami Maurice Faure, La Rochelle dont le maire est le radical Michel Crépeau, un vieux compagnon de route, voire chez l'un ou l'autre de ses sept frères et sœurs… l'hélicoptère présidentiel sillonne le ciel de France pour balader « numéro 4 ». Des vols pris en charge par le Glam, sur le budget du ministère de la

Défense… Qu'importe, les électeurs de 1988 le renvoient au palais !

Le provincial « people »

Auraient-ils réélu Georges Pompidou, décédé brutalement le 2 avril 1974 ? Une chose est sûre, lorsqu'il arrive à l'Élysée, le deuxième président de la Vᵉ République est d'abord le successeur d'un mythe. Un héritage écrasant pour l'ancien Premier ministre du général de Gaulle qui entre au palais le 15 juin 1969…

Alors Georges Pompidou se glisse dans les habits du président comme dans un costume un peu trop grand pour lui. Il reprend le protocole instauré par le fondateur de la Vᵉ République, ses habitudes et sa pratique du pouvoir. Ce mélange d'austérité et de grandeur de la fonction… « Pas d'affaires quand on est aux affaires », répète d'ailleurs plus que jamais l'ancien directeur de la banque Rothschild.

Âgé de 58 ans, il apparaît vite un peu falot en comparaison du « Grand Charles ». Pourtant, en dépit des apparences, l'Auvergnat est pourvu de racines bien ancrées et d'un profond bon sens. Et « si l'œil droit est celui "d'un bon vivant qui aime l'argent, le plaisir et la douceur de l'existence" (comme le dépeint Guy de Rothschild), le gauche, froid, dur, impérieux est celui d'un homme qui ne cède pas [15]. » Il n'est pas là par hasard.

Il commence donc par réaffirmer la prééminence de l'État. Le nombre de conseillers du président poursuit sa progression, nécessitant toujours plus de locaux et de moyens. Prolongeant la politique d'expansion territoriale de la « maison Élysée » démarrée par de Gaulle, Pompidou fait racheter l'hôtel de Marigny. Une magnifique demeure située juste en face du palais et dans laquelle la France accueille aujourd'hui ses hôtes de

15. *Le Figaro Magazine*, « Nostalgie : le bon temps du président Pompidou », 10 décembre 1983.

marque. Une propriété qui se trouve appartenir aux Rothschild avec lesquels le chef de l'État garde des liens étroits...

Flirtant avec la ligne jaune, Pompidou va parallèlement s'affranchir du style de son prédécesseur. C'est d'abord l'amateur d'art qui, procédant aux aménagements traditionnels de l'Élysée en début de mandat, fait place nette pour faire du vieil hôtel d'Évreux un lieu dédié à la création contemporaine. Sur ordre du nouveau président, le Mobilier national acquiert les œuvres d'artistes jusque-là réservés aux galeristes tandis que le plasticien Agam se voit confier la réalisation d'une antichambre démontable à l'entrée du palais. Il s'agit d'égayer cette demeure un peu triste que Claude Pompidou aime encore moins qu'Yvonne de Gaulle.

Sortie du protocole officiel, l'épouse du président regrette particulièrement les balades dans les galeries d'art de Saint-Germain-des-Prés. Le couple en avait pris l'habitude depuis des années, partant à la recherche de nouveautés susceptibles d'agrandir leur collection. Pourtant, en entrant à l'Élysée, les Pompidou inaugurent aussi une nouvelle vie sociale, faite de dîners et de déjeuners mondains avec tout ce que le Paris du début des années soixante-dix compte d'artistes et de personnalités : une vraie dérive « people » où Victor Vasarely côtoie Zizi Jeanmaire et Françoise Sagan dans les salons de l'Élysée, mais dont la presse reste, alors, à l'écart.

L'époque n'est pas encore à l'argent fou. « Les gens étaient peut-être alors plus heureux, lance un proche du pouvoir de l'époque. Il y avait un sentiment d'égalitarisme beaucoup plus développé et les différences sociales étaient moins importantes ». Personne ne voit donc le moindre mal à ce que le président entretienne des contacts réguliers avec les patrons des grandes entreprises, publiques comme privées. Fort d'un carnet d'adresses constitué chez Rothschild, mais aussi à Matignon, Georges Pompidou est le premier chef d'État a emmener des industriels en voyage officiel, à la pêche aux contrats. C'était alors en URSS. Une pratique que ses successeurs reprendront les uns après les autres. Il reçoit également les responsables des grands groupes à l'Élysée, mais, chaque fois, s'entoure de multiples précautions, évitant par exemple les tête-à-tête pour ne pas être accusé « d'initiation ».

Mais Georges Pompidou reste proche du patronat. Car son vrai rêve, c'est la modernisation de la France. Programme nucléaire, TGV, fusée Ariane... les chantiers qu'il lance durant son mandat changent le visage du pays au début des années soixante-dix. Des années « paisibles » où les Français s'ennuient un peu, mais coulent des jours tranquilles. Croissance forte et chômage inexistant : pour Georges Pompidou, ce bourgeois de province, c'est l'occasion de gouverner en bon père de famille...

Le président-businessman

Lui, c'est à la façon d'une entreprise qu'il veut gérer la France. Il l'a dit avant et il le fait depuis : toujours pressé, Nicolas Sarkozy dirige le Conseil des ministres comme on dirige un conseil d'administration. Que l'on aime ou pas, voilà encore une façon de se démarquer pour l'actuel locataire de l'Élysée.

On connaît sa passion pour le luxe et le clinquant. Il l'a largement assouvie durant les premiers mois de sa présidence au cours desquels on l'a vu successivement sur le yacht d'un milliardaire, en villégiature dans une maison américaine à 22 000 euros la semaine et aux quatre coins de la planète « people ». Mais l'actuel locataire de l'Élysée, qui ne cache pas son admiration pour ces grands patrons payés royalement pour prendre des décisions, aime aussi penser qu'on peut diriger un pays comme une société commerciale.

Depuis son élection, on voit ainsi l'Élysée constituer des *task force* par dossier, mettre sur pied des groupes d'étude. On convoque des consultants du secteur privé afin d'expliquer aux fonctionnaires les secrets d'une gestion efficace. L'État doit désormais avoir la « culture du résultat ». Et comme un patron au milieu de ses salariés, « l'omniprésident » est au four et au moulin. Il supervise les dossiers de ses ministres, monopolise l'attention médiatique, multiplie les annonces. Parfois avant de se dédire…

La méthode a ses partisans. Mais elle met aussi l'accent sur l'une des particularités du mandat de Nicolas Sarkozy. Car, comme l'entreprise met le profit au cœur de ses préoccupations, l'argent a fait une apparition inédite au cœur de la République. Il est désormais reconnu, vanté et apprécié pour les faveurs qu'il procure. Il est même devenu, aux dires de certains observateurs, le seul étalon de la réussite dans la république sarkozyienne. Comme promis par le candidat UMP durant la campagne électorale, la « rupture » est bel et bien au rendez-vous…

Si Nicolas Sarkozy ne cache pas son attirance pour l'argent avant son élection, il en fait encore moins mystère après. L'opinion en a un premier aperçu dès le soir de son élection, le 6 mai 2007. Tranchant avec ses prédécesseurs, le sixième président depuis 1958 retrouve ses proches dans un des établissements les plus luxueux des Champs-Élysées à Paris, le restaurant Fouquet's. À ses côtés, outre le propriétaire des lieux, Dominique Desseigne, patron du groupe Barrière, la fine fleur du patronat français, flanquée de quelques « people[16] ». Qui paye la facture ? Mystère. Malgré les demandes répétées de la presse, la transparence vantée par le nouveau président sur ce dossier a ses limites.

En tout cas, dans sa détermination à casser les codes de la République, une chose est claire : les modèles de Nicolas Sarkozy ne sont pas ses prédécesseurs. Ce sont ces grands patrons dont la réussite se mesure à l'épaisseur du portefeuille. Élu sur la promesse de se battre pour le pouvoir d'achat, c'est aux contribuables les plus riches que « numéro 6 » consacre ses premières mesures, dont le fameux « paquet fiscal », un cadeau de 15 milliards d'euros à ces « forçats de l'impôt », pris sur le budget de l'État.

16. Lire chap. « Des passions enfin satisfaites ».

Côté pouvoir d'achat des autres contribuables, en revanche, Sarkozy avoue vite son impuissance. Il a en effet trouvé « les caisses vides » en arrivant à l'Élysée. Les Français devront donc attendre avant de voir leur niveau de vie cesser de baisser. Aussi, quand celui du nouveau locataire de l'Élysée connaît une augmentation spectaculaire, l'effet est désastreux et le divorce avec l'opinion immédiat. Le président, qui renvoie l'image d'un parvenu plus soucieux de son intérêt personnel que de l'intérêt général, sombre dans des abîmes d'impopularité que n'avait même pas connus Jacques Chirac…

Certes, difficile de juger d'un style avec aussi peu de recul. D'autant plus que celui-ci semble avoir changé depuis son investiture, parallèlement à la vie privée du président. Entré à l'Élysée au bras de son épouse Cécilia en mai 2007, il y exerce sa fonction depuis février 2008 aux côtés de son épouse Carla. Entre les deux, une métamorphose radicale destinée, pour Nicolas Sarkozy, à « faire plus président ».

Au quotidien d'abord, tout a changé. Le 16 mai 2007, la France voit arriver, sur le tapis rouge déployé dans la cour d'honneur, une famille moderne, c'est-à-dire recomposée : aux côtés de Cécilia, ses deux filles à elle, Jeanne-Marie et Judith, ses deux fils à lui, Pierre et Jean, et le petit Louis, qu'ils ont eu ensemble. Il s'agit de rentrer tout ce petit monde dans les meubles de la vieille maison de la Pompadour.

L'appartement du roi de Rome situé au premier étage – 130 mètres carrés réservés au chef de l'État –, a été refait récemment par Bernadette Chirac qui y a fait intervenir son ami, le décorateur Alberto Pinto, « à titre gracieux ». Aucune intervention n'est donc à envisager de ce côté-là et le couple, qui a vendu son appartement de Neuilly, peut s'installer immédiatement. Mais bien vite, l'installation du reste de la famille n'est plus d'actualité. En octobre 2007, la première « première dame » quitte le palais.

L'arrivée de Carla Bruni-Sarkozy rue du Faubourg-Saint-Honoré impose un nouveau style à « numéro 6 ». Désormais, le président « bling-bling » et vibrionnant[17] s'attache à revêtir des habits plus adaptés à un homme d'État. Costumes plus élégants, montres moins tape-à-l'œil, prises de parole un peu moins fréquentes, langage un peu plus fleuri… Nicolas Sarkozy entame sa mue à mesure qu'il délaisse les appartements privés de l'Élysée. Quand il n'est pas retenu à son bureau, le président rejoint aujourd'hui sa femme dans son hôtel particulier de la rue Mozart, dans le 16ᵉ arrondissement. Discrétion, tel est aujourd'hui le maître mot du sixième président de la Vᵉ République. Mais quand on connaît son hyperactivité, on peut se demander pour combien de temps…

2. Le budget officiel

Quand l'argent du président est un « non-sujet »

On pourrait être tenté de ne pas y croire. À voir trop d'enquêtes consacrées à l'argent, en une des magazines, on pourrait penser que les choses ont toujours été comme cela. Que la transparence est une des vertus naturelles de la République comme le droit de vote ou la libre circulation… Bien sûr, il n'en est rien et il fut un temps – préhistorique – où, au contraire, les questions d'argent, et en particulier de celui du chef de l'État, ne constituaient même pas un sujet de discussion politique. Aborder des questions aussi bassement matérielles devant Charles de Gaulle ou Georges Pompidou était alors impensable. Pas plus qu'on n'attaquait directement Valéry Giscard d'Estaing ou François Mitterrand sur le budget de l'Élysée. Au nom d'une certaine « correction »…

« C'est une période sur laquelle on ne sait rien, confirme le député socialiste, René Dosière, un spécialiste des questions

17. Selon les services de l'Élysée, le nombre des déplacements, communiqués et autres « activités extérieures » du président au cours des quatre premiers mois de mandat de Nicolas Sarkozy a augmenté de 450 % par rapport à la même période de 2006, du temps de Jacques Chirac.

budgétaires de l'Élysée [18]. Personne n'évoque le sujet. Le budget est voté de manière tout à fait opaque. » Une situation qui dure tout de même quarante-quatre ans ! De 1958 à 2002, l'argent public versé au président de la République, pour assurer son train de vie et l'entretien de sa maison, mais aussi pour le bon fonctionnement des institutions républicaines ou la sécurité du numéro un de l'État, ne fait l'objet d'aucune discussion. Il faut dire que la somme qu'on lui attribue est tellement ridicule qu'elle passe en général inaperçue au milieu des milliers de chiffres inclus dans la loi de finances…

Pour payer l'entretien des bâtiments, le salaire et les frais des personnels du secrétariat général, de l'état-major particulier, du cabinet, des services administratifs, du président, mais aussi financer les frais de représentation ou renouveler le parc automobile de l'Élysée, le budget officiel affecte 1,8 million de francs à Charles de Gaulle en 1960, l'équivalent de 2,6 millions d'euros de 2007. En 1969, au moment où « numéro 1 » quitte le pouvoir, cette somme s'élève à 2,5 millions de francs de l'époque. Corrigée de l'inflation, elle ne représente plus que l'équivalent de 2,5 millions d'euros de 2007 [19]. Elle permet donc de financer moins de besoins, alors que les prix se sont inscrits en forte hausse sur la période. Une jolie performance budgétaire alors que les effectifs de la présidence n'ont cessé de se développer au cours des deux mandats du Général et que les opérations d'acquisitions immobilières se sont multipliées, tout comme les voyages à l'étranger…

C'est que ce chiffre officiel est loin de la réalité. Si personne n'en parle, certains savent bien, dans les cercles proches du pouvoir, que les moyens dévolus à l'Élysée ne se limitent pas au budget voté par l'Assemblée. « À l'époque, les initiés savent que la dotation ne couvre qu'une partie infime du budget réel », confirme René Dosière. Pour couvrir certaines dépenses, la

18. Entretien avec l'auteur le 16 avril 2008.
19. René Dosière, *L'Argent caché de l'Élysée*, Seuil, 2007.

maison du président sait en effet, à l'occasion, s'affranchir des pratiques officielles.

Elle dispose, en fait, de deux autres sources de financement, bien plus discrètes, que la dotation votée au Parlement : les fonds secrets et les contributions des ministères, appelés à financer une partie du fonctionnement de l'Élysée. Une manière de s'assurer une autonomie financière et politique d'autant plus large que ces robinets fournissent jusqu'aux deux tiers du budget réel de la présidence [20]...

Mais puisque personne n'y voit rien à redire, la situation perdure. L'Assemblée vote ainsi sans broncher, chaque année, le budget officiel de la présidence : 4 millions de francs en 1974 (2,8 millions d'euros 2007) pour le dernier exercice de Georges Pompidou ; 10 millions de francs pour Valéry Giscard d'Estaing en 1981 (3,3 millions d'euros) ; 19,8 millions de francs en 1995 pour François Mitterrand (3,6 millions d'euros). Si le budget de l'Élysée sous de Gaulle s'inscrit en baisse, Pompidou fait progresser les dépenses de 8,9 %, Giscard de 20,1 % et Mitterrand de 9,63 %.

Encore ne s'agit-il que du budget officiel. Car, pour le reste, même la presse doit bien avouer son impuissance à y voir clair. « Le budget réel est impossible à établir, écrit ainsi *Le Nouvel Observateur* en 1991 à propos de l'Élysée de Mitterrand [21]. Une partie du personnel, y compris dans le cabinet du président, est rémunérée par son administration d'origine. [...] La représentation nationale, qui est assez bonne fille pour voter chaque année, sans sourciller, les crédits destinés aux fonds secrets, n'a jamais cherché à éclaircir ce brouillard financier. » Une analyse un peu pessimiste : c'est bien un député qui, quelques années plus tard, fait exploser le système...

---

20. Lire chap. « Ministères vaches à lait » et « Fonds secrets et petites combines ».

21. *Le Nouvel Observateur*, « Mitterrand : la vie de château », 25-31 juillet 1991.

Les limites explosent

Lorsqu'il commence à mettre son nez dans les comptes de l'Élysée, René Dosière sait déjà qu'il y a quelque chose à trouver. La présidence est la seule institution de la République à dépenser l'argent public sans contrôle ni contrainte. Député de l'Aisne, le petit bonhomme aux cheveux courts et au visage rond s'intéresse à la question depuis 2001. En feuilletant le dernier rapport de la Cour des comptes, qui contrôle les finances des institutions publiques, l'apparenté socialiste s'aperçoit, tableaux à l'appui, que la présidence de la République a dépensé deux fois plus que ce que le Parlement avait voté. Une pratique « habituelle », selon le rapport.

René Dosière va alors commencer un lent travail d'investigation parlementaire. Son but : faire la lumière sur les vrais comptes de l'Élysée. Sa méthode : harceler les ministres de questions écrites pendant plus de quatre ans. Douze ministères seront ainsi épinglés, de la Défense à l'Intérieur en passant par la Culture ou l'Outre-Mer.

Cela va payer. Après avoir épluché les lois de finances votées depuis le début du septennat de Jacques Chirac, le député arrive à établir « à 90-95 % » le vrai budget de l'Élysée. Reste la part de mystère. « Mais ce que je découvre à l'été 2001, tout à fait par hasard, c'est que la dotation du président a augmenté de façon tout à fait considérable. Lorsque, par exemple, en 2000, le Parlement vote 10, le président dépense 17 car il s'est fait voter un complément, comme chaque année, qui ne paraît pas au *Journal officiel* », raconte René Dosière. Un procédé qui lui permet d'obtenir jusqu'à deux fois le montant des crédits initialement votés…

Et ce n'est pas tout. Affinant sa méthode, le député le dévoile dans un livre à la fin du second mandat de Jacques Chirac en 2007 : les dépenses de l'Élysée ont progressé en douze ans de 798 %, soit plus de vingt-six fois le rythme de l'inflation… Non seulement « numéro 5 » dépense beaucoup plus que ses prédécesseurs, mais il dépense aussi systématiquement plus que prévu. « Le système de la rallonge automatique est apparu en 1995. Mais c'est à partir du moment où j'ai dévoilé le mécanisme en 2001, que l'Élysée a commencé à essayer de s'expliquer. »

À quelques mois de l'élection présidentielle de 2002, Jacques Chirac se voit en effet contraint de donner un os à ronger aux parlementaires. La majorité socialiste à l'Assemblée vient d'adopter une résolution qui oblige l'Élysée à présenter un récapitulatif de l'utilisation des sommes accordées. La présidence s'exécute à reculons : elle rend un document inconsistant – sept à huit gros postes de dépenses à peine – et n'apporte rien.

Mais elle développe, de son côté, un argumentaire : l'augmentation du budget est à mettre au compte de charges supplémentaires, auparavant supportées par des organismes extérieurs, comme l'explique un communiqué du 14 novembre 2001. Mieux : cela ne coûte pas un sou au contribuable. « L'inscription de ces dépenses dans les comptes de la présidence de la République a bien évidemment supprimé la prise en compte budgétaire des mêmes dépenses au budget des entreprises publiques et des ministères concernés. Elle a donc été budgétairement neutre et ne correspond à aucune augmentation de la dépense publique. »

Ce n'est pas l'avis du député qui ne va pas lâcher la partie. Réélu en 2002, comme Jacques Chirac, il s'attache dès son retour au palais Bourbon à reconstituer le puzzle. Au fil des questions écrites adressées au gouvernement – près d'une centaine au total – le tableau commence peu à peu à prendre forme. « Le budget de la présidence ressemble à un iceberg : la partie émergée, connue dans sa globalité, c'est le budget officiel. Il représente un tiers du total. Mais la partie immergée est beaucoup plus importante : il s'agit des dépenses prises en charge par les divers ministères, qui représentent les deux tiers du budget total ! », décrypte René Dosière[22]. Ainsi quand Jacques Chirac

22. René Dosière, *L'Argent caché de l'Élysée*, Seuil, 2007.

obtient, pour 2007, un budget officiel de 32 millions d'euros, il dépense en fait… 58 millions de plus.

Le travail de René Dosière n'a pas empêché l'inflation effrénée des dépenses du chef de l'État durant les deux mandats de Jacques Chirac. Le cinquième président depuis 1958 n'est pourtant pas le dernier à dénoncer les dérives. « Là où de Gaulle dépensait 10 francs, Giscard en dépensait 100 et Mitterrand 1 000 », a-t-il coutume de dire. Depuis son accession à l'Élysée, lui semble en dépenser 10 000…

Certes, ses prédécesseurs ont eux aussi fait progresser le budget de l'Élysée. Mais, à la différence de « numéro 5 », ils se contentaient de la dotation votée une fois par an, sans demander de rallonge systématique. Tout le monde n'a pas ses pudeurs…

Durant les douze ans de sa présidence, Chirac a en tout cas bénéficié d'un budget officiel cumulé correspondant à 268 millions d'euros de 2007. En incluant les contributions des ministères et les fonds secrets (qui ont été supprimés en 2002), il aurait donc coûté à la nation plus de 800 millions d'euros de 1995 à 2007. L'équivalent de 64 288 années de Smic [23]…

Opération transparence ?

C'est d'abord par volonté de « rupture » avec les pratiques de son prédécesseur que Nicolas Sarkozy se plonge dans les comptes de l'Élysée, immédiatement après son élection. Le premier budget de sa présidence est pourtant conforme à la lignée chiraquienne. Avec un peu plus de 32 millions d'euros de dépenses prévues pour 2007, il s'inscrit tout juste en hausse de 1,6 % par rapport à celui de Jacques Chirac l'année précédente. Débarquée en mai, l'équipe du nouveau président a paré au plus pressé et élaboré un budget d'attente. Car Nicolas Sarkozy a déjà un plan en tête…

Au nom de la « transparence », « numéro 6 » tire ses cartouches moins de cinq mois après son arrivée à l'Élysée.

---

23. Sur la base d'un Smic net mensuel de 1 037 euros, au 1er juillet 2008.

Distillée dans la lettre *Profession politique* du 27 octobre 2007, une révélation fait état du prochain triplement du salaire présidentiel[24]. Une opération qui pourrait se doubler d'une réforme du budget de l'Élysée, croit savoir l'hebdomadaire, généralement bien informé. De fait, l'information libérée opportunément permet de lancer le débat. « Je veux renoncer à l'hypocrisie », déclare le président le matin même, face à des responsables de la majorité qu'il reçoit pour le petit déjeuner. La presse s'en empare. L'opération « augmentation du budget de la présidence » est lancée…

Elle va être menée en un éclair. Le lendemain des révélations de *Profession politique*, le débat se focalise sur la hausse de salaire du chef de l'État. Celle du budget de l'Élysée est présentée comme la justification d'une grande remise à plat. « L'augmentation du traitement du président fait partie d'une réforme beaucoup plus vaste. C'est l'ensemble du système que l'on revoit », expliquent en substance les conseillers de l'Élysée.

Un argument qui n'empêche pas de se prendre, parfois, les pieds dans le tapis. « Cette augmentation sera sans effet sur le montant réel des dépenses de la présidence et compensée par une réduction correspondante des crédits actuellement alloués aux ministères pour financer les activités de la présidence », croit bon de préciser dans la presse Emmanuelle Mignon, la directrice de cabinet du président, en charge notamment des questions d'argent à l'Élysée. Une explication qu'on croit déjà avoir entendue…

En tout cas, le triplement du budget de l'Élysée passe comme une lettre à la poste. Échaudés par les révélations du député Dosière – le seul, d'ailleurs, à se réjouir de la réforme côté socialiste –, les parlementaires de l'opposition ne se déplacent même pas lors du vote. Ceux de la majorité, droits dans leurs bottes, avalisent l'amendement déposé par le gouvernement.

24. Lire chap. « Royales augmentations ».

De 32,3 millions d'euros, le budget de la présidence de la République pour 2008 est porté à 100,8 millions le 30 octobre, trois jours à peine après la publication de l'information de *Profession politique*…

Certes, l'Élysée ne manque pas d'arguments. L'opacité du budget présidentiel étant de notoriété publique, la présidence annonce qu'il sera désormais soumis au contrôle des magistrats de la Cour des comptes. Elle souhaite aussi prendre acte des contributions réelles des uns et des autres et les réintégrer au budget officiel. Un nouveau poste de dépense est ainsi créé, celui des frais de voyages, doté de 15,3 millions pour 2008. Il doit permettre d'assurer l'ensemble des déplacements du chef de l'État en France et à l'étranger. Une charge jusque-là assumée par trois ministères différents[25].

De la même façon, les frais de personnels sont multipliés par quatre, passant de 16,8 millions d'euros à 67 millions d'euros. Outre les employés supplémentaires à l'Élysée, il s'agit d'abord de réintégrer les effectifs jusque-là payés par des ministères ou des entreprises publiques, comme Air France ou La Poste, mais employées par la présidence. 824 personnes au total…

Mais le compte n'est pas bon. Chiffres à l'appui, en additionnant les fonds provisionnés par les différents ministères et réintégrés au budget officiel (32,3 millions d'euros), le nouveau poste de dépenses consacré aux voyages (15,3 millions) et la masse salariale représentée par les plus de 800 salariés supplémentaires (50,2 millions), le budget de la présidence aurait dû s'élever à 97,8 millions d'euros par an. Pas 100,8. Où passent les 3 millions restants ? Ont-ils été mis de côté « pour les faux frais », comme ironise *Le Canard enchaîné*[26]. « Nous sommes arrivés à 100 millions avec beaucoup d'incertitudes, explique

25. Lire chap. « Ministères vaches à lait ».
26. *Les Dossiers du Canard*, avril 2008.

Emmanuelle Mignon, alors directrice de cabinet du président[27]. Le travail s'est fait très vite, entre octobre et la mi-novembre 2007. On a travaillé sur des moyennes. Ces 3 millions d'euros, c'est l'épaisseur du trait, à ajuster l'année prochaine. » Nicolas Sarkozy, lui, n'a pas souhaité nous répondre sur ce point[28].

Et ce n'est pas tout. L'hebdomadaire satirique révèle par la même occasion qu'« en raison de l'importance de l'activité présidentielle », le parlement a ratifié une rallonge de 2,5 millions d'euros au budget de la présidence. Voici donc Nicolas Sarkozy pourvu d'une jolie cagnotte de 5,5 millions au total. Au nom de la transparence ?

L'actuel locataire de l'Élysée ne tarde pourtant pas à lancer la riposte. Dès le mois de décembre 2007, il envoie ses proches se répandre dans la presse. À charge pour eux de vanter les mérites de ce nouvel État transparent, économe et soucieux des finances publiques qu'il entend promouvoir. Une période particulièrement chargée pour Emmanuelle Mignon…

La directrice de cabinet du président, désignée « mère-la-rigueur » de l'État sarkozyen, est le grand ordonnateur du budget de l'Élysée. La mise en musique de la nouvelle ligne de crédits de 100 millions, c'est elle. Et pour montrer que tout cela va dans le bon sens, voici la jeune femme réservée multipliant les exemples de vertu budgétaire dans les colonnes des magazines. « Elle confie vouloir revoir l'ensemble des dépenses de l'Élysée et mettre en place plusieurs outils de gestion afin de réduire les coûts, par exemple en installant une concurrence entre les prestataires », écrit ainsi *Le Point*[29]. « C'est une véritable révolution culturelle qu'elle entend engager », s'enflamme l'hebdomadaire qui note qu'elle devrait, pour ce faire, bénéficier de l'aide d'un

---

27. Entretien avec l'auteur, le 9 septembre 2008. Emmanuelle Mignon est, depuis le 29 juillet 2008, conseiller du président pour les états généraux de la presse.

28. Voir annexe 7.

29. *Le Point*, « Les gros sous de l'Élysée », 6 décembre 2007.

consultant venu du privé et spécialisé dans la chasse aux dépenses superflues. Autrement dit un réducteur de coûts, ce que les Anglo-Saxons appellent un *cost killer*…

Le Point récidive quelques mois plus tard. Cette fois-ci, l'orthodoxie financière et le souci d'économie ont pris de telles proportions, rue du Faubourg-Saint-Honoré, que « les cadeaux du président à ses homologues sont désormais plus modernes et plus modestes que ce qu'ils étaient sous les précédentes mandatures [30] ». « Fini l'Élysée providence », lance le journal. Les collaborateurs de l'Élysée n'ont plus droit à leurs abonnements à la presse people et ils doivent maintenant payer six euros pour leur plateau-repas. « Les partants se retrouvent désormais à la supérette du coin amers de ne plus pouvoir profiter du champagne élyséen pour arroser leur départ », se désole le magazine.

On imagine les économies colossales… si les faits venaient confirmer cet accès d'enthousiasme. Car en attendant de contrôler les dépenses de 2008, celles de 2007 ont enregistré un sérieux dérapage. C'est ce que confirment les chiffres publiés en juin 2008, selon lesquels le budget de l'Élysée a enregistré en 2007 une hausse de 8,4 %. Soit plus de trois fois le rythme de l'inflation et plus de quatre fois l'augmentation initialement prévue ! Pas vraiment de quoi donner l'image d'un État et d'un président modestes, tels qu'on nous les avait présentés…

Certes, Nicolas Sarkozy n'a été au pouvoir que sept mois en 2007. Une partie des dépenses de l'année est donc imputable à son prédécesseur. Mais celui-ci a justement laissé un reliquat plus important que prévu dans les caisses de l'Élysée : 19 millions d'euros prêts à être utilisés par le nouveau locataire des lieux. Au total, l'actuel chef de l'État a donc dépensé 35,1 millions d'euros, contre 32,3 millions initialement prévus. Qu'a donc fait le président avec cette rallonge de près de 3 millions ?

30. *Le Point*, « La vie quotidienne à l'Élysée », 17 avril 2008.

Il a d'abord payé les salaires de ses collaborateurs. Car, au-delà des promesses de campagnes sur la limitation du nombre de conseillers, l'Élysée a embauché 88 personnes supplémentaires par rapport à l'équipe Chirac. Ils sont désormais 1 045 à émarger à l'Élysée (contre 957) et leur paye représente un coût de près de 17 millions d'euros. La moitié du budget de la présidence ! Le président pèse d'ailleurs pour une part dans cette impressionnante masse salariale. Le triplement de son traitement fait partie intégrante de cette augmentation.

Il s'est ensuite acquitté des frais d'entretien des bâtiments, particulièrement élevés en cette première année de quinquennat. Ils s'inscrivent en hausse de 53 %, à 3 millions d'euros. Une courbe spectaculaire que l'Élysée justifie par les « opérations d'installation du nouveau cabinet » du président. Il aurait coûté à lui seul plus de 500 000 euros.

Heureusement, l'arbre de Noël de la présidence a, lui, pesé moins cher dans le budget de la nation (-20 %). Tout comme les fleurs qui décorent les salons lambrissés (-17 %) ou les vins qui agrémentent la table des invités officiels (-44 %). Il faut dire que les Français ont élu pour les représenter un président qui n'aime pas boire…

La discrète cagnotte des frais de représentation

La représentation, justement, c'est l'une des obligations du chef de l'État. Sommets internationaux, réceptions des hôtes de marque, mais aussi cocktails mondains ou premières théâtrales… le président est même tout le temps en représentation. Il est l'image de la France à l'étranger, comme auprès de ses concitoyens. Encore faut-il que cette France soit bien habillée et puisse tenir son rang. Heureusement, bonne mère, la République a prévu une petite enveloppe pour ce type de frais. Histoire que celui qu'elle a porté à sa tête puisse au moins disposer d'une garde-robe digne de ce nom.

Aucun problème de ce côté-là pour Nicolas Sarkozy. Avec ses costumes italiens Boglioli à 1 500 euros et ses chaussures

John Lobb double boucle (750 euros), le président français ne dépareille pas au milieu des grands de ce monde. Mais son enveloppe ne lui sert pas qu'à cela. Selon la presse, elle lui permet aussi de régler ses communications téléphoniques personnelles à partir du portable Orange fourni par l'Élysée et de régler quelques factures de restaurants. À l'occasion, elle peut prendre en charge certains frais comme l'organisation de la *garden-party* du 14 Juillet : 500 000 euros en 2007 pour soigner les 5 000 invités, soit « 5 % de moins que l'année précédente », comme s'en félicitent alors les services de la présidence. Pourtant, en 2008, 8 000 invitations ont été lancées. La facture a dû être salée. Le problème, c'est qu'elle est restée secrète. « Je ne vous dirai pas combien cela a coûté, car nous avons pris la décision de ne pas donner cette information au cas par cas. Nous la réservons pour le rapport de gestion » qui sera publié en 2009, élude Emmanuelle Mignon. Nul doute que le document sera attendu avec impatience...

Cela illustre bien tout l'intérêt de ces frais d'un genre un peu particulier. Certes, ils sont prévus dans le budget global de l'Élysée. Jusqu'en 2002, ils sont inclus dans la dotation du président, au chapitre 20-11 de la loi de finances, avant d'être regroupés sous le titre « Charges communes ». Mais ils ont ceci de plaisant que personne n'en contrôle l'affectation précise. Une sorte de « bonus présidentiel » en quelque sorte sur lequel le chef de l'État n'est pas tenu de se justifier. « Pour son traitement, ainsi que ses frais de représentation, le président échappe aux règles communes de la comptabilité publique », confirme un ponte du Conseil d'État.

Impossible donc d'y voir clair dans l'enveloppe en question. Seule certitude, pour 2002, du temps de Jacques Chirac, elle s'élevait à 1,634 millions d'euros, dotation comprise. Pour 2008 3,5 millions ont été affectés à l'intendance et aux réceptions, sur le budget global de 100 792 140 euros dévolu à la présidence de la République. On n'en saura pas plus. Interrogée plus précisément, Emmanuelle Mignon n'a pas souhaité communiquer le montant de ces frais de représentation. D'ailleurs, selon l'ancienne directrice de cabinet, cette somme n'est pas affectée directement à Nicolas Sarkozy « Le président n'a pas de budget personnel, ni même de notes de frais. Son traitement représente l'intégralité de ce qu'il touche », insiste-t-elle.

Pas de budget personnel, pas de notes de frais : heureusement, la facture de portable du président est, au moins, intégralement prise en charge par la République. Pour le reste, le voilà donc condamné à payer ses costumes Dior sur ses propres deniers. L'Élysée a, peut-être, de cette façon, évité l'incident diplomatique. On voyait mal les contrôleurs de la Cour des comptes éplucher les relevés téléphoniques ou les factures de tailleur du chef de l'État...

Le problème reste pourtant entier. Selon René Dosière, sans contrôle pointu, les frais de représentation permettent toujours de confondre dépenses privées et dépenses de fonction. Sans parler que, nourri, logé et blanchi aux frais de la République, le président n'a pas tant de dépenses personnelles que cela. La solution : distinguer la dotation présidentielle (son traitement, notamment), des frais liés au fonctionnement de l'Élysée, y compris les réceptions. Une solution préconisée par le député René Dosière, mais que « numéro 6 » n'a pas mise en application lors de sa réforme d'octobre 2007. « Pour le moment, les frais de représentation font toujours partie de l'enveloppe globale. Mais je vais m'attacher à ce que l'on décortique tout cela », lance le député de l'Aisne [31]. Le président est prévenu...

3. Salaire de président

Le bonheur de choisir son traitement

Non, ce n'est pas un salaire. Le plus haut personnage de l'État ne saurait être salarié comme n'importe lequel de ses

31. Entretien avec l'auteur, le 16 avril 2008.

concitoyens. Il perçoit en revanche un traitement destiné à lui assurer un train de vie décent. Un choix sémantique important puisqu'il range le président de la République dans la catégorie des fonctionnaires.

Mais à la différence des autres fonctionnaires, le chef de l'État jouissait, jusqu'à il y a peu, d'un avantage non négligeable : il décidait lui-même du montant de son traitement. « Alors que la rémunération de tous les décideurs publics comme les élus locaux, les parlementaires, les ministres, est fixée par un texte législatif ou réglementaire, aucun texte – je dis bien aucun – ne détermine celle du chef de l'État. Son montant est donc fixé par lui-même », écrit ainsi René Dosière [32] en janvier 2007. Depuis, cette situation a tout de même pris fin, en octobre de la même année, à l'occasion de la réforme du financement de l'Élysée [33].

Reste que cette étrange tradition républicaine a survécu près de cinquante ans. Une longévité qui mérite que l'on revienne dessus. Car, comme pour les frais de représentation, une somme officielle est bien attribuée chaque année dans la loi de finances pour « Dotation et frais de maison du président de la République », puis votée par l'Assemblée nationale. Mais personne n'y prête la moindre attention. Seule certitude, le président fixe lui-même son salaire dans cette dotation sans que l'on sache à combien il s'élève. En 1962, alors que Charles de Gaulle est au pouvoir, la dotation en question s'élève à 450 000 francs, l'équivalent de 600 000 euros de 2007. Elle est déjà montée à 6,125 millions de francs en 1995 (1,125 million d'euros), dernière année de mandat de François Mitterrand.

Lorsqu'il arrive à l'Élysée, le général de Gaulle inaugure donc le système. Entouré de ses conseillers, le chef de l'État peut puiser à loisir dans la caisse. Il s'octroie finalement une rémunération de 75 000 francs par an, soit près de 108 000 euros de 2007. Une somme rondelette pour l'époque, mais qui reste inchangée

32. René Dosière, *L'Argent caché de l'Élysée*, Seuil, 2007.
33. Lire chap. « Royales augmentations ».

jusqu'à son départ de l'Élysée en 1969. Entre-temps, inflation comprise, le traitement du chef de l'État ne représente plus que 76 200 euros 2007. Il faut dire que « numéro 1 » ne s'intéresse pas vraiment à ses propres affaires d'argent. À l'Élysée, c'est un commissaire de la marine qui gère sa cassette personnelle.

Cette pratique de ne pas revaloriser le traitement du président de la République perdure en tout cas avec son successeur, Georges Pompidou. L'ancien associé-gérant de chez Rothschild est bien placé pour se méfier des liaisons dangereuses avec les puissances de l'argent. Jusqu'à sa mort prématurée, en avril 1974, le chef de l'État continue de percevoir les 75 000 francs annuels décidés par de Gaulle.

La progression du salaire du président est ensuite continue. Le traitement du chef de l'État s'élève à 287 000 francs annuels pour Valéry Giscard d'Estaing en 1977, soit 148 000 euros. François Mitterrand émarge lui à 430 000 francs annuels en 1988 (193 300 euros). Quant à Jacques Chirac, il doit se contenter d'un petit 101 488 euros bruts en 2006. « Aucun complément indemnitaire ne s'y ajoute », ajoute même le Premier ministre Dominique de Villepin, en réponse au député Dosière en séance de l'Assemblée nationale. Pour un peu, on plaindrait presque le cinquième président depuis 1958. Mais ce serait oublier qu'une grande partie de ce traitement est en réalité de l'argent de poche…

À l'étranger, un concept incongru : la transparence

De l'argent de poche : ce pourrait être le sentiment des homologues étrangers de nos présidents. Certains sont en effet grassement rémunérés durant leur mandat, au point de pouvoir regarder un peu de haut le représentant de la France. D'autres, en revanche, se satisferaient bien de la cagnotte présidentielle. Mais presque tous partagent un point commun : l'obligation de la transparence…

À tout seigneur, tout honneur, Georges W. Bush n'est pas vraiment à plaindre, côté rémunération. Avec 400 000 dollars annuels, le président américain est l'un des leaders planétaires les mieux payés [34]. Normal lorsqu'on dirige le pays le plus puissant du monde… Mais cela ne l'empêche de devoir rendre des comptes. Ainsi, le salaire du vice-président (215 000 dollars), des principaux conseillers (167 000 dollars) et des membres du cabinet (de 2 500 à 12 700 dollars par mois) doit être rendu public. En France, on ne sait toujours pas combien gagnent Claude Guéant, le secrétaire général de l'Élysée, ou Christian Frémont, le nouveau directeur de cabinet du président de la République, qui a pris ses fonctions à la fin du mois de juillet 2008.

Une situation impensable aux États-Unis où un « bureau de l'éthique gouvernementale » – le *US Office of Government Ethics* – fait obligation à l'ensemble des hauts responsables de l'exécutif, aux membres du Congrès et aux juges de déclarer chaque année leur patrimoine, leurs investissements et leurs dettes, ainsi que ceux de leur épouse ou époux…

Nos voisins européens connaissent, eux, des situations diverses. En Grande-Bretagne, le chef de l'exécutif, le véritable décideur dans le pays, est le Premier ministre. À la fin 2007, Gordon Brown, le titulaire du poste, gagnait ainsi 188 848 livres sterling par an, l'équivalent de 265 000 euros. Mais ce montant inclut son traitement de Premier ministre – pour lequel il bénéficie du logement de fonction du 10 Downing Street – et celui de député ainsi que quelques petites indemnités. Il n'est, en revanche, pas contraint de publier son patrimoine.

Le chef de l'État britannique aussi a droit à un certain nombre de privilèges financiers. Elisabeth II, puisqu'il s'agit d'elle, bénéficie chaque année d'une « liste civile », une somme globale que la royauté peut utiliser à sa guise. En 2007, la reine a ainsi perçu 7,9 millions de livres, soit environ 11,2 millions d'euros. À charge

34. À la fin de l'année 2007.

pour elle de financer ses dépenses courantes, les salaires de ses personnels, ses frais de représentation ainsi que les coûts d'entretien de Buckingham Palace, Windsor et Holyroodhouse, son château d'Edinburgh, en Écosse.

Même chose en Allemagne où, là encore, le chef de l'État n'est pas le vrai patron. Outre-Rhin, le chef de la majorité parlementaire, c'est le chancelier. Il est à la fois le chef du gouvernement et le lien indispensable entre les ministères fédéraux, le Parlement et les gouvernements régionaux qui dirigent les seize Länder allemands. Première femme élue à ce poste en novembre 2005, la conservatrice Angela Merkel émarge à 189 984 euros bruts par an, soit 15 832 euros par mois. Le budget de ses services s'établit parallèlement à 36,4 millions d'euros pour 2007. Comme l'ensemble des parlementaires, elle doit déclarer, non pas son patrimoine, mais ses revenus annexes. Une mesure prise par les autorités allemandes pour lutter contre la corruption et le crime organisé.

La chancelière travaille aux côtés d'un président de la République dont les fonctions sont avant tout honorifiques, un peu comme le chef de l'État français de la IVe République. En Allemagne, le neuvième président de la République fédérale s'appelle Horst Köhler. Élu en 2004, il bénéficie d'un traitement légèrement supérieur à celui du chancelier : 199 000 euros par an, soit 16 500 euros par mois. Il loge au château de Bellevue à Berlin et bénéficie d'un budget annuel de 25 millions d'euros pour assurer sa charge.

De l'autre côté des Pyrénées, le salaire est moins élevé. En 2008, le socialiste José Luis Zapatero, chef du gouvernement espagnol, perçoit un salaire de 7 665 euros seulement. Il bénéficie pourtant d'une augmentation de 3 % par rapport à l'année précédente. Mais il peut aussi s'appuyer sur la présidence du gouvernement et ses 47,6 millions d'euros de budget pour financer ses activités officielles, le salaire de ses collaborateurs et les réunions du Conseil des ministres dans son palais de la

Moncloa. Le roi Juan Carlos bénéficie, lui, d'une liste civile à hauteur de 8,6 millions d'euros.

Ces chefs d'État ou de gouvernement, que côtoient nos présidents dans les grandes réunions internationales, peuvent parfois en remontrer à un Jacques Chirac, émargeant tout juste à 101 488 euros par an, alors même qu'il concentre les pouvoirs. Alors, ridicules nos chefs de l'État dans la cour des grands ? Pas vraiment, car chez leurs petits camarades, sauf exception rarissime, on ne cumule pas la fonction de plus haut personnage de l'État avec une autre activité…

Une indemnité cumulable

C'est une autre de ces exceptions culturelles dont on ne sait pas s'il faut s'en réjouir ou la déplorer. Le président de la République française, élu par le peuple, peut cumuler son traitement avec d'autres sources de revenus. À la fin de son mandat, en 2007, Jacques Chirac, cinquième chef de l'État depuis 1958, gagne ainsi près de 20 000 euros nets par mois. Ses indemnités de locataire de l'Élysée ne sont pourtant que de 6 700 euros… La raison : « numéro 5 » peut cumuler son traitement de président avec les différentes retraites auxquelles il a droit au titre de sa longue carrière politique[35] !

Il n'a d'ailleurs rien inventé. Avant lui, François Mitterrand a largement profité de la situation. Lorsqu'il entre à l'Élysée, en 1981, le quatrième président fait jouer les clauses de retraite de ses mandats locaux. Il est tellement attaché à son fief de la Nièvre qu'il en est resté député durant trente-cinq ans, président du conseil général durant dix-sept ans et maire de l'une de ses villes – Château-Chinon – durant vingt-deux ans. Autant de maroquins dont il cumule désormais les pensions.

Rue du Faubourg-Saint-Honoré, il empoche donc d'abord son salaire de président, environ 35 000 francs par mois. Viennent ensuite 26 000 francs environ de retraite de député, 16 000 francs

35. Lire chap. « Les vieilles habitudes ont la vie dure ».

de retraite de président de conseil général et près de 5 000 francs de retraite de maire. Au final, le président émarge aux alentours de 82 000 francs mensuels [36]. Une jolie somme que « numéro 4 » se garde bien de mettre en avant…

Car ce n'est pas tout. Pour lui, comme pour les autres membres du « club des Six », les sources de revenus annexes sont multiples. À commencer par les droits d'auteur que peuvent toucher les auteurs de *best-sellers*. Le fondateur de la Vᵉ République n'est d'ailleurs pas le plus mal placé sur ce chapitre. Lorsqu'il arrive à l'Élysée, Charles de Gaulle a en effet déjà publié deux tomes de ses *Mémoires de guerre* et le troisième est presque achevé. Le succès a été immédiat [37]. Avec l'argent gagné, il a déjà pu rembourser les créanciers qui lui ont permis de retaper sa maison de la Boisserie, détruite durant la guerre, et assurer son train de vie durant sa traversée du désert. Arrivé au pouvoir, le livre continue de se vendre et le Général… de toucher ses droits d'auteur.

À la fin des années soixante, l'usure du pouvoir poussant peut-être la témérité de certains journalistes, il finit par être mis en cause sur cette source de revenus annexes. Mais l'attaque, reflet de l'époque, est menée tout en finesse. « Un jour, Pierre Viansson-Pontet, du *Monde*, fait un billet : le chef de l'État paie-t-il ses cotisations à la sécurité sociale des auteurs ? », raconte Michel Tauriac, l'un des biographes de de Gaulle [38]. Une interrogation destinée à vexer le vieux commandeur… « Le Général a alors pris son carnet de chèques pour signer un chèque de 10 000 francs afin de régler les cotisations qu'il devait. Vous imaginez, le chef de l'État qui paye ses cotisations à la sécu des écrivains ? » rigole le biographe, lui-même auteur de nombreux livres sur le Général.

Charles de Gaulle aurait tout aussi bien pu se faire élire député ou maire d'une ville d'importance. Rien ne l'interdit dans

---

36. Soit l'équivalent de 15 000 euros.
37. Lire chap. « Les fins de mois – presque – difficiles ».
38. Entretien avec l'auteur le 2 juin 2008.

la Constitution et ce n'est qu'au titre d'une « tradition républicaine » que les chefs de l'État successifs ont démissionné de leur autre mandat électif en accédant à l'Élysée. Tous sauf Valéry Giscard d'Estaing et François Mitterrand qui ont sans doute trop de temps pour gérer la France. Le premier demeure, pendant encore trois ans, conseiller municipal de Chamalières dans le Puy-de-Dôme, la ville dont il a été le maire. Le second occupe la même fonction à Château-Chinon jusqu'en 1983. Pour les deux, c'est avant tout une façon de garder un œil sur les affaires locales plus qu'une source de profit. L'indemnité des conseillers municipaux des villes de moins de 100 000 habitants, ce qui est le cas de leurs deux cités, est supprimée lorsque le conseiller est « chargé d'un mandat spécial ».

C'est peut-être autant pour éviter la possibilité d'un tel cumul que parce qu'il n'a droit à aucune retraite que Nicolas Sarkozy a fait rajouter une mention sur le sujet, lors de la réforme de son traitement en octobre 2007. Selon les dispositions adoptées par l'Assemblée, la rémunération du président de la République devient « exclusive de toute autre rémunération publique ». En clair, désormais, le chef de l'État ne peut plus toucher, parallèlement à son traitement, les indemnités correspondant à un autre mandat électif, ni même une pension. « En revanche, il peut toucher des droits d'auteurs et des dividendes », remarque René Dosière[39]. Cela tombe bien, l'actuel locataire de l'Élysée touche déjà les uns et les autres. Et, cerise sur le gâteau, il a aussi décidé de s'augmenter…

Royales augmentations

La vidéo a fait le bonheur des internautes pendant des mois. Filmée par un des journalistes qui suivent le chef de l'État en déplacement ce jour-là au Guilvinec, dans le Finistère, la scène montre un Nicolas Sarkozy beaucoup moins à l'aise que d'habitude. Venu rassurer les pêcheurs bretons sur l'avenir de leur

39. Entretien avec l'auteur le 16 avril 2008.

filière, il vient tout juste de se faire copieusement insulter par les manifestants. « 140 % d'augmentation, enc... », lance un marin-pêcheur déclenchant la fureur de l'intéressé. « C'est toi qu'as dit ça ? Descends si t'es un homme », répond en bafouillant le chef de l'État, entouré de ses gardes du corps. L'altercation en reste là, mais elle est révélatrice du malaise qui grandit entre le président et l'opinion publique.

Car ce qui a échaudé les marins bretons, comme une grande partie des Français, c'est l'annonce, une semaine plus tôt, le 30 octobre 2007, du triplement du salaire du chef de l'État. Une nouvelle particulièrement mal venue à un moment où le pays, ralentissement économique oblige, doit se serrer la ceinture.

L'idée est pourtant dans l'air quelques jours à peine après l'élection de Nicolas Sarkozy. Relatée dans la presse, la discussion entre le nouveau président et sa directrice de cabinet, Emmanuelle Mignon, le 17 mai 2007, éclaire bien l'état d'esprit de « numéro 6 ».

« Combien gagnait mon prédécesseur ?, demande-t-il.

– Officiellement, le président Chirac percevait 6 400 euros par mois.

– Je ne te demande pas combien il gagnait officiellement. Je veux savoir combien il gagnait "réellement ».

– Entre son salaire de base et ses différentes retraites, il touchait un total d'environ 20 000 euros par mois, M. le Président.

– Et moi, combien je gagne ? interroge encore le nouveau maître de l'Élysée.

– 6 700 euros par mois ou, si vous préférez, un peu plus de 8 400 euros bruts.

– Et comment tu expliques la différence ?

– Vous ne percevez pas de retraite M. le Président.

– Tu es en train de me dire que, maintenant que je suis président, je vais toucher moins qu'un ministre et même moins qu'un secrétaire d'État... Qui fixe le montant de mon salaire ?

– C'est vous, M. le Président. Vous me donnez un ordre et je signe… »

En quelques minutes, la décision est prise : la question du traitement du président sera incluse dans le grand projet de réforme du financement de l'Élysée. Et c'est Nicolas Sarkozy qui en détermine lui-même le montant. Après avoir rejeté la proposition de sa directrice de cabinet d'un salaire mensuel de 25 000 euros, le président arbitre pour 19 331 euros nets. Le même montant que son Premier ministre.

Polémique assurée. Lorsque le 27 octobre 2007, la lettre hebdomadaire *Profession politique* révèle le prochain triplement du salaire du président, presse et opposition se déchaînent. Il faut dire que, outre le moment mal choisi de cette annonce, c'est aussi la méthode qui choque. Trois jours tout juste après la révélation du projet présidentiel, l'Assemblée nationale ratifie sans coup férir les nouvelles dispositions contenues dans un amendement déposé par le gouvernement au dernier moment. Le nouveau traitement présidentiel passe ainsi de 101 488 euros à 240 000 euros bruts.

Certes, ce salaire est désormais déterminé par la loi, ce qui est un progrès. René Dosière, grand pourfendeur de l'argent secret de l'Élysée, réclamait une telle mesure depuis des années. Il vote donc la réforme sans état d'âme. Pourtant, ce que l'on ne sait pas encore, c'est que le sixième locataire de l'Élysée n'a jamais touché le salaire de base réservé au président…

Lorsqu'il investit l'Élysée le 16 mai 2007, Nicolas Sarkozy n'a que la rue à traverser. Le ministre candidat, jusqu'alors titulaire du portefeuille de l'Intérieur dans le gouvernement de Dominique de Villepin, réside en effet place Beauvau, juste en face du palais de la présidence. Mais ces quelques mètres lui coûtent cher. Le ministre reçoit en effet un salaire de 11 500 euros nets. Près de deux fois plus que son traitement de président. Discrètement, il demande donc à conserver, « provisoirement » selon les termes d'Emmanuelle Mignon [40], ses revenus de ministre. Le « provisoire » dure ainsi jusqu'au 31 décembre 2007…

De 6 400 à 19 331 euros nets, c'est en tout cas bien à un triplement de son salaire que Nicolas Sarkozy a procédé. Mais l'un de ses prédécesseurs a fait mieux et… bien plus discrètement. En 1975, Valéry Giscard d'Estaing a, semble-t-il, multiplié par quatre le traitement du président, sans que personne ne s'en aperçoive. Il est vrai qu'à l'époque, seuls de très rares initiés connaissent le montant du salaire du président et les documents administratifs sont suffisamment flous pour masquer toute opération de ce genre. Le chef de l'État puise en effet à loisir dans la dotation globale.

Président de la prestigieuse section des Finances au Conseil d'État, enseignant à Sciences-Po, auteur de nombreux ouvrages [41], membre de la Cnil… Jean Massot se souvient pourtant parfaitement de sa mission d'audit de la présidence de la République. « J'ai fait mon premier bouquin là-dessus, à la demande de Valéry Giscard d'Estaing, raconte-t-il aujourd'hui [42]. Il m'a reçu et m'a donné un certain nombre d'informations, notamment en 1976, lors d'un entretien avec Philippe Sauzay, le directeur de cabinet de l'Élysée. Il m'a confirmé que le traitement du président représentait bien 264 000 francs par an, soit 22 000 francs par mois. Or, je suis sûr que, lorsqu'il est entré à l'Élysée, VGE a trouvé une situation salariale bloquée depuis 1958. »

Valéry Giscard d'Estaing aurait donc quadruplé son salaire dans le seul but de rattraper un pouvoir d'achat largement dégradé par des années de stagnation du traitement présidentiel… Pourquoi pas ? Mais dans ce cas, autant le dire. « Je ne me rappelle pas qu'il ait procédé à l'augmentation dont vous

40. *Le Point*, « Les gros sous de l'Élysée », 6 décembre 2007.

41. Jean Massot, *La Présidence de la République en France*, NED nº 4343-4347, La Documentation française, 1976.

42. Entretien avec l'auteur le 25 juillet 2008.

parlez », défend au contraire un proche de l'ancien président. VGE, lui, n'a pas souhaité nous répondre.

Pourtant, un autre témoin semble indiquer que c'est bien sous la présidence de « numéro 3 » que cette augmentation a eu lieu. Inspecteur des finances de formation, chargé de mission pour les questions économiques et financières auprès de Pompidou à Matignon, Jean-René Bernard a suivi son patron rue du Faubourg-Saint-Honoré en 1969. À nouveau, il est chargé des questions économiques et financières au secrétariat général de l'Élysée. Il en est d'ailleurs le secrétaire général adjoint jusqu'à la mort de Georges Pompidou en avril 1974. Autant dire qu'il est proche du second président.

« Connaissant sa très grande prudence et sa méfiance, je ne le vois pas proposer une modification brutale de son salaire. Ce n'était pas son genre. En tout cas, pour ma part, je n'ai pas connaissance qu'il l'ait jamais fait[43]. » Certes, Jean-René Bernard n'est pas affirmatif et il peut se tromper. Mais voici tout de même un deuxième témoignage bien troublant après celui du conseiller d'État Jean Massot…

Philippe Sauzay non plus ne se souvient pas précisément de cette augmentation de salaire. « À l'époque, c'était très compliqué de connaître la rémunération du président de la République, raconte l'ancien directeur de cabinet de Valéry Giscard d'Estaing. Les documents ne le disent pas, car de Gaulle a volontairement rendu le système le plus opaque possible. Mais, nous avions été surpris en arrivant à l'Élysée : son traitement était très faible. Il faut dire qu'il était en partie compensé par les fonds secrets, distribués par Matignon et dont une partie allait à la présidence. » Un « traitement très faible » qui passe à 264 000 francs en 1976[44] ? De quoi, tout de même, envisager la réalité d'une petite revalorisation salariale…

43. Entretien avec l'auteur, le 6 août 2008.
44. L'équivalent de 150 000 euros.

4. Petits arrangements avec la République

Si la débrouillardise est un sport national français, force est de constater que l'exemple vient d'en haut. À moins que nous n'élisions que des hommes politiques qui nous ressemblent ! Toujours est-il que nos chefs de l'État ne sont pas les derniers à mettre au point ou à profiter de ces petites manœuvres qui facilitent la vie ou mettent un peu de beurre dans les épinards. Pas forcément illégales, mais toujours discutables…

Ministères vaches à lait

C'est un peu la démarche qui préside à ce système, qui existait déjà avant 1958 : la contribution des ministères au train de vie présidentiel. L'idée : mettre à profit les moyens financiers et matériels des uns et des autres pour assurer le fonctionnement de l'Élysée. Véhicules, fonctionnaires, dotations budgétaires détournés… tout y passe. Au point que jusqu'en 2007, on n'a jamais très bien su qui faisait quoi au château.

Mais le député Dosière est encore passé là et, à force de questions écrites, il a pu commencer à détricoter le système. Ce qu'il a trouvé est énorme : le budget officiel de la présidence de la République ne représente qu'un tiers de ses dépenses réelles ! Le reste est assuré par douze ministères différents mis à contribution à tous les échelons.

Il y a d'abord les fonctionnaires « prêtés » ou mis à disposition. En poste à l'Élysée, ils continuent d'être payés par leur administration d'origine, y compris pour les primes, même s'ils n'y travaillent pas. « En quelque sorte des “emplois fictifs” officiels puisque cette pratique est parfaitement légale », explique René Dosière [45]. En 2007, sur les 957 employés recensés dans les

45. René Dosière, *L'Argent caché de l'Élysée*, Seuil, 2007.

couloirs de la présidence, seuls 159 sont payés sur le budget présidentiel...

En tête des contributeurs, le ministère de la Défense fournit près de 370 militaires au chef de l'État. Membres de l'état-major particulier, aides de camp, personnels chargés de la sécurité ou même barmans... les troufions (personnel civil compris) sont les plus nombreux rue du Faubourg-Saint-Honoré. Une contribution chiffrée à 15,31 millions d'euros pour 2005.

La Défense devance donc la Culture, second gros contributeur au budget élyséen. 40 fonctionnaires sont en poste à l'Élysée et 97 au total travaillent dans l'ensemble des résidences présidentielles. En général, ils prennent en charge l'entretien des bâtiments, des jardins, du mobilier et peuvent parfois même être affectés à l'accueil.

Ex aequo sur la seconde marche, les effectifs du ministère de l'Intérieur représentent également 97 fonctionnaires détachés à la présidence de la République. La plupart sont affectés à des tâches de sécurité. Durant les mandats de Jacques Chirac, ils formaient notamment la moitié des troupes du GSPR, le Groupe de sécurité de la présidence de la République, à parité avec des gendarmes d'élite. Une structure réformée par Nicolas Sarkozy, l'ancien ministre de l'Intérieur ayant préféré confier sa sécurité exclusivement à des policiers.

Ministère de l'Économie et des Finances, de la Justice, des Affaires étrangères, de l'Équipement, de la Santé... tous mettent également des troupes au service du chef de l'État. C'est aussi le cas de certaines entreprises publiques comme Air France, La Poste ou France Télécom, les anciens monopoles, qui continuent d'être mis à contribution. Tout comme la Ville de Paris, d'ailleurs. Sous Jacques Chirac, la capitale est même le quatrième contributeur, en termes d'effectif, de la présidence de la République. Certes, l'ancien maire de Paris a sûrement conservé de solides attaches à l'hôtel de ville. Il a même emmené dans ses bagages, rue du Faubourg-Saint-Honoré, conseillers et membres de son secrétariat personnel. Mais pourquoi y faire aussi travailler quatre maîtres-ouvriers et trois chauffeurs, payés par les contribuables parisiens ?

Heureusement, Paris ne dispose d'aucun parc aérien ou naval. Car, si cela avait été le cas, ses avions ou ses hélicoptères, voire ses navires, auraient tout aussi bien pu être réquisitionnés pour l'usage du président de la République. La mobilisation des moyens matériels des ministères est en effet le second « grand classique » à l'Élysée. François Mitterrand, comme Charles de Gaulle en son temps, n'aime ainsi rien moins que de s'embarquer à bord d'un Alouette du ministère de l'Intérieur ou d'un Lynx de l'armée de terre. Parfois simplement pour aller déjeuner avec un écrivain qu'il apprécie... Coût : de 600 à 7 000 euros l'heure de vol, selon le type d'appareil utilisé.

Et que dire, des avions du ministère de la Défense, l'autorité de tutelle de l'Etec, l'Escadron de transport, d'entraînement et de calibrage, installés sur l'aérodrome militaire de Villacoublay, en région parisienne ? Destinés au transport des membres du gouvernement, la « compagnie aérienne de la République » aligne deux Airbus A319 (Prix d'achat : 131 millions d'euros en 2002), deux Falcon 900 (20 millions d'euros pièce) et quatre Falcon 50 (11 millions). Coût moyen d'une heure de vol : 4 500 euros. Bien sûr, plus l'avion est gros, et plus c'est cher... Jacques Chirac, un président qui aime voyager, a effectué 1 076 heures de vol uniquement en 2004. Au total, cette année-là, ses déplacements ont coûté près de 6 millions d'euros au ministère de la Défense.

C'est pour mettre fin à cette hypocrisie, qui rendait le budget de l'Élysée particulièrement opaque, que Nicolas Sarkozy a entrepris sa réforme en octobre 2007. Entrée en vigueur le 1er janvier 2008, il y a donc tout lieu de croire que cette pratique fait désormais partie d'un passé disparu. Pour payer les 957 personnes des ministères travaillant à l'Élysée, le président a fait passer son budget de 32,3 à 100,8 millions d'euros. Les charges de personnel, en particulier, passent de 16,7 à 67 millions d'euros. Un nouveau poste de dépenses consacré aux voyages présidentiels est même créé et pourvu de 15,3 millions. Le début d'une ère de transparence au plus haut sommet de l'État ?

Pas tout à fait... « Le système de mise à contribution des ministères perdure car l'Élysée n'a pas d'administration propre », confirme René Dosière [46]. On continue donc à voir des fonctionnaires d'horizons différents errer dans les couloirs de l'hôtel d'Évreux et payés par leur administration d'origine. Tout comme des flottes de véhicules être mises à la disposition du président de la République. Mais officiellement, administration et ministères doivent désormais être remboursés des charges engagées. Le député Dosière s'attachera sûrement à vérifier que c'est bien le cas...

Fonds secrets et petites combines

Il n'aura pas, en revanche, à se donner cette peine avec les fonds secrets. L'autre grande tradition de financement occulte de la présidence a pris fin en 2002. Il faut dire que Jacques Chirac, dans son allocution télévisée du 14 juillet 2001, vient de se livrer à un grand numéro d'équilibriste.

Mis en accusation dans la presse pour une vingtaine de voyages, payés en liquide, dont lui et son entourage auraient bénéficié entre 1992 et 1995, « numéro 5 » se défend avec verve. « J'ai été stupéfait quand je me suis aperçu du chiffre exorbitant que l'on m'attribuait » pour ces voyages, démarre-t-il devant les caméras de télévision. L'occasion pour lui d'un bon mot sur les sommes de 2,4 millions de francs qu'on lui reproche alors : « Ce n'est pas qu'elles se dégonflent, c'est qu'elles font "pschitt", si vous me permettez cette expression ». Mais le président, contraint de s'expliquer, finit tout de même par donner une origine à ces valises de billets qu'il utilisait pour payer ses voyages, ainsi que ceux de sa fille Claude, chargée de sa communication, et de certains proches. Il s'agirait de reliquat de fonds

46. Entretien avec l'auteur le 16 avril 2008.

secrets conservés par l'ancien Premier ministre, Jacques Chirac, après son passage à Matignon entre 1986 et 1988. L'argent, explique en substance l'interviewé, était enfermé dans un coffre de la mairie de Paris, dans le bureau de Maurice Ulrich, son directeur de cabinet. Il y serait donc resté jusqu'à sept ans, puisque la dernière facture qu'on lui reproche date de 1995...

Quant au principe même des fonds secrets, Chirac répond à l'arme lourde à ses détracteurs. « Le Premier ministre dispose de sommes considérables en liquide dont il peut disposer librement, sans aucun contrôle. Il ne s'agit pas de quelques dizaines de milliers de francs. Il s'agit de centaines de millions de francs. Matignon a 95 % des fonds spéciaux et l'Élysée 5 %, tout juste pour les indemnités des collaborateurs et le fonctionnement de la maison », lance-t-il. Entre lui et le Premier ministre, Lionel Jospin, à quelques mois de l'élection présidentielle de 2002, la guerre est déclarée.

Elle s'ouvre donc sur le dossier des fonds spéciaux, justement. Et sur le sujet, le locataire de l'Élysée à raison et tort à la fois. L'argent occulte de la République est effectivement géré par l'hôtel Matignon. Depuis 1946, c'est le Premier ministre qui en dispose librement, jouant le rôle de coordinateur et de comptable et supervisant la distribution aux différents bénéficiaires [47].

En fait, les fonds secrets sont de deux ordres. D'abord les « fonds spéciaux à destination particulière » qui servent à financer les opérations des services secrets, DGSE ou DST. Il s'agit de garantir à la République les moyens de mener des missions qui n'ont pas forcément besoin de publicité. Le reste de l'enveloppe est réservé au gouvernement, et sert en général à verser de généreuses primes aux collaborateurs du Premier ministre, des ministres et, bien sûr, du président. Une manière d'attirer les meilleurs éléments tentés par le secteur privé où les salaires sont plus élevés. Mais aussi d'offrir de jolis compléments de salaire à des travailleurs qui ne comptent pas

47. Loi nº 46-854 du 27 avril 1946.

leurs heures. « Cela pouvait représenter entre un quart et un tiers du salaire. C'était loin d'être négligeable », se rappelle un ancien membre du cabinet Pompidou.

Si le président a donc raison de dire que Matignon gère les fonds secrets, il a tort, en revanche, d'affirmer qu'il dispose de 95 % des sommes. Car dès le lendemain, le Premier ministre révèle non seulement le montant total des fonds secrets, mais aussi leur répartition. L'enveloppe globale s'élève à 393,7 millions de francs pour 2001 (75 millions d'euros), détaille le communiqué envoyé par les services de Lionel Jospin. Sur ce total, les services secrets captent 234 millions (60 %), le ministère des Affaires étrangères 2 millions et Matignon 133 millions. Cette dernière enveloppe est utilisée pour les frais de représentation du Premier ministre ainsi que pour les primes de cabinets de la rue de Varennes et celles des ministères. Quant à l'Élysée, il reçoit 24 millions de francs (soit 6 %). Une somme qui vient compléter le budget officiel « et qui est en outre abondée chaque année par décret de dépenses accidentelles (50,1 millions de francs en 2001) », ajoute perfidement le communiqué pour souligner la rallonge budgétaire dont bénéficie Jacques Chirac...

Ce grand déballage est finalement l'occasion de mettre un terme au système. Relayé par les médias, le débat sur les fonds secrets aboutit au vote de la loi organique relative aux lois de finances, la Lolf, le 1er août 2001 [48]. Cet ensemble de textes, fondamental, revoit l'intégralité du financement des pouvoirs publics et met en place de nouvelles règles. Une véritable Constitution financière de la République dans laquelle l'administration est désormais censée rendre des comptes sur l'efficacité de sa gestion...

Les enveloppes de liquide distribuées aux membres des cabinets ne survivent pas à cette réforme. Seuls les fonds destinés aux services secrets sont maintenus tandis que ceux réservés aux ministères et à l'Élysée sont réintégrés dans le

48. Promulguée en 2001, la Lolf ne s'applique qu'à partir de la loi de finances pour 2006, ce qui laisse ainsi quatre ans aux pouvoirs publics pour s'adapter aux nouvelles dispositions.

budget officiel et visés par les parlementaires. La mesure est mise en œuvre immédiatement. Elle concerne l'Élysée au premier chef.

Bénéficiant de 24 millions de francs (4 millions d'euros) de fonds secrets en 2001, la présidence se voit amputée de cette source de financement. Mais, à titre de compensation, son budget officiel est gratifié d'une augmentation de… 5,36 millions d'euros. Une petite prime au passage qui permet de faire passer la pilule. Voilà au moins une partie du budget occulte de l'Élysée désormais contrôlée par l'Assemblée.

Ce n'était pas le cas durant les précédents mandats présidentiels. De Charles de Gaulle à François Mitterrand, les locataires successifs de la rue du Faubourg-Saint-Honoré, ne se sont jamais montrés bégueules à l'égard de ces fonds secrets qui leur permettent d'accroître leur autonomie financière et politique. À commencer par le fondateur de la Ve République, qui n'entend céder à personne la haute main sur l'argent occulte. Court-circuitant le Premier ministre, le chef de l'État assure alors lui-même la répartition des enveloppes et en confie la distribution à Jacques Foccart, le plus proche de ses conseillers [49]. Une façon pour de Gaulle, qui a compris l'importance de l'argent en politique, de s'acheter quelques soutiens.

Son lointain successeur, François Mitterrand perçoit, lui, 1 million de francs par mois de fonds secrets [50]. Versée sur un compte de la Banque de France, la somme est disponible en billets neufs de 500 francs et destinée au fonctionnement ordinaire de la maison. « Numéro 4 » s'en sert aussi pour payer, en liquide, ses costumes et ses chaussures. Il se fait aussi remettre régulièrement des sommes de 200 000 francs qu'il utilise pour régler les frais de son second ménage. Les voyages privés avec Anne et Mazarine Pingeot sont également payés par ce biais et directement acquittés par le directeur de cabinet du président.

49. Jacques Foccart, *Journal de l'Élysée,* tomes I à V, Fayard-Jeune Afrique, 1997 à 2001.

50. *Marianne,* « Dieu et les siens », 4 mai 1998.

Mais François Mitterrand n'a pas gardé tout l'argent secret de la République pour son bénéfice personnel. Durant ses deux septennats, il utilise aussi les enveloppes de liquide pour financer les petits fours de la *garden-party* de l'Élysée. « C'est de cette manière que l'on réglait la réception du 14 Juillet », confirme Michel Charasse, conseiller du président socialiste de 1981 à 1995[51]. Désormais, les petits fours aussi ont droit à une facture…

Les privilèges de la fonction

Ce qui ne se facture pas en revanche, ce sont les petits privilèges liés à la fonction présidentielle. Car Marianne, bonne mère, est prête à se mettre en quatre pour son grand homme. Bien sûr, elle prend en charge ses déplacements, son logement, son train de vie et son intendance, jusqu'à le décharger totalement des préoccupations matérielles du commun des mortels. Mais, de façon beaucoup plus subtile, elle sait aussi lui accorder ces petits plaisirs inestimables que seul le pouvoir est à même de procurer.

Nicolas Sarkozy n'est pas le premier à l'avoir compris, mais il n'est pas le dernier non plus à en profiter. Il l'illustre dès son installation à l'Élysée : puisque le président est le patron, rien ne l'empêche de disposer à sa guise des moyens de la République, quitte à bousculer protocoles et traditions. C'est ce qu'il fait en mai 2007, quelques jours seulement après son élection, en mettant la main sur le pavillon de la Lanterne, à Versailles. Une résidence pourtant officiellement réservée au Premier ministre. « Numéro 6 » n'en a cure. L'endroit plaît à sa femme, Cécilia. François Fillon n'a qu'à l'échanger avec le château présidentiel de Rambouillet, une résidence que le président veut bien lui « prêter » même si elle est beaucoup moins facile d'accès depuis Paris. Après avoir passé deux week-ends entre ces murs, chargés d'histoire, mais sans confort et humides, le Premier ministre a promis qu'on ne l'y reprendrait plus…

---

51. René Dosière, *L'Argent caché de l'Élysée*, Seuil, 2007.

Au contraire, durant son septennat, Valéry Giscard d'Estaing, lui, en raffole de cette résidence, royale avant d'être présidentielle. Amoureux de l'étiquette, cette fine gâchette y organise des chasses somptueuses au cours desquelles les rabatteurs sont habillés en chemise blanche, cravate et bottes cirées… Après la battue, parfois un simple lâcher de faisans devant les invités, la table aussi peut être royale : caviar, perdreaux, pâtisserie arrosée de grands crus ou de vodka et servis par le personnel de l'Élysée, rien n'est trop beau pour l'élu de Marianne qui décide de tout comme il le veut.

Des caprices de président, la République en a connu d'autres. Quand Valéry Giscard d'Estaing, encore lui, impose de se faire servir en premier dans les dîners, ou bien une chaise vide en face de lui, le personnel de l'Élysée est bien obligé de s'exécuter, sous peine de voir les têtes tomber. Et la règle vaut également pour la « présidente ».

Bernadette Chirac en est persuadée. Lors d'un dîner officiel au Ritz-Carlton de Berlin, le 27 juin 2000, le chancelier allemand, Gerhard Schröder lui explique ainsi comment il a dû débourser de sa poche 8 000 marks (3 900 euros) pour faire partir en vacances en Espagne son épouse et sa famille dans un avion de l'armée de l'air. S'il les avait mis sur une ligne régulière, poursuit-il, les billets ne lui auraient coûté que 500 euros. « Il faut absolument que vous changiez cela », répond la femme du chef de l'État français, persuadée de l'étendue de ses pouvoirs. Car, chez nous, le président et sa femme peuvent tout faire…

L'épouse de « numéro 5 » le prouve trois ans plus tard, à l'occasion d'un déplacement officiel du chef de l'État à l'été 2003 en Malaisie puis en Nouvelle-Calédonie et en Polynésie. Pour cette mission, les deux Airbus A319 et les deux Falcon 900 de l'Etec[52] sont mobilisés. Mais en raison d'un emploi du temps chargé, Bernadette Chirac ne doit rejoindre son mari qu'à

52. L'Escadron de transport, d'entraînement et de calibrage, surnommé la « compagnie aérienne du gouvernement ».

Nouméa. Elle prend donc un vol Air France Paris-Tokyo, mais arrivée au Japon, plutôt que de continuer sur les lignes régulières, elle obtient que l'un des deux Falcon soit détourné pour venir la chercher. Coût de l'opération : 120 000 euros. Qu'importe, quand le président ou son épouse, qui n'a pourtant aucun statut officiel, décident, il n'y a plus qu'à exécuter.

Mais les privilèges de la fonction peuvent aussi tomber sans même qu'on les sollicite. L'actuel président est bien placé pour le savoir. Avocat de profession, Nicolas Sarkozy est toujours inscrit au barreau de Paris après s'être fait, un temps, omettre. Il bénéficie aujourd'hui d'un statut dérogatoire qui lui permet de ne pas exercer. À l'image des 22 000 avocats parisiens, il doit donc régler ses cotisations au conseil de l'ordre. Pourtant, à la rentrée 2007, à la demande du bâtonnier de Paris, le locataire de l'Élysée est exonéré de ses cotisations ordinales, c'est-à-dire des frais à régler pour avoir le droit d'être inscrit au barreau. Certes, le montant de la cotisation, indexée sur le chiffre d'affaires des avocats, n'est pas faramineux : environ 1 500 euros par an dans son cas puisqu'il n'exerce pas. Mais voilà un privilège que ses confrères du barreau n'ont pas tous apprécié…

5. Entourages et affairisme

Quand les proches se servent

Qu'il est tentant, lorsqu'on navigue sur les eaux sombres du pouvoir, de profiter du sillage du navire amiral ! Mener sa barque pour son compte personnel plutôt que pour l'intérêt général… Une vieille habitude sociale chez les humains. Mais dans les entourages présidentiels, cette technique du ramassage de miettes peut parfois mener loin.

« C'était une époque bénie : pas de législation et tout en liquide. Vous n'avez pas idée de l'argent dont nous disposions. Tout le monde se servait et personne n'en était choqué. Quand de Gaulle est parti, nous étions tous devenus aisés, quand ce n'était pas riches. » Ainsi parle un ancien trésorier de l'Union pour la nouvelle république (UNR), le parti fondé par le Général en 1958 pour accompagner son accession au pouvoir[53].

Une époque bénie en effet où les barons du gaullisme s'en mettent plein les poches, bénéficiant d'une proximité coupable avec le pouvoir. Ce sont par exemple ces conseillers qui utilisent les informations dont ils disposent pour passer directement leurs ordres en Bourse. Il faut dire que le délit d'initiés n'existe pas encore et le « boursicotage » reste l'une des meilleures façons d'arrondir ses fins de mois. D'ailleurs, dans le même temps, à l'Assemblée, le CNPF, l'ancêtre du Medef, distribue ouvertement ses enveloppes aux députés du parti majoritaire qui les acceptent sans regimber.

L'époque est au triomphe de ce que l'on appelle le « gaullisme immobilier ». Porté par l'afflux de rapatriés, en provenance d'Algérie notamment, le secteur de la construction enregistre un bond sans précédent. Des milliards de francs sont investis pour construire des quartiers entiers. Les mêmes qui deviendront cinquante ans plus tard nos « banlieues difficiles »...

Commissions occultes, manipulations du Code de l'urbanisme, dérogations litigieuses... les requins de la politique se jettent sur cette proie facile. Certains constituent des fortunes estimées à plusieurs dizaines de millions d'euros. C'est le cas de l'un des plus célèbres barons du gaullisme dont la succession, à sa mort, révèle un patrimoine d'une quinzaine d'appartements dans Paris, une propriété en Normandie et une villa sur la Côte d'Azur...

Conscient du danger, le général de Gaulle demande à ses ministres de ne plus détenir d'actions ou de participations dans une société commerciale. Et il s'assure auprès des services spéciaux que les membres de son gouvernement respectent bien la règle. Mais, pour le reste, députés et conseillers échappent au droit commun. Pour tenir ses troupes, le Général laisse faire...

---

53. *Les Dossiers du Canard*, nº 107, avril 2008.

Ses successeurs aussi dans une certaine mesure. Pendant longtemps, l'entourage des présidents profite de l'absence de législation. Jusqu'en 1988, aucune loi ne vient réglementer le financement de la vie politique. Dès lors, tout est permis, ou presque. Délit d'initiés, corruption passive, manipulations, prises d'intérêt… En 1972, Gabriel Aranda, conseiller du ministre de l'Équipement Albin Chalandon, dévoile, lui aussi, les commissions occultes. Il dénonce des centaines de millions de francs de commissions sur cent trente-huit dossiers au total. Et donne les noms des cadres de l'UDR, le parti au pouvoir[54], impliqué dans les magouilles : René Tomasini, Michel Habib-Deloncle, Claude Labbé, et le bien nommé Guy Fric, qui fut député du Puy-de-Dôme de 1959 à 1962, en remplacement de… Valéry Giscard d'Estaing, nommé au gouvernement. Bien mal lui en prend, c'est lui qui est poursuivi. Pas ceux qu'il a dénoncés !

Cette délinquance en col blanc semble coller aux semelles de la République. Avec François Mitterrand, l'affaire Triangle met en cause l'un des intimes de la présidence, Roger-Patrice Pelat. Rencontré au Stalag durant la seconde guerre mondiale, l'homme s'est reconverti dans les affaires, mais n'a jamais perdu de vue son ami François. C'est même l'un des rares à tutoyer le président, pourtant à cheval sur le vouvoiement. Mais un grave délit d'initié le rattrape en 1989. Il est soupçonné d'avoir bénéficié d'informations privilégiées dans le cadre du rachat de la société américaine Triangle par l'entreprise nationalisée Péchiney. Le tuyau lui aurait été transmis par Alain Boublil, l'un des conseillers de la présidence. Roger-Patrice Pelat meurt avant d'avoir pu répondre à la justice, le 9 mars 1989. Moins d'un mois après son inculpation.

Si Charles de Gaulle a fermé les yeux sur les dérives de ses compagnons de route, François Mitterrand a, lui, défendu bec et ongles son vieil ami. Y compris après sa mort. Depuis, la pratique

54. L'Union des démocrates pour la Vᵉ République, le parti gaulliste qui succède en 1967 à l'UNR.

de ses successeurs a changé. Désormais, quand un membre de l'entourage commet une pareille faute, il est d'usage de couper la branche pourrie. Les exemples ne manquent pas de fusibles qui sautent à la première révélation médiatique ! Mais si on peut se séparer de collaborateurs, les membres de la famille posent, eux, un autre problème…

La famille, c'est sacré

C'est bien connu : on choisit ses amis (ou ses collaborateurs), mais jamais sa famille. Et justement, parfois, celle-ci a le don de vous mettre dans l'embarras de façon tout à fait injuste. Le seul problème, c'est que lorsque l'on est président, on est aussi obligé d'assumer les frasques de ses proches. Y compris après un passage à l'Élysée. Et parfois, ce n'est pas une sinécure…

Georges Pompidou est bien le seul, dans cette galerie présidentielle, à être passé au travers des gouttes. Car pour le reste, ses homologues du « club des Six » semblent tous flanqués d'une famille parfois un peu envahissante. Que les proches dérapent pour taper dans la caisse ou que les présidents interviennent directement en leur faveur, les mises en cause familiales ont émaillé la vie politique française des cinquante dernières années.

François Mitterrand n'y est pas étranger quand il fait entrer son fils aîné, Jean-Christophe, au sein de la cellule Afrique de l'Élysée, en 1983. Âgé de 37 ans, l'ancien journaliste de l'Agence France Presse a démissionné après avoir été en poste au Togo et en Mauritanie, notamment. Il faut dire que, depuis l'élection de son père à l'Élysée, sa vie a changé : il est désormais « fils de », une qualité un peu trop voyante pour ses collègues de l'AFP.

Lorsqu'il intègre les services de la présidence, Jean-Christophe rejoint donc Guy Penne, le conseiller Afrique de François Mitterrand. Il y exerce un travail d'archiviste, payé 10 000 francs par mois, l'équivalent de 2 500 euros aujourd'hui. Il accompagne aussi son directeur sur le terrain où l'on apprécie de pouvoir parler directement au « fils du chef ». Bien vite, les dirigeants africains le préfèrent à Guy Penne. Il est donc nommé officiellement patron de la cellule Afrique, en 1986. Un marchepied pour se constituer un solide réseau, mais qui suscite aussi de nombreux commentaires…

Car en Afrique, le fils du président ne passe pas inaperçu : virées à Libreville, au Gabon, dans la limousine rose bonbon d'Ali Bongo, le fils d'Omar ; tournées des boîtes de nuit à Abidjan ou à Brazzaville ; fêtes somptueuses ; amitiés voyantes avec des affairistes… Jean-Christophe Mitterrand est rapidement pointé du doigt par les diplomates du Quai d'Orsay pour sa propension, selon eux, à mélanger politique, affaires et plaisir personnel.

Sur place, les Africains l'affublent, eux, du surnom de « Papamadit ». Un sobriquet qui reflète davantage une stature d'intermédiaire que de chef de réseau pour ce fils qui se réfère sans cesse à son père devant ses interlocuteurs. « Il a su maintenir un bon niveau de relations en Afrique. Il était à l'aise. Il occupait le terrain. Mon père par ci, mon père par là. La cellule n'imprimait aucune ligne politique. C'était le Vieux qui dirigeait tout », remarque un proche qui le suit en Afrique [55].

Les critiques finissent en tout cas par pousser le « Vieux » à monter au créneau pour le défendre. « Mon fils Jean-Christophe, journaliste spécialiste de l'Afrique, où il a longtemps séjourné, travaille au sein d'une petite équipe où il exerce ses compétences professionnelles. Et il le fait bien », justifie François Mitterrand en 1990 [56]. Le président n'a pas le choix. Nommé par lui, son fils constitue une faiblesse que ne manquent pas d'exploiter ses adversaires politiques. La situation ne peut pas durer.

Jean-Christophe Mitterrand quitte donc l'Élysée en 1992. Direction : la Générale des eaux, la société de Guy Dejouany, où il devient directeur du service du « développement international » pour 100 000 francs par mois (19 400 euros d'aujourd'hui). Un poste assorti de l'interdiction, formulée par

55. *Libération*, « Papamadit, VRP africain du président », 23-24 décembre 2000.
56. *Le Monde* du 20 juin 1990.

son patron, de s'occuper du marché africain[57]... Il y devient proche d'Antoine Zacharias, le futur patron du groupe de BTP Vinci[58], et y reste jusqu'en 1995 avant de se voir signifier son licenciement, quelques mois après la victoire de Jacques Chirac face au candidat socialiste Lionel Jospin.

Désormais, le « fils perdu » pointe au chômage. Durant dix-huit mois, il touche ainsi au total 336 596 francs (60 000 euros) de la part des Assedic[59]. Ce qui ne l'empêche pas de continuer à dispenser aussi ses conseils de « consultant » à 50 000 francs par mois (8 900 euros) versés sur un compte suisse non déclaré. Surtout, Jean-Christophe Mitterrand ouvre son carnet d'adresses africain à Pierre Falcone, un sulfureux marchand d'armes que les conflits sur le continent noir intéressent au plus haut point. C'est cette dangereuse liaison qui lui vaut la prison en décembre 2000.

Le fils aîné de « numéro 4 » est en effet rattrapé par la justice au début du millénaire. Le juge Philippe Courroye le met en examen pour « complicité de commerce illicite d'armes et de munitions, recel d'abus de biens sociaux, recel d'abus de confiance, trafic d'influence et trafic d'influence aggravé ». Rien de moins ! Le magistrat le soupçonne d'avoir bénéficié de pots-de-vin du marchand d'armes pour l'aider à contourner l'embargo qui frappe alors l'Angola, ravagé par la guerre civile. De 1997 à 2000, Jean-Christophe Mitterrand aurait pour cela touché 3,8 millions d'euros, dont il aurait « oublié de déclarer » une partie au fisc. Il passe le jour de l'An derrière les barreaux de la Santé, la justice imposant une caution de 5 millions de francs (760 000 euros) pour le laisser sortir.

---

57. *Le Monde* « Jean-Christophe Mitterrand, le fils perdu », 5-6 décembre 2004.

58. Antoine Zacharias s'est, depuis, illustré par la polémique qu'a créé son départ de la présidence de Vinci : licencié avec une prime de 12,9 millions d'euros en juin 2006, il a bénéficié durant son mandat de stock-options à hauteur de 250 millions d'euros ! Cela ne l'empêche pas d'assigner Vinci en justice en janvier 2007 et de réclamer 81 millions d'euros supplémentaires, au titre du préjudice subi. Il a été débouté de cette demande en mai 2008.

59. *Le Canard enchaîné,* « Entre deux virements de Falcone, le fils Mitterrand touchait les Assedic », 7 février 2001.

Dénonçant une « rançon », Danielle Mitterrand, la veuve du président décédé en janvier 1996, mobilise médias et réseaux en faveur de son fils. Avec sa retraite de réversion fixée à 35 000 francs par mois (5 400 euros), elle ne peut pas payer la caution. Alors, la famille et les amis aident : Roger Hanin, Pascal Sevran, Alain Delon participent. Et en janvier 2001, Danielle Mitterrand, qui a recueilli 6,8 millions de francs en une dizaine de chèques, paye la caution de son fils. Jean-Christophe Mitterrand a passé trois semaines en prison.

Ses ennuis judiciaires ne sont toutefois pas terminés. Poursuivi pour fraude fiscale, il est condamné, en décembre 2004, à trente mois de prison avec sursis et 30 000 euros d'amendes. Surtout, il doit rembourser sa dette auprès du fisc, d'un montant de 600 000 euros, sous peine de retourner en prison. Sa mère, pour assurer sa défense, a hypothéqué l'appartement de la rue de Bièvre – pour 300 000 euros – et vendu une partie des meubles de l'ancien président.

Le procès consacré au trafic d'armes devrait se tenir au printemps 2009. Jean-Christophe Mitterrand, qui est aujourd'hui retourné vivre chez sa mère, risque d'y apparaître bien seul. Les deux principaux accusés, Pierre Falcone et Arcadi Gaydamak, se sont volatilisés…

Convoqués par la justice, cela ne risque pas d'arriver aux Giscard d'Estaing. Eux aussi pourtant aiment l'Afrique qu'ils sillonnent depuis deux générations. Ils y font d'ailleurs de confortables affaires. Mais les leurs, si elles paraissent moralement discutables durant le septennat de Valéry, ne sont pas illégales. Elles apportent pourtant quelques désagréments à « numéro 3 » en 1979.

Il faut dire qu'elles sortent sur la place publique en pleine « affaire des diamants [60] ». Soupçonné d'avoir reçu des plaquettes de pierres précieuses de la part du dictateur centrafricain, Jean-Bedel Bokassa, Valéry Giscard d'Estaing voit la presse

60. Lire chap. « Des passions enfin satisfaites ».

commencer à fouiller dans son entourage en octobre 1979. Elle découvre rapidement les liens étroits qu'entretient la famille Giscard avec le continent noir depuis de nombreuses années.

Pionnier en la matière, le patriarche Edmond, le père du futur président, a déjà bien roulé sa bosse au sein de la Société financière française et coloniale (SFFC). Il y prend même des parts au début des années trente et en devient le président, un poste qu'il ne quitte qu'en 1973. La SFFC, qui se transforme en Société financière pour la France et les pays d'outre-mer (SOFFO), fait des affaires dans les anciennes colonies françaises. À partir des années cinquante, elle concentre ses investissements sur les pays de l'ancienne Afrique-Équatoriale française, les États africains francophones. Plantations d'hévéas, de café, de palmiers, de bois précieux… la Soffo a des intérêts multiples en Centrafrique, au Cameroun ou en Côte d'Ivoire. Elle exploite des centaines de milliers d'hectares, ce qui lui permet de brasser des milliards et de faire la pluie et le beau temps là où elle s'installe. C'est sur le continent noir qu'Edmond bâtit la fortune de la famille…

Autant dire que le nom de Giscard est un véritable sésame en Afrique de l'Est. Et il le devient encore plus depuis que les cousins germains du président ont pris le relais d'Edmond. Il y a d'abord François, le fils aîné de René Giscard d'Estaing. Il est né en 1926, la même année que Valéry, et est issu de la même promotion de l'ENA. De 1959 à 1968, il dirige la Banque centrale des États d'Afrique-Équatoriale et du Cameroun. À ce poste, c'est lui qui décide de l'attribution de crédits à tel ou tel pays… Un homme qu'on écoute !

Il quitte la banque en 1968 pour être, durant un an, le conseiller financier du président tchadien, François Tombalbaye. Il rejoint ensuite la Banque française du commerce extérieur dont il devient le directeur. À ce titre, il est administrateur de nombreuses sociétés, notamment au Cameroun où il possède des intérêts. Il est aussi administrateur des assurances AGF qui détiennent elles-mêmes 3 % de la Soffo.

François Giscard d'Estaing est l'homme clé des finances dans le clan du président…

Son frère Jacques est, de son côté, l'industriel de la famille. Mais pas n'importe quelle industrie. Jacques Giscard d'Estaing, de trois ans le cadet de François, est depuis 1971 directeur financier du CEA, le Commissariat à l'énergie atomique. C'est à lui que reviennent les discussions avec la Centrafrique, l'Iran ou le Niger pour négocier des contrats d'exploitation minière ou de fourniture de matériel.

Pas étonnant dans ces conditions que Valéry, devenu président, propose à Bokassa les services de son cousin pour l'exploitation des mines d'uranium de Bakouma. Ce qui apparemment déclenche la fureur du dictateur centrafricain. « J'ai bien été obligé de lui faire comprendre que l'uranium est une richesse nationale centrafricaine. Qu'elle appartient à mon pays. Pas à VGE, pas à la France, même si j'aime bien la France », lance Jean-Bedel, ajoutant à l'adresse de la famille Giscard tout entière : « Ils se conduisent exactement comme si la Centrafrique était pour leur famille une immense chasse gardée [61]. »

Certes, de tels propos, dans la bouche de Bokassa, peuvent être sujets à caution. Ils ne dénoncent en outre rien d'illégal dans les activités des uns et des autres. Il n'empêche, ce qui choque, c'est ce maillage serré de la famille Giscard en Afrique. Un argument que ne manquent pas d'utiliser, là aussi, les adversaires politiques de « numéro 3 » : les Giscard mettent l'Afrique en coupe réglée pour leur profit personnel, disent-ils en substance. Aucune action judiciaire ne viendra toutefois étayer le moindre soupçon.

Les familles des autres présidents ne sont pas non plus inquiétées par la justice. Il n'y a d'ailleurs, parfois, pas de quoi. En général, seule la morale est atteinte. Rarement, le casier judiciaire. Il est vrai aussi que pendant longtemps, les notions de trafic d'influence ou de prise illégale d'intérêts n'existent pas

61. Roger Delpey, *La Manipulation*, Éd. Jacques Grancher, 1981.

dans une France où la classe politique détient encore les vrais leviers du pouvoir.

À cet égard, quoique s'en défende l'amiral de Gaulle, le Général son père ne fait pas exception. « Il n'y avait jamais de passe-droit pour la famille. Chacun savait que mon père avait pour conduite de ne pas mélanger ses affaires personnelles avec celles de l'État », explique Philippe de Gaulle [62]. Ce n'est pourtant pas ce qu'écrit Jacques Foccart, le très proche conseiller du Général, qui raconte au contraire comment le président lui fait convoquer, un jour à l'Élysée, le président de l'ORTF pour faire d'un de ses petits-neveux un journaliste. Il réédite d'ailleurs l'opération avec le P-DG de l'entreprise Leroy-Sommer pour lui demander d'embaucher un autre de ses parents [63]. Des révélations publiées près de trente ans près sa mort ! À l'époque, le Général est souverain…

Ce n'est déjà plus le cas de ses successeurs les plus récents, Jacques Chirac et Nicolas Sarkozy. Pourtant, les cinquième et sixième présidents traversent eux aussi l'épreuve de la mise en cause familiale. De la pire des façons même, puisque les affaires qui les touchent portent directement au cœur de l'intimité présidentielle : le couple.

Ainsi, Bernadette Chirac est-elle mise en cause en octobre 2003. Elle vient de rentrer de Rome avec le Premier ministre Jean-Pierre Raffarin où elle est allée assister à la béatification de Mère Teresa. Coût du déplacement : « entre 70 000 et 80 000 euros », selon Matignon. L'opposition saute sur l'occasion pour attaquer l'épouse du chef de l'État. Ne disposant d'aucun statut officiel, va-t-elle rembourser les frais occasionnés par son déplacement, demandent les socialistes ? Le débat en reste là

Tout comme il ne va pas bien loin, trois ans plus tard. Cette fois-ci, c'est le train de vie de la fondation Hôpitaux de

62. Philippe de Gaulle, *De Gaulle, mon père*, Plon, 2003.

63. Jacques Foccart, *Journal de l'Élysée*, tome I, « Tous les soirs avec de Gaulle (1965-1967) », Fayard-Jeune Afrique, 1997.

Paris-Hôpitaux de France, que dirige la « présidente », qui est épinglé. Grande ordonnatrice de l'opération Pièces jaunes, la fondation est accusée de multiplier les dépenses somptuaires alors que ses recettes diminuent. En tête de ces frais : les salaires des permanents et les coûts d'hébergement des personnalités, dont Bernadette Chirac, dans des hôtels de luxe. L'épouse du président assume « naturellement » elle-même ses frais, se défend la fondation. Pas de chance, selon *L'Express*, son nom figure au contraire en tête des membres pris en charge par la fondation[64]. Mais personne ne demande d'explication à la conseillère générale de Corrèze.

Elle n'aurait probablement pas répondu. Pas plus que Cécilia Sarkozy ne répond aux mises en cause publiques ce 27 juin 2007. *Le Canard enchaîné* vient en effet de révéler l'existence d'une carte bancaire mise à la disposition de l'épouse du président et dont les dépenses sont directement débitées sur le compte du Trésor public ouvert à l'Élysée. Une première dans l'histoire de la République. « À quel titre l'épouse du chef de l'État peut-elle gérer l'argent public, dans la mesure où elle n'a pas d'existence juridique ? » s'étrangle le député Dosière dans sa question écrite au Premier ministre, François Fillon.

Sentant poindre le danger, la présidence réagit immédiatement. « C'est moi qui avais proposé cette carte à Cécilia Sarkozy. J'estimais que c'était un moyen plus simple, plus rapide, plus moderne de répondre à ses frais professionnels classiques, tels les cadeaux protocolaires aux épouses des chefs d'État étrangers, les gerbes de fleurs ou les frais de représentation », explique au *Monde* Emmanuelle Mignon. La directrice de cabinet de Nicolas Sarkozy précise d'ailleurs que, « compte tenu de la polémique », l'épouse du chef de l'État a rendu cette carte bancaire. Elle n'a réglé avec elle que deux déjeuners pour un montant de 129 et 272 euros, précise l'Élysée. La République l'a échappé belle…

64. *L'Express*, « Les zones grises des pièces jaunes », 27 avril 2006.

Petits privilèges à partager

Heureusement, naviguer dans le sillage des présidents n'oblige pas forcément à titiller les frontières de la loi. Proches et entourages peuvent aussi profiter de ces petits privilèges dont la République n'est pas avare avec son grand homme.

François Mitterrand pousse très loin ce concept avec sa « seconde famille » durant ses deux septennats. Le chef de l'État n'hésite pas à mettre les moyens de la République au service d'Anne Pingeot et de sa fille Mazarine. Dès son arrivée à l'Élysée, il s'inquiète ainsi des mesures à prendre pour les protéger. Une solution s'impose pour le vieux président qui se sait déjà malade et souhaite voir sa fille le plus souvent possible : elles seront logées dans le palais de l'Alma, au 11 quai Branly à Paris. Une résidence officielle de la Présidence qui abrite également le service du courrier. C'est dans leur appartement du premier étage que, désormais, François Mitterrand rentre presque tous les soirs [65].

Gardes du corps, chauffeurs, logement… le dispositif en place autour du président se déplace parallèlement autour de cette famille cachée. Il convient d'assurer sa sécurité, en même temps que celle du président. Une exigence que l'on peut comprendre, mais qui déborde parfois. Ainsi, Anne et Mazarine Pingeot passent aussi tous leurs week-ends dans les châteaux de la République. En particulier dans celui de Souzy-la-Briche, dans l'Essonne, la résidence privée du chef de l'État. Une grande demeure de vingt pièces dont le parc de 15 hectares cache un pur joyau : une chapelle gothique plantée au milieu d'un étang. C'est ici que Mazarine, chaque week-end, vient monter à cheval sous la surveillance des agents désignés pour sa protection. Six gendarmes sont mobilisés en permanence pour assurer sa sécurité.

Protégées, cachées et logées durant quatorze ans aux frais de la République, Anne et Mazarine n'ont bien sûr jamais demandé

65. Ariane Chemin et Géraldine Catalano, *Une Famille au secret*, Stock, 2005.

à bénéficier de tels privilèges. Ils sont même parfois une épreuve pour les deux femmes et notamment pour l'adolescente que Mazarine est devenue. Mais, même à son corps défendant, ce sont des dizaines de millions d'euros qui ont ainsi été dépensés pour l'entretien de cette seconde famille.

Cela n'a tout de même rien à voir avec les privilèges dont peuvent jouir d'autres proches du chef de l'État : ses collaborateurs directs. Car, à côtoyer Dieu, n'est-il pas normal de bénéficier un peu de son pouvoir ? Déplacements pris en charge, hôtels et restaurants de luxe, mais surtout cartes officielles qui ouvrent toutes les portes et sentiment d'appartenance au monde des puissants... les membres du cabinet présidentiel font certainement partie des privilégiés du pouvoir. Et cela se mesure aussi en monnaie sonnante et trébuchante...

Outre des salaires nets qui tournent entre 2 500 et 7 000 euros par mois, les 49 conseillers du président en poste à la fin 2007 touchent également de discrètes primes : les « indemnités pour sujétion particulière ». Ce sont elles qui ont remplacé les fameuses enveloppes de liquide provenant des fonds secrets. Encore une fois, il s'agit de retenir les meilleurs éléments potentiellement tentés par le secteur privé où les salaires sont bien plus attrayants.

En 2008, ces conseillers vont donc se partager 7,7 millions d'euros de primes, une hausse de 20 % par rapport à l'année précédente. L'argent est distribué de manière discrétionnaire, mais en moyenne, chaque mois, un conseiller technique complète son salaire de 1 900 euros nets par mois et un conseiller de 2 300 euros. Les sommes sont encore plus élevées pour les conseillers les plus importants du président. Et bien sûr, elles ne sont pas imposables...

6. Le pouvoir appelle l'argent

Des passions enfin satisfaites

Aussi vrai que le pouvoir appelle l'argent, comment résister à ses passions lorsque l'on devient l'homme le plus puissant de son pays ? Comment ne pas céder à la tentation lorsque tout et tous vous y poussent ? Hommes d'exception, nos présidents cultivent chacun leur jardin secret. Une part intime d'eux-mêmes qui existe avant leur entrée à l'Élysée, mais qui trouve, dans l'accomplissement de leur destin présidentiel, de nouveaux modes de satisfaction… Seul Charles de Gaulle reste à l'écart de ses élans du cœur, lui pour qui le seul intérêt dans la vie semble avoir été la France.

Il n'en est pas de même pour Georges Pompidou et François Mitterrand pour qui l'art contemporain et les beaux livres constituent un incroyable ressort. L'un et l'autre vont assouvir leur passion de culture durant leur passage rue du Faubourg-Saint-Honoré. C'est d'abord « numéro 2 », dont l'attirance pour les artistes de son époque est connue. Associé-gérant chez Rothschild, puis Premier ministre durant plus de six ans, il ne s'est pas privé de développer sa « petite » collection personnelle, assistant aux vernissages, chinant les galeries, visitant les artistes. Ses moyens financiers ne sont pas faibles, mais lorsqu'il accède à la présidence, sa passion change de dimension.

Georges Pompidou a désormais quartier libre pour faire de l'Élysée une véritable antichambre de l'art contemporain. C'est d'abord parce qu'il aime cela qu'il fait éditer par le Mobilier national des œuvres contemporaines, comme le canapé *Amphys* de Pierre Paulin, en 1970. C'est lui qu'il sollicite également pour refaire les appartements privés de l'Élysée, l'année suivante. Certes, les budgets sont limités, mais toujours plus importants que les siens.

François Mitterrand, lui, continue de se balader dans les librairies de Saint-Germain-des-Prés, comme il le faisait avant son élection. Sa « manie » des beaux livres et des éditions originales n'a pas faibli depuis le 10 mai 1981. Au contraire. Mais désormais, dans ses balades, « numéro 4 » n'est plus seul. Souvent accompagné de Roger-Patrice Pelat, de Jacques Attali et d'Anne Pingeot, il arrive en général sans prévenir. « Tout d'un coup, un silence absolu, très particulier, se faisait dans la librairie et, sans même lever les yeux, je savais qu'il était là », se rappelle Paul Derieux, qui travaille alors chez Gallimard, boulevard Raspail à Paris [66].

Le président se dirige en général vers la petite salle du fond, dédiée aux livres rares. Il passe de longues minutes à caresser les reliures et les éditions du XIXe siècle, s'attarde sur un « grand papier » d'André Gide ou sur l'un des vingt volumes originaux des Rougon-Macquart, de Zola. Un exercice parfois cruel pour ce bibliophile à qui, justement, il manque un volume. Alors quand un libraire en reçoit un exemplaire exceptionnel, c'est Roger-Patrice Pelat qui se charge d'organiser la collecte pour rassembler les 40 000 francs nécessaires à l'achat (8 900 euros).

Car la bibliophilie est une passion coûteuse. Et François Mitterrand a de riches amis. Avec Roger-Patrice Pelat justement, le rituel est bien rodé. Le vieil ami le suit comme son ombre et dans les librairies du quartier Latin, on commence à savoir comment fonctionne leur couple. Quand un jour, Mitterrand s'arrête longuement sur un ouvrage dans une librairie, on voit ainsi, comme par enchantement, Pelat passer acheter le volume le lendemain. « Lorsque le président renonçait à un livre trop cher, son ami nous faisait signe derrière son épaule d'un furtif geste de la main qu'il le paierait lui-même », se rappelle un libraire à la retraite [67]. De riches amis pour constituer une prestigieuse collection ? « Certaines pièces de la bibliothèque de la rue de Bièvre excédaient en effet manifestement le budget de François Mitterrand », estime *L'Express* en 2006.

66. *L'Express*, « Le président qui aimait les livres », 6 janvier 2006.
67. *Ibid.*

Il y a donc les passions que l'on avoue et celles que l'on cache. Jacques Chirac, lui, ne fait pas mystère de son goût pour les arts anciens et les civilisations primitives, ces fameux « arts premiers ». Depuis des années, il collectionne les statuettes Bambara, les masques Dogon ou les figurines chinoises qu'il achète à Paris ou à l'étranger. Parvenu à l'Élysée, « numéro 5 » en fait même l'unique grand chantier de ses deux mandats. Il leur offre un musée, quai Branly, à l'ombre de la tour Eiffel. Un superbe espace dédié aux arts et civilisations d'Afrique, d'Asie, d'Océanie et des Amériques qu'il inaugure en juin 2006. Une passion coûteuse là aussi : 235,2 millions d'euros… à la charge du contribuable.

Mais sa collection personnelle s'étoffe aussi. Sur son bureau de l'Élysée, une superbe tête chinoise trône entre une statuette sud-américaine et un aurochs en marbre poli. « Song, Xe ou XIe, confie le président à un visiteur. Je l'ai acheté à Hong Kong il y a trente ans. Aujourd'hui, je ne pourrais plus, ce serait trop cher », explique-t-il en 2000[68]. Il a bien fait, car depuis ses œuvres ont pris de la valeur. En 2007, les assurances estiment la collection d'objets d'art et de meubles du couple Chirac à 200 000 euros.

De son côté, Valéry Giscard d'Estaing préfère se montrer discret. Grand amateur de vieilles pierres et de châteaux, « numéro 3 » cultive pourtant une attirance tout aussi forte pour… la chasse. Et il va s'y consacrer entièrement dès son arrivée à l'Élysée. D'abord sur le domaine de Rambouillet, l'une des résidences officielles du chef de l'État où il organise lui-même les chasses en supervisant les listes d'invités. Mais aussi en Afrique, continent qu'il apprécie particulièrement. Et cette passion va finir par influer sur le cours des relations entre la France et certains pays africains, notamment la Centrafrique.

Cet excellent fusil a découvert le pays en 1970. Alors ministre des Finances de Georges Pompidou, il a un coup de foudre pour ces grands espaces et cette faune sauvage. Il y retourne en 1971,

---

68. Christophe BARBIER, *La Comédie des orphelins*, Grasset, 2000.

1972 et 1973, faire le coup de feu dans les immenses domaines de chasse mis à sa disposition par le président Jean-Bedel Bokassa. Puis, à nouveau en 1975, une fois devenu président. Il s'installe alors dans le domaine concédé à son cousin François, dans le Sud-Est du pays, un territoire de 700 000 hectares, l'équivalent de la superficie du Finistère [69] !

L'essentiel de ses déplacements est privé. Aussi, le président français entend-il ne pas être dérangé lorsqu'il est sur « son » territoire de chasse. Il le dit à Bokassa qui s'en offusque. Mais l'empereur de Centrafrique sait aussi que la France fait et défait toujours les dirigeants africains. Alors, il obtempère. « Valéry Giscard d'Estaing était maître absolu dans son territoire de chasse. Lui, ses parents, amis et invités tuaient autant de bêtes qu'ils le voulaient. En huit ans, je pense qu'il a personnellement inscrit au moins cinquante éléphants à son tableau de chasse [...] Il transportait les défenses à N'Djamena, au Tchad, où elles étaient mises dans son avion. Cinquante paires de défenses, cela représente une fortune et c'est un autre cadeau de la Centrafrique... », lâche ainsi Jean-Bedel Bokassa [70]. La vérité est peut-être un peu différente.

Toujours est-il que Valéry Giscard d'Estaing préfère rester discret sur ses séjours cynégétiques en Centrafrique. Bokassa n'est pas vraiment le genre de chef d'État chez qui l'on aime avouer qu'on séjourne. Son régime brutal et autoritaire est d'ailleurs finalement déposé le 20 septembre 1979, au terme de l'opération Barracuda menée par l'armée française. Le 10 octobre suivant, éclate l'affaire des diamants...

La main dans le sac

Lorsque *Le Canard enchaîné* sort ce mercredi matin, Valéry Giscard d'Estaing ne mesure pas encore les conséquences de l'affaire qui démarre. Sous le titre « Quand Giscard empochait

69. Jean-Barthélémy Bokassa, *Les Diamants de la trahison*, Éd. Pharos, 2006.
70. Jean Delpey, *La Manipulation*, Éd. Jacques Grancher, 1981.

les diamants de Bokassa », l'hebdomadaire publie le fac-similé d'un bon de commande adressé par l'empereur de Centrafrique au Comptoir national du diamant[71]. « Veuillez remettre à Mme Dimitri, secrétaire à la présidence de la République, une plaquette de 30 carats environ destinée à M. Giscard d'Estaing, ministre des Finances de la République française », peut-on lire sur le document qui date de 1973. Selon le journal, François et Jacques Giscard d'Estaing, les cousins germains du président, auraient également reçu des pierres précieuses du dictateur centrafricain.

Car Bokassa a « le cadeau facile ». *Le Canard* estime la valeur de la plaquette de diamants en question à près de 1 million de francs (478 000 euros). Une révélation qui intervient moins d'un mois après « l'opération Barracuda » au cours de laquelle l'armée française a déposé Bokassa. Et pour éviter que les archives centrafricaines ne soient trop bavardes, l'hebdomadaire explique comment les services secrets français auraient mis à l'abri les documents par cartons entiers.

Gravissime, l'accusation ne soulève qu'une vague d'indifférence à l'Élysée. Quelques minutes avant le journal télévisé du soir, une dépêche finit par tomber : « On indique à l'Élysée que les échanges de cadeaux de caractère traditionnel, notamment lors des visites de membres du gouvernement dans les États étrangers, n'ont, en aucun cas, ni le caractère, ni la valeur qui ont été mentionnés par certains organes de presse à propos de la Centrafrique », explique, laconique, la présidence. Autrement dit : non seulement il ne s'agit pas de diamants, mais en plus, les cadeaux ne valent certainement pas 1 million.

Pourtant, une semaine plus tard, *Le Canard enchaîné* explique cette fois, comment Valéry Giscard d'Estaing aurait en fait reçu des diamants à chacune de ses visites depuis 1970 : « un beau diamant remis à l'issu d'un safari » cette année-là, une plaquette

71. *Le Canard enchaîné*, 10 octobre 1979.

de petits diamants offerte en 1972 ainsi que la plaquette donnée en avril 1973. Dans la foulée, la presse se déchaîne.

Le président, qui conteste toujours la valeur des brillants, est bien obligé de reconnaître qu'il a reçu les fameuses plaquettes. Feignant de ne traiter que les « sujets importants », il est tout de même contraint de s'expliquer devant les caméras de télévision. Le 26 novembre 1979, il répond ainsi aux questions des journalistes. Non seulement il ne garde pas pour son usage personnel les cadeaux qui lui sont offerts [72], mais il en nie le prix. « À la question sur la valeur de ce que j'aurais reçu comme ministre des Finances, j'oppose un démenti catégorique et, j'ajoute, méprisant », affirme-t-il. « Numéro 3 » ne croit toujours pas aux implications potentiellement désastreuses de cette affaire.

Il a tort, car les nouvelles révélations du *Canard enchaîné* le 5 décembre 1979 vont la faire passer dans une tout autre dimension. Cette fois-ci, l'hebdomadaire révèle que Giscard a continué de recevoir des plaquettes de diamants depuis son élection à l'Élysée. À deux reprises exactement : en septembre 1974 lors d'une visite du président français à Bokassa dans son château de la Cottencière en Sologne, puis lors d'un déplacement à Bangui en mars 1975. Une précision qui tombe d'autant plus mal que le journal affirme aussi qu'aucun musée ni aucune œuvre de bienfaisance n'a jamais reçu les cadeaux que l'Élysée leur aurait fait parvenir [73].

Le président est donc désormais mis en cause pour des faits survenus durant sa présidence et non plus seulement avant [74]. C'est une première et dans l'opinion publique l'effet est désastreux. Enfermé dans son image de personnage hautain et distant, Valéry Giscard d'Estaing traite par le mépris ceux qui font mine de s'intéresser à l'affaire. Il va le payer cher, car les « diamants de

72. Lire chap. « L'exemple des anciens ».

73. *Le Canard enchaîné*, « Les petites plaquettes font les grandes rivières », 5 décembre 1979.

74. Selon *Le Canard* du 16 janvier 1980, VGE aurait également reçu des diamants en mars 1978.

Bokassa » vont être un boulet lors de l'élection présidentielle de 1981. Sur les affiches du candidat Giscard, des pierres précieuses fleurissent un peu partout en France. L'image du président sortant en est durablement affectée. Le 10 mai 1981, il s'incline devant François Mitterrand.

On n'a pourtant jamais eu le fin mot de l'histoire. Si « numéro 3 » a, de façon certaine, reçu des diamants de la part de Bokassa, le mystère demeure sur leur valeur exacte comme sur leur destin. Giscard affirme que les plaquettes offertes en 1973, 1974 et 1975 ont été vendues fin 1980 à un joaillier français pour la somme de 114 997 francs (43 000 euros)[75]. Un montant bien inférieur à celui avancé par *Le Canard enchaîné*. Où est la vérité ? « Sans doute entre ces deux chiffres », estime Jacques Foccart, l'ancien M. Afrique du général de Gaulle[76]. En tout cas, l'argent de la vente censé arrivé à la Croix-Rouge centrafricaine n'est, lui, jamais parvenu jusqu'à Bangui…

Impliqué pour des faits survenus durant son mandat, Valéry Giscard d'Estaing n'a jamais été entendu officiellement sur le sujet. En aurait-il été de même pour ses successeurs ? Omniprésent dans les dossiers politico-financiers depuis les années quatre-vingt, Jacques Chirac, lui, n'a à subir que des mises en cause à propos de faits antérieurs à son élection. Certes, ces accusations[77] interviennent alors que l'intéressé est en poste à l'Élysée. Mais les juges se déclarent vite incompétents pour examiner le cas du président de la République.

Durant ses deux mandats, les accusations sont si nombreuses qu'elles finissent d'ailleurs par avoir une conséquence inattendue : la réforme du statut pénal du chef de l'État. Réunis en congrès à Versailles le 19 février 2007, les parlementaires adoptent la modification constitutionnelle préparée par les services de l'Élysée. Si une procédure de destitution du président est

75. *Le Point*, « Diamants, les comptes de l'Élysée », 23 mars 1981.
76. Jacques Foccart, *Foccart parle*, tome II, Fayard-Jeune Afrique, 1997.
77. Affaire des frais de bouche de la Ville de Paris, des billets d'avion payés en liquide ou des séjours luxueux dans les palaces…

créée, désormais, du premier au dernier jour de sa présence à l'Élysée, celui-ci est protégé par une immunité juridictionnelle contre n'importe quel type de poursuite [78]. Au moins, les choses sont claires…

Les moustaches barbouillées de confiture

Demeurer dans les frontières de la loi, cela sonne comme une évidence quand on est à la tête du pays. Mais sans aller jusqu'à l'illégalité, certaines postures ou certaines amitiés entretenues par les locataires de l'Élysée peuvent être tout aussi discutables. Un peu comme ces petits garçons qui tapent dans le pot de confiture tout en niant farouchement y avoir touché. Ce n'est pas qu'ils l'aient fait qui énerve, mais plutôt leurs dénégations éhontées…

C'est le cas avec Valéry Giscard d'Estaing, encore une fois, qui se livre au boursicotage en toute impunité durant son mandat. À l'époque, le délit d'initié n'existe pas et personne n'a encore inventé la prise illégale d'intérêts. Le président et son épouse ne franchissent donc aucune ligne jaune lorsqu'ils s'adonnent à leur passe-temps favori. Le seul souci, c'est qu'ils n'avaient pas prévu de le dire à leurs concitoyens.

Aussi sont-ils bien embêtés lorsque paraît en 1979, la feuille d'impôts du contribuable Giscard [79]. Le document, qui porte sur les revenus 1978, est riche d'enseignements. Non seulement il révèle le salaire du président – un secret d'État, jusque-là –, mais il fait aussi apparaître de bien curieuses opérations. Sous la rubrique « Investissements en actions » est inscrite la somme de 181 962 francs. Autrement dit, le montant des plus-values que le président a empoché cette année-là. « Le chiffre le plus stupéfiant de cette feuille d'impôt », commente *Le Canard.*

---

78. Les délais de prescription et de forclusion sont suspendus pendant cette période, de sorte que l'intéressé peut, s'il y a lieu, être traduit en justice à sa sortie de l'Élysée.

79. Dans *Le Canard enchaîné,* le 27 juin 1979.

Et pour cause : initiateur, ou tout du moins informé, de l'ensemble des décisions économiques et financières qui peuvent influer sur les résultats des entreprises françaises ou étrangères, « numéro 3 » vend et achète les titres de ces mêmes sociétés une fois passées les grilles de l'Élysée… Pour la Commission des opérations de Bourse, qui fait déjà la chasse aux « informations privilégiées », le délit n'est pas constitué puisque la loi n'interdit pas cette activité au chef de l'État. Mieux, en déclarant ses plus-values, VGE peut bénéficier… d'une déduction fiscale. 7 000 francs au titre de la loi Monory d'encouragement à l'épargne. Il n'y a pas de petits profits.

Et comme un bonheur ne vient jamais seul, l'épouse du chef de l'État tient à apporter sa contribution aux revenus du ménage. Anne-Aymone cultive en effet le même hobby que son mari. Elle fait partie d'un club d'investissement réservé aux femmes où se presse toute la bonne société parisienne. Il faut dire que là aussi, on imagine que la « première dame » doit quand même être bien informée. Avec un peu d'entregent, il n'y a plus qu'à vendre comme elle et acheter de la même façon…

Mais Anne-Aymone Giscard d'Estaing ne fait pas toujours partager ses bons tuyaux à ses copines. En juillet 1980, avant d'embarquer pour l'Allemagne avec le président, elle fait transmettre à l'un de ses agents de change un ordre d'achat pour des actions Rhône-Poulenc dont le cours augmente justement de près de 10 % en deux jours. Il se trouve qu'Elf vient d'annoncer le rachat de la division chimique de Rhône-Poulenc. L'opération a-t-elle été suivie en direct par l'Élysée ? Seul indice : Elf est à l'époque une entreprise nationalisée dont le patron est nommé en Conseil des ministres…

Des patrons nommés en Conseil des ministres, il en connaît forcément. Mais ce que Nicolas Sarkozy, le lointain successeur de VGE, préfère, ce sont les managers du privé. Des décideurs payés à coup de millions d'euros pour prendre en main le destin d'une entreprise et de ses milliers de salariés. Non seulement il les connaît ces patrons-là, mais il les admire. Et il les fréquente aussi depuis des années.

Il y a d'abord le témoin de son mariage avec Cécilia, Martin Bouygues. « L'ami, le vrai », dit partout l'actuel locataire de l'Élysée. Ils se sont rencontrés en 1983 à Neuilly et ont fait carrière parallèlement, Martin dans l'entreprise familiale, Nicolas sur la scène politique nationale. Ils se sont aussi soutenus mutuellement dans leurs traversées du désert respectives. Cela crée des liens et depuis, ils ne se sont pas quittés. C'est donc en toute logique que Martin Bouygues est au premier rang au Fouquet's pour célébrer la victoire de son favori, le 6 mai 2007.

Devenu président de la République, Nicolas Sarkozy ne renonce pas à sa vieille amitié. On ne peut que le féliciter de cette fidélité. Mais quelques mois d'exercice du pouvoir font naître aussi quelques doutes. Ainsi, quand le 8 janvier 2008, le chef de l'État, au cours de sa conférence de presse, annonce la suppression de la publicité sur les chaînes publiques, a-t-il en tête l'intérêt général des Français ou celui, particulier, de son « ami de vingt-cinq ans », l'actionnaire majoritaire de TF1 ? Sans aucun doute, la perspective de voir tomber dans son escarcelle des centaines de millions d'euros de publicité supplémentaire n'est pas pour rien dans le redressement du cours de l'action de « la plus grande chaîne d'Europe ». Pour le vieil ami, le bénéfice est immédiat !

Et ces sommes ne sont rien en comparaison des bénéfices titanesques à venir dans l'industrie nucléaire. Pétrole cher oblige, les pays qui cherchent à s'équiper de centrales se comptent par dizaines et constituent un marché appelé à se développer durant des décennies. Cela tombe bien car la France est justement l'un des leaders du nucléaire et Areva, qui construit les centrales, un fleuron que le monde nous envie. Depuis quelques mois, Nicolas Sarkozy parle de privatiser Areva, une solution à laquelle la direction de l'entreprise est opposée. Ce n'est pas grave, car les candidats au rachat, eux, ne manquent pas. Au premier rang, il y a Martin Bouygues…

Jean-Claude Decaux, Bernard Arnault, Vincent Bolloré, Arnaud Lagardère, Henri Proglio (Veolia), Serge Dassault, Antoine Berheim, Dominique Desseigne (groupe Barrière), Claude Bébéar… la galerie des amitiés patronales de « numéro 6 » est sans commune mesure avec celle de ses prédécesseurs. Sans parler de ses liens avec Alain Minc, « l'ami des amis », le Zébulon du capitalisme français. Il y a là une proximité inédite avec les puissances d'argent qui amène forcément à se poser des questions. « À entretenir le mélange des genres au nom d'une prétendue "transparence", à accepter les cadeaux de l'un, les invitations de l'autre, à vanter les produits d'un troisième, il fait planer un lourd soupçon sur toutes les décisions de l'État », écrivent Renaud Dély et Didier Hassoux[80]. Mais, comme dirait Giscard, comment pourrait-il y avoir un soupçon quand il n'y a pas de délit ?

7. Vacances de président

Brégançon et les châteaux de la République

Heureusement, pour oublier les fausses polémiques et les mauvais procès, il y a… les vacances. La République le prévoit elle-même : le chef de l'État aussi a le droit de se reposer. Et pour qu'il puisse le faire en toute décontraction, Marianne lui a offert une résidence d'été : le fort de Brégançon dans le Var.

Installé sur la commune de Bormes-les-Mimosas, Brégançon est une vieille forteresse rustique, mais idéalement située sur les rives de la Méditerranée. Ancien fort militaire, il est revenu dans le giron de l'État en 1964 après avoir été loué à des particuliers. C'est cette année-là que Charles de Gaulle le découvre à l'occasion des célébrations du vingtième anniversaire du débarquement en Provence. Le Général n'y passe qu'une seule nuit…

80. Renaud Dély et Didier Hassoux, *Sarkozy et l'argent roi*, Calmann-Levy, 2008.

plutôt inconfortable. Allongé dans un lit trop petit, incommodé par les moustiques, il jure alors qu'il n'y remettra plus les pieds. Inflexible, le fondateur de la Vᵉ République tient parole, mais il fait tout de même de Brégançon une résidence officielle du chef de l'État quatre ans plus tard [81].

C'est son successeur, Georges Pompidou, qui profite le premier de la métamorphose du fort. Sous l'impulsion d'un architecte de la marine, la vieille forteresse se dote d'un port privé et d'une plage protégée tandis que ses vingt pièces sont réhabilitées et un large bureau créé avec vue sur la mer. Habitué aux vacances jet-set de Saint-Tropez, le couple Pompidou y séjourne à plusieurs reprises. Certes, ce n'est pas aussi amusant que les vacances avec Françoise Sagan et sa bande, mais Claude Pompidou est séduite. « Brégançon est un lieu de rêve, extraordinairement confortable », se rappelle-t-elle [82].

Comme à l'Élysée, l'épouse du chef de l'État introduit l'art contemporain entre les vieux murs. Le mobilier est changé et le confort revu à la hausse tandis que le couple présidentiel s'offre des virées au large en Riva, ces hors-bord légendaires construits en acajou. Exploitant une photo de Georges Pompidou torse nu sur un de ces bateaux, la marque de moteurs Mercury fait d'ailleurs publier une publicité dans *L'Express* en avril 1970. « Si nous nous acharnons depuis dix ans à gagner toutes les compétitions, c'est pour votre sécurité M. le Président ! » Pompidou, qui n'apprécie pas, engage immédiatement une procédure pour faire retirer la publicité. Mais le magazine est déjà imprimé. Dans les kiosques à journaux, les distributeurs sont alors invités à déchirer la page litigieuse…

Valéry Giscard d'Estaing n'a pas ce type de souci même s'il apprécie aussi Brégançon. « Numéro 3 » y séjourne également à plusieurs reprises. En 1976, après être arrivé dans le Var au

81. Par arrêté du 5 janvier 1968, le fort de Bregançon est affecté à titre définitif au ministère des Affaires culturelles pour servir de résidence officielle.

82. *Premières Dames,* documentaire de Henri-Jean SERVAT et Jean-Luc PRÉVOST, diffusé sur France 3 le 10 novembre 2007.

volant de la DS qu'il conduit lui-même, il est ainsi devant les caméras en maillot de bain. Brégançon est l'occasion pour lui de projeter une image plus moderne de la présidence. Une opération qu'il réédite chaque été ou presque...

Tout le contraire de François Mitterrand qui, lui, ne séjourne qu'une seule fois dans le Var, comme le général de Gaulle. Le quatrième président y reste même moins longtemps que son prédécesseur puisqu'il ne s'arrête pas plus de quelques heures. Ce jour-là est d'ailleurs pour lui à marquer d'une pierre blanche. C'est le dimanche 16 mars 1986 et les Français, au soir des élections législatives, viennent de créer la cohabitation. En rentrant à Paris, le président socialiste a désormais un Premier ministre de droite du nom de Jacques Chirac...

Justement, de tous les présidents, Jacques Chirac est celui qui a séjourné le plus souvent à Brégançon. « Numéro 5 » aime le soleil, même s'il s'ennuie un peu dans la vieille forteresse. En compagnie de Bernadette, il s'y rend à Pâques où on le voit à la sortie de la messe de Bormes-les-Mimosas. Durant son deuxième mandat, il pose bientôt ses valises chaque été dans le Var et le fait savoir. Une façon de donner des gages après les polémiques sur ses voyages luxueux payés en liquide...

Nicolas Sarkozy aussi se rend régulièrement à Brégançon. Ou tout du moins, se rendait avec sa première épouse, Cécilia. Mais « numéro 6 » n'y effectue pas de longs séjours préférant au contraire de courts week-ends. L'actuel chef de l'État y a tout de même fait quelques allers-retours durant l'été 2008, pour y tenir de brèves réunions de travail. Il est vrai que la maison de famille de son épouse Carla, située à la pointe du très exclusif Cap-Nègre, n'est qu'à quelques encablures...

Seule résidence d'été de la présidence, Brégançon n'est pas la seule demeure à la disposition de nos chefs d'État. Bichonnés aussi durant leurs week-ends, ils peuvent ainsi profiter des autres résidences officielles de la République. Il y a d'abord le château de Rambouillet, dans les Yvelines. Celui-là même que

Nicolas Sarkozy a « prêté » à son Premier ministre, François Fillon et où VGE a organisé le premier sommet du G7 en novembre 1975.

Autres résidences dépendant directement de l'Élysée, le domaine de Souzy-la-Briche dans l'Essonne, une résidence « privée » du chef de l'État. Il est particulièrement prisé par François Mitterrand qui y passe l'essentiel de ses week-ends en compagnie de sa « seconde famille ». Le président socialiste y fera même venir un pur-sang arabe, cadeau des Émirats arabes, afin que Mazarine puisse le monter dans le parc...

Quel est le coût de ce patrimoine immobilier présidentiel ? En 2007, le budget dévolu à l'équipement et à l'entretien des bâtiments s'est élevé à 3 millions d'euros, soit 53 % de plus que l'année précédente. Encore ne s'agit-il que de la rue du Faubourg-Saint-Honoré, car, pour le reste, impossible d'en savoir plus. Le ministère de la Culture, en charge de l'entretien, renvoie vers l'Élysée qui, lui, ne pipe mot. On sait seulement qu'en 1999, dernier chiffre connu, le coût d'entretien de l'ensemble des résidences présidentielles était de 38 millions de francs, soit 6,7 millions d'euros[83]. C'était avant que Nicolas Sarkozy reprenne la Lanterne...

Les fiefs

« Numéro 6 » a du coup certainement fait flamber les coûts d'entretien de l'immobilier présidentiel. Le problème, c'est qu'à la différence de ses prédécesseurs, lui n'a pas de fief. Pas de lieu de repli où se ressourcer quand la pression politique devient trop forte ou simplement pour renouer avec ses racines. Les siennes de racines sont en banlieue parisienne. À Neuilly-sur-Seine. Pas terrible pour les vacances...

Charles de Gaulle à Colombey-les-Deux-Églises, Georges Pompidou à Cajarc dans le Lot, Giscard et Chirac en Auvergne,

83. *Le Point*,« Les châteaux de la République », 6 décembre 2007.

Mitterrand à Latché dans les Landes… à l'exception du dernier locataire de l'Élysée, les présidents de la République sont des hommes de terroir.

Charles de Gaulle, pour qui le mot vacances est un non-sens, passe ainsi l'essentiel de son temps libre dans sa propriété de Haute-Marne. Là, à la Boisserie, cette grande demeure de quatorze pièces, pierres de taille et plancher en chêne, le fondateur de la Ve République aime venir se ressourcer. Cette campagne lui ressemble : austère et peu accueillante. Il l'a choisie car elle est à mi-chemin entre Paris et les garnisons de l'Est de la France. Encore une fois, la seule raison qui dicte ses choix…

La Boisserie, c'est la maison de famille. Entourée d'un parc de 15 hectares, elle reçoit, le week-end, la visite des enfants et petits-enfants. Rares sont les étrangers qui en franchissent le seuil, comme le chancelier allemand Conrad Adenauer en 1958. Le Général s'y rend dès le vendredi, à bord de la DS présidentielle. Quand il fait beau, il aime parcourir à pied les dernières centaines de mètres qui mènent à la maison, à travers la forêt.

Car Charles de Gaulle aime la marche. Son « jardin », il dit en avoir fait le tour « quinze mille fois ». Un exercice quotidien auquel il se livre avant de dîner d'un plat simple et de regarder les informations à la télévision. Extinction des feux à 22 heures après avoir écrit quelques lignes de ses *Mémoires* ou fait des mots-croisés… le fondateur de la Ve République vit ses vacances comme son mandat présidentiel : dans l'ascèse !

Comme lui, Georges Pompidou et François Mitterrand ont choisi leur fief. Une terre d'élection dont ils ne sont pas originaires, mais où ils se sentent bien et où poussent leurs racines. C'est le cas de la maison du Prajoux, à Cajarc dans le Lot, où le deuxième président adore se rendre. Une petite maison sur le causse, sur les hauteurs de ce village de 1 000 habitants, et constituée de deux petits bâtiments qui servaient auparavant de grange.

« Cajarc, c'est Suzette qui l'a fait découvrir à Claude Pompidou, en 1962 », explique André Roux, l'ancien notaire du village[84]. Suzette est la sœur aînée de Françoise Sagan, dont la famille est justement originaire de Cajarc. Au cours de ce week-end organisé par son amie, l'épouse du Premier ministre de Charles de Gaulle tombe amoureuse des lieux. « Elle a dit à mon père, le notaire de l'époque : "Je veux absolument une petite maison modeste." Cela tombait bien : il y a avait ces deux petites propriétés au Prajoux, à 4 kilomètres de Cajarc » continue André Roux.

Les deux petites propriétés en question : des maisons quercynoises en pierres apparentes et d'environ 70 mètres carrés au sol, installées au milieu d'un parc d'une centaine d'hectares. « Tout ce qu'il y a de plus modeste. Et puis les deux fermes ont nécessité beaucoup de travaux », commente l'ancien notaire. Mais les Pompidou s'y sentent bien. Le Premier ministre fait même l'acquisition d'une dizaine de parcelles supplémentaires en un an, des enclaves qui demeurent sur son terrain. Si le prix de ces acquisitions n'atteint pas les tarifs en vigueur dans la vallée, l'investissement est tout de même conséquent : au moins 700 000 francs de l'époque, soit 930 000 euros. « Vous savez, sur le causse, on dit qu'on peut faire paître un seul mouton à l'hectare. C'est vous dire la pauvreté ! » tempère toutefois André Roux.

Georges Pompidou continue de se rendre au Prajoux après son élection. Le successeur de de Gaulle aime venir prendre la température au village. On le voit à l'office le dimanche matin puis au bistrot, pour l'apéro, avant qu'il ne retourne sur le causse. Le déjeuner est en général l'occasion de convier les amis, à commencer par les Quoirez, le vrai nom de famille de Sagan. Aux murs, dans la grande salle de réception qui peut accueillir une quinzaine de personnes, le couple Pompidou a accroché

84. Entretien avec l'auteur, le 13 mai 2008.

quelques toiles prélevées sur sa collection personnelle : Vasarely y figure en bonne place.

À Cajarc, « numéro 2 » est à l'aise. Son éternelle cigarette à la bouche, un gros pull en mailles sur les épaules, il se sent chez lui, au milieu de ces voisins, « des terriens pas bien riches et travailleurs [85] ». Ils lui ressemblent, même si ses moyens financiers à lui sont bien plus importants. Ils sont l'image de ces Français dont il rêve d'administrer le destin en toute tranquillité…

François Mitterrand, au contraire, ne se mélange pas avec ses voisins de Latché, sur la commune de Soustons, dans les Landes. C'est là que le quatrième président a acheté au baron d'Etchegoyen, en 1965, une ancienne bergerie et 1 000 mètres carrés de terrain pour 4 500 francs à peine (5 300 euros). Une bouchée de pain, même si la propriété est en mauvais état…

« Numéro 4 » connaît bien les Landes. Au début des années soixante, il se rendait souvent à la villa Lou Tuc, à Hossegor, qu'il louait aux parents du futur ministre des Finances de Giscard, Jean-Pierre Fourcade. C'est donc tout naturellement qu'il s'installe à Latché, à moins de 20 kilomètres de là. Il s'attache très vite à agrandir la propriété qui compte trois maisons, dont celle de son fils Gilbert. Mais il lui faut plus de quinze ans pour en faire un domaine de 23 hectares, en plein cœur de la forêt landaise.

Devenu président de la République, François Mitterrand passe chaque été trois semaines à Latché. Il fait également de courtes apparitions durant l'année, rarement plus de deux jours. Il se pose alors le lundi matin sur l'aéroport de Biarritz-Parme, ou sur la base militaire de Mont-de-Marsan, et finit le parcours par la route, ou bien en hélicoptère, avant de repartir par le même chemin le mardi.

Durant son premier septennat, il effectue de fréquentes visites à Hossegor ou Soustons, déjeune au restaurant Le Soleil, à

85. *Le Figaro Magazine*, « Nostalgie : le bon temps du président Pompidou », 10 décembre 1983.

1 kilomètre de chez lui. Il s'y rend en général accompagné de son entourage, Jack Lang, Pierre Bergé, Ève Ruggieri, Roger Hanin ou Pascal Sevran. Deux escadrons de gendarmes sont alors mobilisés, soit 180 hommes qui assurent un large périmètre de sécurité autour de la résidence du président.

Durant son deuxième mandat, en revanche, ses apparitions sont moins nombreuses. Certes, il y reçoit Mikhail Gorbatchev, le secrétaire général du parti communiste soviétique en 1991. Il y prononce également des interventions politiques devant les caméras de télévision. Mais, il vient de plus en plus y chercher le repos. L'amoureux des livres a notamment installé à Latché sa collection complète du Livre de poche, ainsi que de nombreuses éditions La Pléiade de ses auteurs favoris. Ses vieux livres et éditions originales sont, eux, restés, rue de Bièvre à Paris.

Il reçoit, en fait, de moins en moins durant ses séjours. Il dort désormais plus souvent dans la bergerie, qu'il a fait aménager en bureau, que dans la maison principale. Il effectue aussi de longues balades en compagnie de son labrador et passe parfois caresser ses ânes, Marron et Noisette. Il a fait de Latché son fief officiel.

Pourtant, la retraite landaise du président est un leurre. Car si sa bergerie est effectivement le symbole de son enracinement provincial, ses week-ends, François Mitterrand les passe en toute discrétion à Gordes, dans le Vaucluse, ou bien à Souzy-la-Briche, en compagnie d'Anne et de Mazarine Pingeot. Deux endroits dont l'opinion publique n'a pas encore entendu parler…

Luxe en famille

Si eux aussi disposent d'un fief en province, Valéry Giscard d'Estaing et Jacques Chirac aiment également passer leurs vacances à l'autre bout du monde. Et les frères ennemis de la droite partagent le goût des séjours de luxe. Voilà encore un point commun avec leur successeur à l'Élysée, l'actuel titulaire du poste, Nicolas Sarkozy… mais aussi avec François Mitterrand !

Quand il n'est pas à Chanonat, dans le Puy-de-Dôme, ou bien au château de l'Étoile, à Authon dans le Loir-et-Cher, le troisième président a des loisirs de son rang : chasses privées dans les immenses domaines mis à sa disposition par Bokassa en Centrafrique, ski à Courchevel, séjours à Saint-Jean-Cap-Ferrat ou dans les Caraïbes... Valéry Giscard d'Estaing a toujours soif d'extérieur, de grand air et de soleil. En 1980, on le retrouve ainsi en famille pour les fêtes de fin d'année, dans un luxueux hôtel de Martinique. Qui prend en charge les vacances du couple présidentiel et de leurs quatre enfants ? À l'époque, personne ne prend la peine de le demander.

Jacques Chirac aurait bien aimé bénéficier du même traitement. Mais le tapage fait autour de ses vacances durant son premier septennat va obliger « numéro 5 » à se rabattre sur Brégançon et les séjours moins... dispendieux. L'ancien maire de Paris peut remercier Valéry Giscard d'Estaing : c'est lui qui a tiré la première salve. Au creux de l'été 1998, l'ancien président s'étonne en effet de la « vacance » du pouvoir. Le Premier ministre, Lionel Jospin, est en Grèce et Jacques Chirac séjourne à Maurice, laissant donc la métropole sans décideur politique. « Sommes-nous gouvernés ? Et s'il arrivait quelque chose de grave ? » lance perfidement « numéro 3 ».

La presse ne tarde pas à mettre son nez dans cette affaire. Elle découvre rapidement que le locataire de l'Élysée se paye des vacances de nabab dans le meilleur hôtel de l'île. Arrivé à bord d'un avion privé après un passage à la Réunion, le chef de l'État est allé se mettre à l'abri des paparazzi au Paradise Cove, près du cap Malheureux, dans le nord-ouest de l'ancienne île Bourbon. Un cinq étoiles à 800 euros la nuit (en chambre simple), où le rejoignent sa fille Claude et son petit-fils. Mais les commentateurs ne retiennent que l'absence des deux principales têtes de l'exécutif de métropole. Pas pour longtemps...

Car Jacques Chirac aime l'océan Indien. Il effectue des séjours réguliers à la Réunion et à Maurice, où il se rend chaque année depuis 1997. Le rituel est réglé. Le président arrive d'abord dans ce petit morceau de France du bout du monde où il est accueilli par les autorités locales. Puis, à l'issue d'un « déjeuner de travail » avec les élus où il « profite de l'occasion pour connaître leurs préoccupations », il file en famille du côté de Saint-Gilles-les-Bains, une station balnéaire de la côte ouest. Il reste en général une semaine aux Villas du Lagon, un complexe quatre étoiles luxe, avant de s'envoler pour Maurice. Là, il se retire à l'hôtel Royal Palm, à Grand-Baie, à proximité de la capitale Port-Louis. Un cinq étoiles cette fois, plage de sable blanc, piscine et cocotiers. Car « numéro 5 », s'il ne le montre pas, est à l'aise dans le luxe…

Ce goût des séjours plus que confortables va finir par lui jouer un mauvais tour en 2000. Alors qu'il se rend, comme chaque été, dans ses destinations préférées, la presse s'intéresse, cette fois-ci, au coût des vacances du président. Avant même son arrivée à Maurice, *Paris-Match* consacre six pages aux « vacances de rêve de ce client comme les autres [86] ». Salle de bain « hollywoodienne », terrasse « paradisiaque » et, surtout, suite à 21 972 francs la nuit (3 800 euros). Les confrères de l'hebdomadaire font vite le compte : le séjour de trois semaines du président et de son entourage coûte la bagatelle de 460 000 francs (80 000 euros).

Le scandale est immédiat. Furieux de découvrir l'article à son arrivée au Royal Palm, Jacques Chirac veut repartir tout de suite, mais sa fille Claude l'en dissuade. Pour la conseillère en communication, le remède serait pire que le mal. L'Élysée fait toutefois savoir que le président a payé son séjour sur « ses deniers personnels ». Trop tard ! Le président, qui vient de constater, dans son allocution du 14 Juillet, que la « fracture sociale » n'avait toujours pas été réduite depuis 1995, va devoir passer ses prochaines vacances… à Brégançon.

« Numéro 5 » a toutefois bien essayé de se justifier, rappelant que personne n'avait jamais reproché à François Mitterrand ses

86. *Paris-Match*, 4 août 2000.

séjours à l'hôtel Old Cataract d'Assouan en Égypte. C'est exact, et il aurait pu ajouter que le Royal Palm était également une destination prisée par son prédécesseur. Car, le président socialiste goûte lui aussi au luxe et au confort que procure l'argent. Mais lui le fait avec un luxe… de précautions.

Au premier rang des destinations prestigieuses du président socialiste, Assouan et son magnifique palais royal reconverti en hôtel grand standing à 300 euros la nuit. Mitterrand aime y passer les fêtes de fin d'année en compagnie de Mazarine et d'Anne Pingeot. Il y séjourne aussi en compagnie de ses amis politiques, notamment en décembre 1987. C'est là qu'il aurait pris la décision de se représenter pour l'élection de 1988. Il y passe également son dernier réveillon en 1995, quelques jours à peine avant de mourir.

Mais François Mitterrand aime aussi Venise. Comme en Égypte, il y emmène Mazarine et s'installe au palais Balbi-Valier, chez Ida Barbarigo et Zoran Music, ses amis vénitiens. Deux peintres dont la demeure est un concentré de l'esprit si particulier de la Sérénissime, entre le pont de l'Accademia et le Campielli San Vio. Le président français y a sa chambre réservée au deuxième étage, avec vue sur le canal. Depuis vingt ans, il y vient deux ou trois fois par an. Venise est sa ville préférée. Il s'y rend si souvent que la rumeur parisienne lui prête même un palais dans la Cité des doges. Il n'en est rien, mais ces bruits l'amusent, lui dont la pratique politique est souvent qualifiée de « florentine ». C'est du coup avec une certaine satisfaction qu'il va entretenir ce mystère.

Au mystère, Nicolas Sarkozy préfère la « transparence ». Il l'a dit et répété avant et depuis son élection : le sixième président de la Ve République ne veut pas faire comme ses prédécesseurs, drapés dans une distance hautaine. Et pour bien faire comprendre cette « rupture », le nouveau locataire de l'Élysée, tout juste élu, donne une preuve… convaincante.

Déclarant vouloir marquer un temps de réflexion afin « d'habiter la fonction », « numéro 6 » n'a pas encore digéré la fête du Fouquet's qu'il s'envole déjà, le 9 mai 2007, à bord d'un avion privé. Direction : Malte où l'attend *Le Paloma*, un yacht somptueux, propriété du milliardaire Vincent Bolloré. Le ton est donné : quand les autres présidents s'attachaient à dissimuler leur train de vie et leur fortune, il veut, lui, l'assumer. Alors, il se montre et se justifie.

Un peu surprise, la presse qui s'attendait plutôt à une retraite dans un lieu symbolique ou chargé d'histoire, s'interroge. Qui paye ce déplacement ? S'agit-il de l'UMP, dont le candidat vient de remporter l'élection ? Ou bien de l'État, qui prend à sa charge son nouveau chef ? « Ce déplacement n'a pas coûté un centime aux contribuables. Je suis l'invité de Vincent Bolloré », répond immédiatement Sarkozy. Diable, le président de la République serait-il, dans ce cas, redevable de quelque chose au milliardaire ?

Cette proximité avec les milieux d'affaires, conjuguée à son goût déclaré pour tout ce qui brille, vont ramener l'actuel locataire de l'Élysée sous le feu des critiques dès ses premières vacances estivales. Embarquant famille et amis pour les États-Unis, « à bord d'un vol régulier » précise-t-il, le président emménage pour quinze jours sur les bords du lac Winnipesaukee, à Wolfeboro, en Nouvelle-Angleterre. La maison victorienne de près de 2 000 mètres carrés, somptueuse, se loue 21 900 euros la semaine… En France, la polémique sur le coût des vacances du président démarre immédiatement et se prolonge très vite jusqu'aux bancs de l'Assemblée nationale. « Je soulève à ce moment-là officiellement la question : avec quoi paye-t-il ? Ces vacances lui coûtent presque la moitié de son traitement annuel… », demande le député René Dosière[87].

Nicolas Sarkozy se défend à nouveau de dépenser l'argent public. Non seulement il a payé lui-même sa place, celle de sa femme et celle de son fils, sur une ligne régulière Air France mais, là encore, il est invité par des amis. Cette fois-ci, il s'agit

87. Entretien avec l'auteur, le 16 avril 2008.

d'Agnès Cromback, la présidente pour la France du bijoutier Tiffany, et Mathilde Agostinelli, la directrice de communication du géant de la mode Prada. Le président oublie juste de préciser que, non seulement un avion de l'Etec doit le suivre dans chacun de ses déplacements, même privés, mais que, de plus, lui ne paye pas lorsqu'il voyage sur Air France. Un privilège de la fonction...

Soumis à un feu roulant de critiques, l'actuel locataire de l'Élysée semble depuis avoir retenu la leçon. Pour ces deuxièmes congés d'été, Nicolas Sarkozy a choisi une option beaucoup plus discrète, mais tout aussi luxueuse. Le jeune marié passe ses vacances à la pointe du Cap-Nègre, dans le Var, dans la magnifique propriété de son épouse, Carla Bruni-Sarkozy. Cette fois-ci, aucun danger que la presse lui demande qui a payé son séjour...

TROISIÈME PARTIE

Patrimoine

Ou les plus riches sont souvent ceux que l'on croit…

La multiplication des affaires de financement occulte est devenue intenable. Discréditée, la classe politique traditionnelle assiste, durant les années quatre-vingt, à la montée inexorable du Front national qui fait campagne sur le thème du « Tous pourris ». Un discours qui porte et qui pousse finalement François Mitterrand à promouvoir la déclaration de patrimoine obligatoire pour le président de la République en 1988.

Ses prédécesseurs, eux, n'ont jamais eu à répondre de quoi que ce soit devant l'opinion publique. Une situation que l'on jugerait anormale aujourd'hui, mais qui n'a rien d'étonnant à une époque où les questions d'argent ne sont simplement jamais abordées. Pourtant, les présidents de la République sont riches, très riches : propriétaires terriens, écrivains à succès, collectionneurs éclairés… leur patrimoine, étudié à la loupe, les place sans exception dans la catégorie des Français les plus riches. Des millionnaires de la République…

Soumis à cette fameuse déclaration de patrimoine, les trois derniers présidents ne sont pas moins bien lotis. Tous payent l'impôt sur la fortune, ce qui ne les empêche pas de prendre quelques libertés avec l'esprit de la loi. Ils le peuvent : ils remplissent eux-mêmes leur déclaration au Conseil constitutionnel qui est chargé de les contrôler… mais pas de les sanctionner.

Les chefs de l'État peuvent aussi compter sur les petits à-côtés de la fonction. Représentants officiels de la France, ils reçoivent durant leur mandat des centaines, voire des milliers, de cadeaux protocolaires. Certains de grande valeur. À eux d'en disposer à leur guise, la Constitution restant muette sur le sujet. Du coup, il y en a qui ont simplement tout gardé…

1. Les « affaires » ont tout changé

Les « années fric » ont tué la vertu

Bien sûr, en cette fin des années quatre-vingt, la France ne découvre pas les scandales financiers. Sans remonter aussi loin que l'affaire du canal de Panama, la Ve République elle-même n'a jamais été avare d'histoires louches, où voyous et politiques se côtoient. Dans les années soixante, le triomphe du « gaullisme immobilier » voit ainsi barons locaux et promoteurs véreux se partager les milliards de francs dédiés aux rapatriés d'Algérie. Sans parler du scandale de la Garantie foncière, qui éclate en 1971 et menace même, un temps, d'abattre le régime [1]...

Depuis le retour du général de Gaulle, l'histoire n'a pas non plus été avare de coups bas. Pourquoi l'aurait-elle été, d'ailleurs ? La chausse-trappe n'est-elle pas un corollaire attendu de l'action politique ? La feuille d'impôt de Jacques Chaban-Delmas, habilement lâchée à la presse en 1972, est ainsi l'illustration que la pratique perdure sous la Ve République. La révélation des petites magouilles du Premier ministre de l'époque, pour échapper à l'imposition, coule sa candidature à l'élection présidentielle de 1974. Un joli coup de billard à trois bandes...

Mais la société n'est pas encore obsédée par l'argent. Les Français, dont le niveau de vie a remarquablement progressé depuis vingt ans, sont tout à la découverte de leur nouveau pouvoir d'achat. Ils consomment et s'en contentent, car peu sont laissés sur le bord de la route. Les inégalités ne sont pas aussi creusées qu'en ce début de XXIe siècle.

L'argent des hommes politiques, et en particulier celui du chef de l'État, n'est donc pas un sujet de discussion. Tout du moins, dans la presse. Et quand les journalistes ne posent pas de questions, les hommes politiques, eux, peuvent continuer à jouer la comédie du pouvoir : faire croire qu'ils vivent la même vie que

1. La Garantie foncière est une société civile de placement immobilier, apparue dans les années soixante et dont les activités illégales et les placements douteux ont floué des milliers de petits épargnants.

leurs électeurs, qu'ils en partagent les préoccupations et les soucis matériels.

Ils ne peuvent pas le faire longtemps, car, du choc pétrolier de 1973 aux années quatre-vingt, la dégradation de la situation économique du pays – déjà –, l'apparition du chômage de masse, la précarisation d'une part grandissante de la population, partagent de plus en plus souvent l'actualité avec les scandales de financements occultes et les allégations de corruption. Une avalanche nauséabonde de scandales qui finit par faire déraper le système.

Affaire des diamants de Bokassa, des avions renifleurs, du carrefour du développement, des écoutes de l'Élysée, Luchaire... tandis que le Front national prolifère sur le thème du « Tous pourris », la classe politique prend conscience qu'elle va devoir encadrer ses pratiques. À la veille de l'élection présidentielle de 1988, c'est ce contexte délétère qui amène François Mitterrand à promulguer la loi sur la transparence financière de la vie politique[2]. Son objectif : assainir les pratiques de financement occulte des partis...

Un louable effort de transparence

Certes, le président socialiste est contraint par l'actualité à promulguer une loi que doit, de son côté, défendre son Premier ministre de droite, Jacques Chirac. Ni l'un ni l'autre ne sont pourtant exagérément favorables aux nouvelles obligations mises en place. Jusqu'à présent, le financement des partis n'était pas réglementé et cela arrangeait beaucoup de monde. Voilà maintenant que leurs ressources doivent être rendues publiques. Une véritable avancée qui sera complétée par un second texte, deux ans plus tard[3]...

Surtout, la loi de mars 1988 rend désormais obligatoire la déclaration de patrimoine des principaux élus. Les membres du

2. Loi n° 11-227 du 11 mars 1988.
3. Loi n° 90-55 du 15 janvier 1990.

gouvernement, les parlementaires, les présidents de conseils généraux et régionaux, les maires de communes de plus de 30 000 habitants et les titulaires de certains autres mandats électifs sont tenus de déclarer leur patrimoine au début et à la fin de leurs mandats. Bien sûr, le président de la République est le premier concerné par cette mesure.

La déclaration doit être envoyée à la toute nouvelle commission pour la Transparence de la vie politique. Composée des plus hauts magistrats du pays [4], elle est chargée de contrôler la régularité des formulaires que lui envoient les élus au plus tard quinze jours après leur élection et quinze jours avant la fin de leur mandat. Elle déchiffre ainsi des centaines de colonnes de chiffres chaque année. Immeubles, valeurs mobilières, assurances-vie, comptes bancaires ou d'épargne, meubles, œuvres d'art, collections, parts de société... l'ensemble du patrimoine est passé au crible.

En comparant les déclarations de début et de fin de mandat, la commission est ainsi censée pouvoir détecter d'éventuels enrichissements personnels. « Elle a également le pouvoir d'exiger qu'on lui produise les documents qui manquent », précise un ponte du Conseil d'État. Et pour convaincre les récalcitrants, elle peut aussi déclarer inéligible pour un an, tout élu qui n'aurait pas transmis l'une de ses déclarations. Un grand pas sur le chemin de la transparence... qui a tout d'un bluff !

Car si elle peut réclamer les déclarations qu'on ne lui a pas envoyées, la commission est, en revanche, dans l'incapacité de les vérifier ! La loi ne lui a en effet confié aucun pouvoir d'investigation. Il suffit donc qu'un élu de mauvaise foi envoie une fausse déclaration pour que les magistrats n'y voient que du feu... De 1988 à 2001, sur les milliers de dossiers examinés, seuls cinq cas suspects ont été transmis à la justice. Et encore, une seule affaire

---

4. Outre le vice-président du Conseil d'État, le premier président de la Cour des comptes et celui de la Cour de cassation, elle est composée de six magistrats titulaires et de six suppléants.

a finalement été jugée, avant de se conclure sur la relaxe en première instance de l'accusé, un sénateur de l'île de la Réunion.

Les élus ont d'autant moins de souci à se faire que leurs déclarations sont destinées à rester secrètes. La loi de mars 1988 a même prévu de punir leur publication dans la presse d'un an de prison ferme ! De quoi calmer les ardeurs des journalistes d'investigation… Seule exception, mais de taille : la déclaration du vainqueur de l'élection présidentielle, publiée au *Journal officiel* dans les jours qui suivent l'élection. Une disposition que met en œuvre pour la première fois François Mitterrand à l'issue du scrutin de mai 1988 remporté face à son Premier ministre.

2. Quand l'argent n'était pas une question

Les prédécesseurs du quatrième président sont, eux, passés entre les gouttes. Ni Charles de Gaulle, ni Georges Pompidou, ni Valéry Giscard d'Estaing n'ont jamais eu à répondre de l'origine de leur fortune devant les Français. Pourtant, les trois premiers présidents de la Ve République aussi sont riches. Mais, à l'époque, personne ne se risque à leur demander de se justifier. Peut-on imaginer le Général taper dans la caisse ?

La vertu au pouvoir

Entré à l'Élysée au début de l'année 1959, Charles de Gaulle est précédé de sa réputation d'incorruptible. Le héros de la seconde guerre est un militaire, auteur d'une carrière jalonnée d'honneurs plutôt que de magots… Durant ses dix années de présidence, son exercice presque ascétique du pouvoir, sa volonté de séparer ses dépenses privées de celles de sa fonction, laisse entrevoir son désintérêt personnel pour les affaires d'argent. Certes, il ne les néglige pas pour autant et s'y intéresse pour ce qu'elles sont un rouage essentiel de la politique. Mais l'homme n'a pas le tempérament à s'enrichir sur la bête.

Ce qu'il a lui suffit. Mais il faut dire que Charles de Gaulle n'est tout de même pas complètement démuni. Et s'il est difficile de connaître l'ampleur exacte de son patrimoine, on peut toutefois en avoir une idée en scrutant les témoignages de l'époque.

Ainsi, il y a d'abord la maison de Colombey-les-deux-Églises. La Boisserie, cette grande demeure de quatorze pièces, ceinte d'un parc de 15 hectares dans la forêt haut-marnaise, est d'ailleurs la principale possession du général. Il l'a achetée en 1934 et a fait une vraie… bonne affaire.

À l'époque, la propriétaire des lieux, Alice Bombal, la veuve d'un architecte parisien, en propose la vente en viager au prix de 45 000 francs. « Une voiture 7 CV Citroën valait 17 000 francs, soit environ 50 000 francs de 1990 [5]. La Boisserie a donc été acquise pour le prix de deux 7 CV Citroën et demie ! », explique l'amiral Philippe de Gaulle [6]. Certes, la propriété est isolée et entourée, à l'époque, d'un parc un peu plus petit, de trois hectares un quart. Mais tout de même, l'affaire est bonne.

Charles de Gaule dispose d'un petit pécule. Quelques économies réalisées sur sa solde de militaire, mais aussi sur les droits d'auteur de son livre, *Vers l'armée de métier*. Il vient de toucher, de plus, un petit héritage de quelques milliers de francs. La somme n'est toutefois pas suffisante. Alors le commandant emprunte à ses proches.

Il n'a pas besoin de leur demander énormément, car la vraie bonne affaire dans l'achat de la Boisserie, c'est avant tout la durée du viager. Âgée de 70 ans, Mme Bombal décède accidentellement en 1937. Charles de Gaulle a déjà déboursé 11 000 francs la première année, ainsi que les deux années suivantes. La disparition de l'ancienne propriétaire met donc un terme aux versements. Le futur fondateur de la Vᵉ République a

5. Ou encore 10 250 euros de 2007.
6. Philippe DE GAULLE, *De Gaulle, mon père*, Plon, 2003.

en fait payé sa maison tout juste le prix de deux 7 CV Citroën... Elle vaut aujourd'hui plus d'un demi-million d'euros.

Actif principal, la Boisserie n'est toutefois pas le seul bien de Charles de Gaulle. Le natif de Lille possède également deux fermages dans le Nord. Il s'agit de terrains agricoles loués à des exploitants et qui lui rapportent un petit loyer. Le premier, situé à Coulognes près de Calais, est grand de 15 hectares, tandis que le second, le domaine de Hallennes-lez-Haubourdin, mesure 13 hectares. À l'époque, leur valeur ne dépasse pas quelques milliers de francs.

Ces biens immobiliers valent évidemment beaucoup plus en 1970, lors du décès du Général. D'abord, au fil des ans, il a agrandi son domaine de la Boisserie jusqu'à constituer un parc d'une quinzaine d'hectares. Pas de quoi faire de lui un châtelain, mais son train de vie est tout de même bourgeois et confortable.

C'est d'ailleurs ce qui confère du crédit à la rumeur qui, en 1969, attribue au premier président de la Vᵉ République la possession d'un compte en Suisse. Une « légende » que dément son fils, Philippe. « Les gens de Colombey racontaient qu'un notaire de Lausanne était venu le voir à la Boisserie porteur, assurait-on, d'une mallette en cuir noir. Sans doute pour transporter force coupures ! La presse locale s'est mise aussitôt à enquêter. De quoi s'agissait-il ? Ce notaire était venu tout simplement apporter à mon père le cadeau qu'une vieille admiratrice habitant la Suisse avait voulu lui léguer : une croix de Légion d'honneur remise par Napoléon Iᵉʳ à l'un de ses ascendants [7]. »

Légende ? Toujours est-il que la pierre ne constitue effectivement pas la plus grosse partie du patrimoine de Charles de Gaulle. Lui, qui n'entretient aucune collection d'œuvres d'art et qui ne détient aucun titre de société cotée, possède en revanche des obligations d'État. Le héros de la seconde guerre mondiale en souscrit une dizaine à chaque

7. Philippe DE GAULLE, *De Gaulle, mon père*, Plon, 2003.

emprunt du gouvernement depuis 1946. Au total, cela commence à faire beaucoup… même si ce n'est qu'une petite partie de ses avoirs. Les comptes bancaires du Général sont en effet largement approvisionnés. À quelle hauteur ? Impossible de le dire précisément…

Ce que l'on sait en revanche, c'est que le montant des droits d'auteur touchés par l'auteur de *Mémoires de guerre* et de *Mémoires d'espoir*[8] suffit largement à satisfaire ses propres besoins. Il a même de quoi se montrer généreux avec ses voisins ou ses proches. Il aide ainsi financièrement Philippe et Élisabeth, ses deux enfants, à acquérir leur appartement, puis une résidence secondaire. Dans le Var pour son fils, dans le Morbihan pour sa fille. Le Général a de quoi payer comptant…

La veille de sa mort, le 9 novembre 1970, il écrit ainsi à Philippe pour le presser de lui fournir un devis concernant sa maison : une salle de séjour, six chambres et des annexes dans la commune varoise d'Agay. « Je ne doute pas que cela doive dépasser 400 000 francs[9]. Mais je pourrais alors en connaissance de cause ajouter le nécessaire. […] Le notaire dispose dès à présent de ce qu'il faut pour payer le terrain et une bonne part de la construction », écrit-il.

De fait, l'argent ne constitue pas un problème pour de Gaulle. Écrivain à succès, ses livres se sont écoulés, de son vivant, à plusieurs centaines de milliers d'exemplaires. La plume a fait du militaire un millionnaire…

Un banquier à l'Élysée

Son successeur n'est pas vraiment à plaindre non plus. Et ce n'est pas grâce à sa carrière de professeur entamée au lycée Saint-Charles de Marseille ! Si Georges Pompidou est financièrement à l'aise, il le doit d'abord à ses différents postes en politique aux côtés du général de Gaulle. Mais surtout, ce normalien,

---

8. Lire chap. « Président, une fonction qui oblige au succès littéraire ».
9. 385 000 euros.

maître des requêtes au Conseil d'État, l'une des institutions les plus prestigieuses de la République, doit sa fortune à son passage… dans le privé. Chez les Rothschild exactement, où il entre en 1955 avant de grimper les échelons jusqu'à devenir associé-gérant de ce qui est déjà l'une des plus importantes banques d'affaires du pays.

Son épouse Claude le reconnaît, le passage de « numéro 2 » par la case Rothschild fait entrer le couple Pompidou dans une autre dimension. Georges n'y reste que quelques années, mais ses moyens financiers lui permettent désormais de vivre comme un grand patron : vacances jet-set à Saint-Tropez, dîners mondains, voyages exotiques et œuvres d'art… les revenus du futur président le classent déjà dans la catégorie des Français les plus riches.

Son patrimoine est bien sûr à la hauteur de cette progression sociale. Certes, l'ancien banquier, devenu Premier ministre en 1962, n'est pas propriétaire de son appartement parisien de l'Île Saint-Louis. Il décline même la proposition de rachat que lui présente son propriétaire, qui souhaite vendre en 1963. « Pas d'affaires quand on est aux affaires », a-t-il coutume de répéter. Au nom de cette éthique, il décline donc la proposition de rachat de l'appartement du quai de Béthune, sur l'île Saint-Louis à Paris. Son propriétaire, qui souhaite le vendre en 1963, en propose en effet l'exclusivité au futur président… qui préfère rester locataire à Paris.

Mais les Pompidou disposent d'autres biens immobiliers. Il y a d'abord la maison du Prajoux, à Cajarc dans le Lot. Située sur un terrain d'une centaine d'hectares, la propriété se décompose en deux petites fermes d'environ 70 mètres carrés au sol et séparées d'une centaine de mètres. Des bâtiments qui ont été entièrement rénovés et agrandis par le couple présidentiel. Certes, la valeur des terrains, tout en haut du causse, n'atteint pas les prix dans la vallée. Mais le président, qui a fait l'acquisition de parcelles dans les années soixante-dix, a tout de même dû se plier au prix demandé par la Safer [10] du Lot. De l'ordre de 7 000 francs l'hectare dans les années soixante-dix, il atteint aujourd'hui 5 000 à 7 000 euros. De quoi valoriser la propriété du Prajoux – bâtiments et terrains – à plus de 770 000 euros, le seuil de déclenchement de l'impôt sur la fortune en 2008…

D'ailleurs, à titre de comparaison, les services de la Safer du Lot ont mis en vente, à l'été 2008, un domaine composé de « deux granges quercynoises en pierre », avec vue dégagée, mais travaux à prévoir et terrain de 15 hectares, du côté de Figeac. Même situé à 25 kilomètres de Cajarc, il s'agit d'une propriété assez semblable au Prajoux. Mise à prix : entre 350 000 et 500 000 euros pour une superficie six fois moindre et un chantier de plusieurs mois…

Maison simple, mais confortable, au style épuré, Cajarc n'est pas la seule propriété immobilière de « numéro 2 ». Avec son épouse, ils sont également installés dans les Yvelines, en région parisienne. Dans la petite commune rurale d'Orvilliers, à une soixantaine de kilomètres de Paris, ils se rendent chaque week-end dans leur propriété surnommée « la Maison blanche », un nom emprunté à… la couleur des volets.

Loin du faste de la résidence officielle des présidents américains, il s'agit d'une ancienne auberge rachetée en 1954 par l'un des oncles de Claude Pompidou. Elle dispose d'un deuxième petit bâtiment qui sert de logement aux gardiens et d'un vaste parc. Sans enfant, le parent éloigné, ancien directeur de la Transat, en a fait la donation à ses deux nièces, Claude et Jacqueline Castex, sa sœur. Les Pompidou partagent donc la maison avec les époux Castex. Une situation qui dure jusqu'au décès de ces derniers dans les années soixante-dix. Claude Pompidou et son fils Alain rachètent alors la demeure

10. Société d'aménagement foncier et d'établissement rural. Répondant au nom de Safalt dans le Lot, elle fixe le prix des terres agricoles. Est considéré comme terre agricole, tout terrain d'une superficie supérieure à 2 400 mètres carrés. Un particulier qui souhaite racheter des parcelles supérieures à cette superficie est donc soumis au prix de la Safer.

aux deux filles de Jacqueline et François Castex. « La Maison blanche », dont Georges Pompidou a agrandi le parc en acquérant, comme à Cajarc, les parcelles de ses voisins, s'étend aujourd'hui sur près de 4 000 mètres carrés. Elle dispose aujourd'hui d'une piscine, creusée dans les années quatre-vingt et est estimée entre 600 000 et 850 000 euros par les agences immobilières de la région.

Propriétaires de deux vastes propriétés entourées de grands parcs, « numéro 2 » est déjà mieux doté que la plupart de ses compatriotes. Même aménagées sans ostentation, la valeur cumulée de ses maisons place le couple parmi les plus gros contribuables français. Les comptes bancaires du président suivent logiquement la même courbe. Ils sont alimentés chaque année de 75 000 francs supplémentaires, le salaire du locataire de l'Élysée. Certes, il y a le loyer du quai de Béthune à payer. Mais pour le reste, il s'agit d'argent de poche.

Bien sûr, cet amoureux de « bagnoles » est aussi propriétaire d'une Porsche 356 et d'une AC-Bristol, dont il adore faire crisser les pneus dans la cour de Matignon avant d'accéder à l'Élysée. Mais le cœur de son patrimoine, celui qui fait de lui un multimillionnaire en francs, c'est sa collection d'art contemporain…

Démarrée dès la fin des années vingt avec l'achat de sa première toile – un Max Ersnt –, elle est essentiellement composée de tableaux. Des petits formats achetés dans les galeries ou auprès des artistes eux-mêmes, que les Pompidou aiment fréquenter. Au milieu des années cinquante, Pierre Soulages, Yves Klein ou Victor Vasarely n'ont pas encore acquis leur renommée internationale. Leurs œuvres se négocient quelques dizaines de milliers de francs. Rarement plus ! C'est beaucoup pour le commun des mortels, mais tout à fait abordable pour un directeur de banque qui émarge à plusieurs centaines de milliers de francs par an.

Les Pompidou vont ainsi multiplier les achats, de 1955 à la mort du président. Leur collection personnelle, qu'ils exposent notamment sur les murs surchargés de l'appartement du quai de

Béthune, rassemble bientôt près d'une centaine de toiles, mais aussi des bronzes, des résines, des installations. Le président et son épouse privilégient l'achat-plaisir. Ce ne sont pas des spéculateurs. Mais leur goût s'avère très sûr et leur investissement très... rentable !

Les spécialistes du marché de l'art s'accordent à le dire : les Pompidou ont fait preuve de clairvoyance en constituant leur collection. Il n'y a qu'à lire les signatures qui s'alignent dans leur salon. Nicolas de Staël, Bernard Buffet, Hans Hartung, Sonia Delaunay, Francis Picabia, Max Ersnt, Franz Kupka, Vassily Kandisky... Ces peintres ont vu leur cote exploser depuis les années soixante-dix. Certaines œuvres de Nicolas de Staël se négocient aujourd'hui aux alentours de 600 000 euros quand celles de Buffet, après avoir atteint des sommets dans les années quatre-vingt, s'échangent encore entre 100 000 et 750 000 euros.

Outre les peintres, les Pompidou apprécient aussi le travail des plasticiens et des sculpteurs. Dans leur résidence ou même à l'Élysée, ils ne se lassent pas des œuvres de Brancusi, Christo, Yves Klein, Nikki de Saint-Phalle ou Jean Tinguely. Là encore, la cote de ces artistes, aujourd'hui mondialement reconnus, s'est considérablement emballée. Un simple dessin de Christo, qui s'est rendu célèbre en « emballant » des monuments, a été adjugé plus de 36 000 euros en mai 2008 par Sotheby's à Paris. Et encore s'agit-il d'une « petite » somme au regard des sommets atteints par les œuvres d'Yves Klein ! En novembre 2000 à New York, une toile du plasticien français, datant de 1958 et réalisée avec des éponges et pigments, a été adjugée 7 millions d'euros, devenant la pièce d'art contemporain français la plus chère jamais vendue. Sans approcher de tels records, les Pompidou possèdent tout de même l'une des fameuses tables bleues réalisées par l'artiste ainsi qu'un plâtre représentant une « victoire de Samothrace »...

Combien vaut la collection d'art contemporain du deuxième président de la République ? Plusieurs millions d'euros, sans aucun doute. Peut-être plus. Sur ce point, Alain Pompidou, le fils de Georges et Claude, n'a pas souhaité répondre. Une chose est sûre, avec un tel patrimoine, « numéro 2 » fait mieux que son prédécesseur. Multimillionnaire, le banquier a su faire fructifier son capital…

L'aristocratie habite au palais du peuple

La mort brutale de Georges Pompidou en avril 1974 n'amène pas non plus un « Français moyen » rue du Faubourg-Saint-Honoré. C'est même tout l'inverse tant le troisième président de la Ve République est assis sur un joli tas d'or !

Pourtant, déterminer précisément le patrimoine de Valéry Giscard d'Estaing relève du parcours du combattant. « Numéro 3 » n'aime pas évoquer les affaires d'argent. « Vous savez, il est tellement sollicité pour ce genre de livres de témoignages. S'il fallait répondre à tout le monde… », explique son attachée de presse pour justifier son refus d'aborder la question. Tant pis !

On en sait tout de même assez pour avoir une petite idée de sa fortune. D'abord, il a accepté de répondre à quelques questions posées par *Le Nouvel Observateur* en 1976[11]. L'hebdomadaire enquête alors sur la fortune des principaux responsables politiques du pays. La réponse du président en exercice est certes laconique, mais elle a le mérite d'exister :

« M. Valéry Giscard d'Estaing possède un appartement en copropriété, 11 rue Bénouville, acquis grâce à un prêt consenti par son père, en 1953.

La propriété de l'Étoile, dans le Loir-et-Cher, appartient à Mme Giscard d'Estaing, qui l'a rachetée en nue-propriété à l'une de ses tantes. Elle a utilisé pour l'acquérir le produit de la vente de biens qui lui venaient de la succession de son père.

11. *Le Nouvel Observateur*, « La fortune des Français », 18 octobre 1976.

Les terres de culture de cette propriété sont louées à des fermes dont les revenus couvrent le paiement des impôts et des dépenses d'entretien.

Les parents de M. Giscard d'Estaing, qui sont vivants, possèdent les biens de famille.

M. Valéry Giscard d'Estaing a eu exclusivement comme ressources celles qui proviennent de ses traitements successifs d'inspecteur des finances, de parlementaire et de ministre. »

On a fait plus précis, mais voilà tout de même des éléments intéressants. Il y a donc d'abord le patrimoine immobilier, à commencer par « l'appartement en copropriété » de la rue Bénouville, dans le 16e arrondissement de Paris, acquis grâce au coup de pouce financier d'Edmond, le père du futur président. Il s'agit en fait d'un hôtel particulier dont « numéro 3 » partage la jouissance avec… lui-même.

Selon le relevé de propriété du cadastre pour l'année 2007, Valéry Giscard d'Estaing est en effet propriétaire de l'ensemble du bâtiment de trois étages qui comporte également un parking en sous-sol. Le document ne mentionne pas la superficie des lieux. En revanche, la valeur locative réactualisée de l'ensemble, qui sert de base de calcul à la taxe foncière, s'élève à 92 842 euros. Il s'agit, selon les services fiscaux, de la somme à laquelle la demeure pourrait être louée. « Mais, avec l'emballement du marché immobilier, la valeur réelle est au moins 30 % supérieure », explique un agent du cadastre. Si l'on en croit ce raisonnement, cela veut dire que pour louer le pied-à-terre parisien du président, il faut donc mettre près de 124 000 euros de loyer par an, soit 10 330 euros par mois. Même avec cette hypothèse basse, on commence à mesurer le confort de l'hôtel de la rue Bénouville…

En fait, à ce prix-là, les éventuels locataires se bousculeraient au portillon du pied-à-terre parisien de Giscard. Car l'hôtel particulier, d'une superficie de 660 mètres carrés (sans compter le jardin de 400 mètres carrés) est tout simplement exceptionnel. « C'est un produit très rare », explique la responsable d'une agence immobilière du quartier, spécialisée dans le très haut de gamme et qui connaît la maison. « Ce type de biens est presque unique, car il y a très peu de jardins dans cette partie du 16e arrondissement. Il peut facilement se négocier entre 12 et 15 millions d'euros. » Une sacrée somme qui range l'ancien président dans la catégorie des super-riches !

Et ce n'est qu'un début, car le domicile parisien de « numéro 3 » fait figure de cagibi au regard de ses autres propriétés. À commencer par le château de la Varvasse, à Chanonat dans le Puy-de-Dôme : une demeure de vingt-trois pièces réparties sur 1 200 mètres carrés, au cœur d'un parc de 15 hectares. Rachetée par son père en 1931, la Varvasse constitue le principal « bien de famille » dont parlait Giscard en 1976. Il lui appartient depuis son décès en 1982. Le président y a d'ailleurs entamé des travaux au cours des deux dernières années pour rénover façades et toitures. 800 000 euros ont été investis pour repeindre à neuf les vieux murs de cette bâtisse un peu froide. Une somme en partie compensée par les avantages fiscaux accordés pour la rénovation des bâtiments inscrits à l'inventaire supplémentaire des monuments historiques !

Si Valéry Giscard d'Estaing a ainsi voulu redonner du lustre à la Varvasse, c'est d'abord pour pouvoir… le vendre. L'entretien du château est une charge financière trop importante, a-t-il expliqué. Une réalité que confirme Pierre Chassaigne, le directeur du groupe immobilier Mercure, chargé de la vente. « Quand on achète un château, il faut souvent multiplier le prix d'achat par deux ou trois. Il est exceptionnel d'avoir une pièce comme Varvasse où il n'y a rien à faire [12] ! »

Et pourtant, le château de Giscard peine à trouver preneur. Mis en vente au mois de février 2008, il est toujours en attente d'un acheteur. Le prix de vente aurait été fixé aux alentours de 3 millions d'euros, mais, selon *Le Figaro*, « l'affaire peut être

12. Entretien avec l'auteur le 13 mars 2008.

emportée à 2,6 millions d'euros[13]. » De quoi grossir sa cagnotte…

L'ancien président n'a en fait pas l'intention d'épargner cet argent. S'il vend la Varvasse, où il se rendait d'ailleurs de moins en moins, c'est aussi pour pouvoir se concentrer sur son dernier achat : le château d'Estaing en Aveyron. Une énorme forteresse rachetée en février 2005 à la mairie du village pour 510 000 euros. Valéry Giscard d'Estaing en est copropriétaire avec son frère Olivier, l'ancien maire d'Estaing, avec qui il a monté la SCI du Château d'Estaing[14]. Ils y ont engagé des travaux l'année suivante et ont d'ailleurs reçu à ce titre une subvention publique de 450 000 euros. Mais la tâche s'avère énorme dans cette gigantesque bâtisse de soixante-dix pièces. Trois ans après la signature de l'acte de vente, Estaing n'est toujours pas habitable.

La Varvasse à vendre, Estaing en chantier… heureusement, le couple Giscard conserve une petite résidence à la campagne lorsque l'atmosphère de Paris se fait trop lourde. Valéry et Anne-Aymone se rendent ainsi au château de l'Étoile, propriété de madame, à Authon dans le Loir-et-Cher, comme le président l'expliquait en 1976. Une petite bâtisse toute simple, pourvue d'une chapelle du XIe siècle et plantée au milieu de 542 hectares de terres agricoles loués à des exploitants agricoles[15] ! Lorsque l'on sait que le prix moyen de l'hectare s'élevait à 3 840 euros dans le Loir-et-Cher l'année dernière[16], cela valorise la propriété de l'Étoile à plus de 2 millions d'euros…

Et encore ne s'agit-il là que de la valeur des terres. Le château, lui aussi, pourrait en valoir autant. Agrémenté d'une piscine et d'un court de tennis, jalonné d'une rivière dont le parcours passe à proximité, il comporte aussi un deuxième bâtiment, le

---

13. *Le Figaro*, « Le château de VGE attend toujours un acheteur », 29 juillet 2008.

14. Il s'agit d'une société civile immobilière au capital social de 510 000 euros, créée le 4 mars et immatriculée le 1er avril 2005 à Rodez.

15. En 1978, les fermages rapportaient déjà plus de 300 000 francs (142 000 euros).

16. Chiffre publié par la Safer du Centre.

« bureau » du président. Valéry Giscard d'Estaing y a notamment écrit *Le Pouvoir et la Vie*. Il y entasse aussi ses trophées de chasse : guépard, peau de lion, tête de rhinocéros, cornes de buffles, de gazelles, d'antilopes, photos de lui assis près d'éléphants abattus... un véritable petit musée où chaque pièce est accompagnée d'une plaque de cuivre indiquant le lieu et la date de la mise à mort des animaux.

Le bâtiment principal est lui aussi d'un certain standing. Un lustre évidemment de rigueur du temps où Valéry Giscard d'Estaing est président. « Tout a été refait, explique ainsi le journaliste Jean Mauriac [17], le fils de l'écrivain, à l'occasion d'une visite en 1977. C'est plus beau, plus somptueux que le Grand Trianon. » Venant d'un tel connaisseur des palais de la République, l'appréciation laisse songeur...

Un hôtel particulier à Paris, un château en Auvergne, un autre en Sologne... pas étonnant que le troisième président de la Vᵉ République ait décidé de retirer la possession d'un château de la liste des signes extérieurs de richesse ! Son seul patrimoine immobilier, qu'on peut estimer, au minimum, à 18,6 millions d'euros, fait de lui l'un des plus gros contribuables français. Mais ce n'est pas tout : « numéro 3 » possède aussi quelques biens... ainsi qu'une solide épargne.

C'est déjà le cas en 1979, lorsque *Le Canard enchaîné* publie la feuille d'impôt du président en exercice [18]. Au chapitre des revenus fonciers, il y déclare en effet 180 565 francs de « revenus de capitaux mobiliers », pour l'année 1978. Il s'agit des dividendes d'actions et des intérêts perçus par le couple au titre de leur portefeuille. Selon l'expert fiscal interrogé par l'hebdomadaire, cela correspond alors à un patrimoine boursier d'au moins 3 millions de francs, soit l'équivalent aujourd'hui de 1,4 million d'euros. Un chiffre qui n'inclut pas les éventuelles obligations que peut détenir l'ancien locataire de l'Élysée. Gageons que,

17. Jean Mauriac, *L'Après de Gaulle*, Fayard, 2006.
18. *Le Canard enchaîné*, « La feuille d'impôt de Giscard », 27 juin 1969.

depuis cette époque, en épargnant avisé, Valéry Giscard d'Estaing a su faire fructifier son portefeuille…

Assurance-vie, comptes bancaires ou d'épargne, véhicules, collections d'art ou meubles de grande facture… impossible pour le reste de connaître son patrimoine. Rien ne l'oblige d'ailleurs à le révéler. Pourtant, comme tous les responsables politiques importants, l'ancien président du conseil régional d'Auvergne, ancien député européen, ancien membre de l'Assemblée nationale, a rempli au total plus d'une dizaine de déclarations de patrimoine, adressées à la commission pour la Transparence de la vie politique. Valéry Giscard d'Estaing aurait pu, de sa propre initiative, décider de les rendre publiques. Il a choisi de ne pas le faire. Il n'aurait pourtant pas dénoté vis-à-vis de ses successeurs. Après tout, de Gaulle et Pompidou aussi auraient payé l'ISF s'ils avaient vécu plus longtemps…

3. Petits arrangements avec la vérité

Une mise en place en marche arrière

Lorsque François Mitterrand entre à l'Élysée, ce 10 mai 1981, il n'a pas non plus à justifier de son patrimoine devant les Français. L'époque n'est pas encore à l'argent fou et les électeurs ne se préoccupent que de façon marginale du montant de la fortune du nouveau venu. Élu avec une étiquette de gauche, son rapport à l'argent est pourtant le plus ambigu de cette galerie présidentielle…

On en a un premier exemple, en 1976, lorsque le premier secrétaire du parti socialiste de l'époque accepte de répondre aux mêmes questions du *Nouvel Observateur* sur la fortune des politiques [19]. « L'histoire de mon patrimoine est un peu compliquée », prévient-il d'entrée en distinguant deux périodes de sa vie de propriétaire. La première, dans les années cinquante, le

19. *Le Nouvel Observateur*, « La fortune des Français », 18 octobre 1976.

voit acheter deux terrains dans les Landes, puis un à Hossegor sur lequel il fait construire une maison. Il acquiert aussi, à Latché, 1 000 mètres carrés de terrain « et une vieille maison de gemmeur ». Enfin, à la fin des années cinquante, il prend possession d'une petite maison, plantée sur un terrain de 17 ares, à Gordes dans le Vaucluse. Après avoir été ministre dans presque tous les cabinets de la IVe République, son patrimoine immobilier s'élève, selon ses déclarations, à 115 000 francs à la fin des années cinquante.

La deuxième période dont parle François Mitterrand démarre en 1973, lorsque le futur président « opère une reconversion » et décide d'investir à Paris. « J'ai trouvé ce que je cherchais : une grande maison de 200 mètres carrés, rue de Bièvre, explique-t-il. Disons en gros que cet appartement a dû me coûter 1 million[20] ». Pour l'acheter, le patron des socialistes emprunte 500 000 francs puis il vend des éditions rares, sa maison d'Hossegor et son terrain de Gordes. Ne reste plus que Latché ainsi qu'un terrain de 535 mètres carrés à Hossegor.

Voilà donc pour le patrimoine immobilier. Mais l'opération transparence ne s'arrête pas là. François Mitterrand assure ne détenir « ni actions, ni obligations, ni intérêts dans aucune société ». En revanche, l'auteur de *La Paille et le Grain*, tiré à 280 000 exemplaires, reconnaît avoir touché d'importants droits d'auteur, d'un montant de 600 000 francs (340 000 euros). « Cela me permettra de rembourser une partie de mon prêt bancaire », explique le député de la Nièvre dont les indemnités parlementaires s'élèvent à 11 000 francs (6 200 euros). « Je ne reçois absolument rien du Parti socialiste », conclut-il.

Louable effort de vérité de la part du chef de file du PS. Mais, sans mentir, il prend tout de même quelques libertés avec les faits. Ainsi de la maison de Gordes, dont il assure s'être séparé. « Il oublie juste de préciser qu'il continue de s'y reposer régulièrement et que ses propriétaires officiels n'y mettent jamais les

20. Soit 780 000 euros.

pieds », expliquent Ariane Chemin et Géraldine Catalano [21]... D'ailleurs, le propriétaire officiel s'appelle François de Grossouvre, l'intime du futur président. C'est lui qui la rachète en 1973, via la SCI de Lourdanaud, domiciliée chez lui à Lusigny, dans l'Allier. Au fil des ans, il en transfère la propriété à Anne Pingeot qui devient actionnaire majoritaire puis gérante de la SCI, désormais immatriculée à son domicile de la rue Jacob, dans le 6e arrondissement de Paris. Elle en est aujourd'hui l'associée-gérante, en compagnie de sa fille Mazarine...

De la même façon, si François Mitterrand ne touche aucune indemnité de sa formation politique, il est tout de même pris en charge pour une bonne partie de ses dépenses : voiture, chauffeur, déplacements, représentations... Autant d'économies dans son budget, il est vrai grevé par l'entretien de ses deux ménages !

En outre, inscrit au barreau de Paris, il perçoit également de discrets honoraires de la part de sociétés dirigées par ses proches. Il est ainsi le conseil de Vibrachoc, l'une des entreprises de Roger-Patrice Pelat, mais aussi celui du groupe L'Oréal, fondé par son ami Eugène Schueller, mort en 1957. Il émarge aussi auprès des sociétés créées par son frère, Robert Mitterrand. « Jusqu'en 1981, François Mitterrand aura donc, comme source de revenus supplémentaires, des sommes en liquide placées à l'étranger, des honoraires de complaisance que lui versent diverses sociétés et l'apport au coup par coup de ses intimes, dont le général de Bénouville, collaborateur de Marcel Dassault qui participera en outre au financement de ses campagnes électorales », écrit *Marianne* en 1998 [22]. L'exercice de la transparence a des limites...

L'ambiguïté n'est d'ailleurs pas levée en 1981, après son accession au pouvoir suprême. Alors que rien ne l'y oblige, le tout nouveau chef de l'État décide de rendre public son patrimoine. Le 22 mai, tandis que la presse attend l'annonce de la

21. Ariane CHEMIN et Géraldine CATALANO, *Une Famille au secret*, Stock, 2005.
22. *Marianne*, « Dieu et les siens », 4 mai 1998.

composition du premier gouvernement de Pierre Mauroy, un communiqué de l'Élysée tombe sur le « fil » AFP de toutes les rédactions de France. L'Élysée assure qu'elle rendra désormais publiques « les informations que les Français sont en droit d'attendre de celui qu'ils ont choisi pour assurer la plus haute charge de l'État ». Autrement dit, le président annonce qu'il dira la vérité sur sa santé et sa fortune. On ne peut pas dire que, sur le premier point, François Mitterrand ait été exemplaire [23]...

Sur l'argent non plus d'ailleurs. Là encore, « numéro 4 » choisit de ne pas tout dire. Il détaille bien les « 166 mètres carrés » de son appartement de la rue de Bièvre, les 10 hectares de Latché, dont 7 plantés de pins, un étang de 1,3 hectare dans la Nièvre, un compte bancaire, un compte d'épargne et 9 000 francs de Sicav [24]. Mais il s'agit encore d'une déclaration a minima. Une nouvelle fois, il ne fait nulle mention de la fameuse maison de Gordes. De même, il se garde bien de révéler le montant total de son patrimoine, pourtant estimé 12 millions de francs (4 millions d'euros) [25]. Un chiffre qui aurait pu faire tiquer les militants...

La loi du 11 mars 1988 change tout de même un peu les choses. Désormais, le patrimoine du vainqueur de l'élection présidentielle doit être rendu public et publié au *Journal officiel*. Possessions immobilières ou mobilières, collections d'art, comptes bancaires et même passif... rien ne doit plus être dissimulé. Une formidable avancée en matière de transparence ! Pourtant, lorsque François Mitterrand s'y soumet pour la première fois, le 12 mai 1988, il prend à nouveau des libertés avec la vérité.

Les garanties officielles n'y changent rien : malgré le contrôle supposé des Sages du Conseil constitutionnel, c'est une

23. François Mitterrand a appris qu'il était atteint d'un cancer dans les mois qui ont suivi son installation à l'Élysée. Il n'en a pourtant jamais fait mention dans les bulletins de santé officiels publiés au cours de ses deux septennats.

24. Soit environ 3 000 euros.

25. *Marianne*, « Dieu et les siens », 4 mai 1998.

déclaration tronquée que remet le quatrième président à l'aube de son deuxième mandat. « Lorsque les documents sont arrivés, nous n'en sommes pas revenus, se rappelle un conseiller d'État, alors en poste rue de Montpensier[26]. François Mitterrand avait bien déclaré son patrimoine, mais il l'avait fait à la valeur d'acquisition. Il n'y avait aucun moyen de savoir combien valaient réellement ses biens… »

En effet, puisque la loi ne précise pas à quelle date de valeur doit être estimé le patrimoine, « numéro 4 » choisit de ne mentionner que le prix d'achat de ses propriétés. Des achats parfois réalisés il y a plus de trente ans, comme pour Latché. « Cette propriété a été achetée avec 1 000 mètres carrés de terrain en août 1965 à M. d'Etchegoyen pour la somme de 4 500 francs (elle était alors en très mauvais état) », explique-t-il[27]. Un artifice censé dissimuler le montant réel de sa fortune…

Et ce n'est pas tout. Pour décrire son patrimoine, François Mitterrand avance, en 1988, des chiffres différents de ceux précédemment donnés. D'abord pour sa résidence principale de la rue de Bièvre. Cette fois-ci, la maison, qui fait désormais 253 mètres carrés contre 166 mètres carrés en 1981, a été achetée en 1971 pour la somme de 380 000 francs. Dans une version précédente, l'appartement, acquis en 1973, avait pourtant coûté, « en gros », 1 million de francs…

L'immobilier constitue en tout cas le cœur du patrimoine du président. Outre la rue de Bièvre, estimée par la presse 8,7 millions de francs, soit vingt-trois fois la valeur déclarée[28], il est également propriétaire de 22 hectares et d'une maison à Latché ; d'une maison et de trois parcelles en indivision à Cluny, en Saône-et-Loire ; d'un terrain avec un étang dans la Nièvre ; d'un terrain à Hossegor. À eux seuls, les 22 hectares de Latché

26. Siège du Conseil constitutionnel.
27. Voir annexe 1.
28. *Le Quotidien de Paris*, « Infortuné Mitterrand », 28 mai 1988.

ont été déclarés pour une valeur de 327 089 francs au titre de l'impôt sur la fortune pour 1988[29].

Enfin, François Mitterrand révèle posséder un livret de caisse d'épargne sur lequel sont déposés 16 000 francs (3 500 euros) ainsi qu'un compte en banque crédité de 483 890 francs (106 000 euros). Quant à ses meubles et ses éditions rares, elles sont assurées pour près de 2 millions de francs (427 500 euros). Bref, son patrimoine a gonflé depuis 1981.

On en a une nouvelle preuve sept ans plus tard, lorsque François Mitterrand quitte l'Élysée. Comme le prévoit la loi, l'ancien chef de l'État doit remettre une déclaration de patrimoine à la fin de son mandat. Tout en prenant soin de préciser que sa déclaration « du 29 mars 1988 est confirmée en tous ses points » en ce qui concerne la rue de Bièvre, l'indivision de Cluny et le terrain de la Nièvre, le quatrième président avance désormais la valeur actualisée de ses biens[30].

L'appartement de la rue de Bièvre est ainsi estimé 4,719 millions de francs, soit à peine la moitié des estimations de la presse en 1988. La propriété de Latché, passée de 22 à 37 hectares, est, elle, valorisée 1,85 million de francs. Officiellement, François Mitterrand est donc à la tête d'un confortable patrimoine immobilier de 6,85 millions de francs, soit près de 1,3 million d'euros. Mais toujours pas de trace de la maison de Gordes…

Ses comptes en banque, eux, n'ont pas trop profité du deuxième septennat. Le livret de caisse d'épargne dépasse à peine 22 000 francs (4 000 euros) tandis que le compte au Crédit lyonnais n'est plus crédité que de 232 784 francs (42 000 euros). Au contraire, les éditions originales et les livres rares sont désormais estimés près de 2,5 millions de francs (451 000 euros). Au total, le patrimoine du président sortant s'élève donc à un peu plus de 7 millions de francs (1,3 million

29. Soit 72 000 euros.
30. Voir annexe 2.

d'euros), ce qui fait de lui un assujetti à l'impôt sur la fortune. En 1995, il acquitte d'ailleurs à ce titre une somme de près de 13 000 francs.

Son patrimoine réel est pourtant bien plus important que cela. Fonds secrets, maison et terrain de Gordes, appartement rue Jacob où s'installe son deuxième ménage après avoir quitté le quai Branly, biens immobiliers sous-estimés... la valeur de ses avoirs atteint plutôt, selon certains, 20 millions de francs à la fin du deuxième septennat [31]. Au final, son patrimoine a donc gonflé d'environ 8 millions de francs en quatorze années de pouvoir, soit 1,5 million d'euros. « Numéro 4 » a su mener sa barque sur les eaux troubles du pouvoir...

Pauvre président

Lorsqu'il arrive à l'Élysée en mai 1995, Jacques Chirac est bien obligé, à son tour, de se soumettre à la publication de son patrimoine. Après les affaires de financement occulte du RPR et les scandales de corruption qui se sont développés dans les années quatre-vingt et quatre-vingt-dix, les médias l'attendent avec impatience ! Ils ne vont pas être déçus : le maire de Paris, donné longtemps battu par son « ami de trente ans » Édouard Balladur à l'élection présidentielle, est un vieux routard de la scène politique française. Il y a fait carrière et, comme ses prédécesseurs, il n'accède pas au sommet de l'État complètement démuni.

Le 14 mai 1995, les Français découvrent ainsi que leur nouveau président est officiellement l'heureux propriétaire du château de Bity : 2 050 mètres carrés nichés au cœur d'un parc de 11 hectares à Sarran. Un « bien commun acquis par acte en date du 3 mars 1969, pour un prix de 200 000 francs [32]. » Il possède également, depuis 1973, une « maison rurale de quatre pièces avec grange et deux annexes de deux pièces », à

31. *Marianne*, « Dieu et les siens », 4 mai 1998.
32. Voir annexe 3.

Sainte-Féréole, toujours en Corrèze, ainsi que, depuis 1982, un appartement de 114 mètres carrés situé 95 rue de Seine, dans le 6e arrondissement de Paris. Au total, le seul patrimoine immobilier de « numéro 5 » pèse déjà 3,785 millions de francs alors que le seuil de l'ISF est, à l'époque, proche de 4 millions de francs.

Ce seuil justement, le nouveau locataire de l'Élysée y arrive facilement. Son portefeuille d'actions, ses bons de caisse et ses 50 parts du groupement agricole du Puy-du-Haut, à Sarran, y suffisent : 3,3 millions de francs au total (608 000 euros), dont 1 532 249,78 francs déposés sur le compte no 2212481307 de la banque Vernes. Quant à ses comptes bancaires, ils sont crédités de 480 000 francs (88 000 euros). Jacques Chirac n'a pas oublié de mentionner son compte no 52244-0, ouvert à la Société générale Paris-Marais et crédité de 274,58 francs ! Voilà donc en tout cas « numéro 5 » redevable, à son tour, de l'impôt sur la fortune.

Et ce n'est pas fini. L'ancien maire de Paris a aussi assuré ses meubles et sa collection d'art premier pour 750 000 francs (138 000 euros). Il possède enfin une Peugeot 205 de 1984 ainsi qu'une 304 de... 1970. La première n'est même plus cotée à l'Argus tandis que la seconde est une antiquité remisée dans un garage à Bity depuis des années. En fait, il n'utilise ni l'une ni l'autre. Depuis les années soixante, il a toujours bénéficié d'une voiture officielle avec chauffeur...

Quoi qu'il en soit, son patrimoine officiel s'élève à 8 320 442 francs, l'équivalent de 1,5 million d'euros. Il déclare parallèlement 400 000 francs de revenu imposable et a payé 13 707 francs d'ISF pour 1994. Mais, dans la grande lignée de ses prédécesseurs, le cinquième président ne joue pas tout à fait franc-jeu avec sa déclaration. Ainsi, il estime son appartement de la rue de Seine, dans l'un des quartiers les plus convoités de Paris, au prix de 20 000 francs le mètre carré. Or, à cette époque, les tarifs dans le voisinage tournent plutôt autour de 40 000 francs ! Déclaré pour un montant de 2,2 millions de francs, l'appartement en vaudrait donc au moins 4,4 millions...

Mais surtout, Jacques Chirac fait abstraction d'une dimension importante de son train de vie : l'argent liquide de la mairie de Paris dont il a largement bénéficié avant son accession à l'Élysée. Une manne remplacée par les fonds secrets à son arrivée rue du Faubourg-Saint-Honoré et qui lui permet de vivre bien au-dessus de ses moyens officiels…

Son patrimoine en a bien profité durant sa carrière politique. On en a un petit aperçu grâce aux réponses qu'il a, lui aussi, adressées au *Nouvel Observateur* en 1976. Une époque où, ancien Premier ministre de Giscard et secrétaire général d'honneur de l'UDR [33], il est déjà incontournable. Il est vrai que tout le monde a aussi en tête le rachat de Bity, dont la presse s'est largement fait l'écho, quelques années plus tôt. « Naturellement, vous allez me parler de ce qu'on a appelé le *Château-Chirac* [34] », attaque-t-il d'ailleurs, avant de reconnaître avoir acquis la propriété pour 210 000 francs. En 1995, le prix est revenu à 200 000 francs. Sans doute pour faire un compte rond…

« En dehors de cela, j'ai hérité de deux maisons », poursuit le futur maire de Paris. Il y a d'abord la maison de Sainte-Féréole, en Corrèze, située sur la place du village. « Il est difficile de lui donner un prix tant elle est petite et simple », se défausse-t-il. Il l'a pourtant déclarée pour une valeur de 100 000 francs le 4 septembre 1973, lors de la succession de sa mère, Marie-Louise [35] !

Jacques Chirac a également hérité d'une « petite maison au Vésinet », dans les Yvelines. « Un don de ma marraine », poursuit-il, tout en confessant n'avoir jamais vu la bâtisse en question, transformée en banque. « Mais je sais qu'elle me rapporte un loyer de 4 500 francs par trimestre ». À titre de comparaison, l'ex-Premier ministre, qui a démissionné quelques mois plus tôt,

---

33. Union des démocrates pour la Ve République, le parti fondé par de Gaulle en 1967.

34. *Le Nouvel Observateur*, « La fortune des Français », 18 octobre 1976.

35. Voir annexe 3.

émarge à 20 000 francs par mois[36]. Il paie aussi un loyer de 2 000 francs pour la location de son cinq pièces, rue Boissière, dans le 16e arrondissement de Paris. Après Matignon et avant la mairie de Paris, le futur président est en effet en plein creux de la vague. Pour la seule et unique fois de sa carrière, et pendant quelques mois, il ne dispose d'aucun logement de fonction…

Enfin, « numéro 5 » jure ne posséder « ni forêts, ni portefeuille d'actions, ni tableaux, ni collections, ni aucun intérêt dans aucune entreprise ». Dix-neuf ans plus tard, après avoir échangé la maison du Vésinet contre l'appartement de la rue de Seine, il entre à l'Élysée à la tête d'un patrimoine de 8,3 millions de francs. On mesure mieux le chemin parcouru…

Président sortant puis vainqueur de Jean-Marie Le Pen au deuxième tour de l'élection présidentielle, Jacques Chirac a de nouveau rendez-vous avec les Sages du Conseil constitutionnel en 2002. Il les voit même deux fois, remettant d'abord sa déclaration de patrimoine de fin de mandat avant de remplir celle réservée au vainqueur[37]. L'occasion de faire le point sur le montant de sa fortune après sept ans de pouvoir.

Elle semble avoir profité du régime élyséen, selon les deux documents qui sont identiques. Le patrimoine du locataire de l'Élysée, en ce début de quinquennat, s'élève à 1 722 331 euros et quelques dizaines de centimes. Rapportés en francs, cela correspond à 11,3 millions, contre 8,3 millions de francs déclarés en 1995. Premier enseignement : le patrimoine officiel de Jacques Chirac a donc enregistré une hausse de 25 %, hors inflation, durant son premier mandat !

Il faut dire que la valeur de ses biens immobiliers a gonflé au cours de ces sept années. À commencer par celle de Bity. La vieille bicoque chancelante « ne comportant que huit fenêtres » qu'il décrivait en 1969, est désormais estimée 365 878 euros, soit deux fois plus que la précédente évaluation. L'appartement de la

36. L'équivalent de 11 300 euros aujourd'hui.

37. La première a été publiée au *Journal officiel* le 6 avril 2002, la seconde le 10 mai. Voir annexe 4.

rue de Seine, qu'il n'a toujours pas habité, est, lui, coté 469 238 euros. 30 % de plus qu'il y a sept ans. En comptant la maison de Sainte-Féréole, la pierre représente désormais un patrimoine de 893 809 euros.

Une chance, car Jacques Chirac a bien failli se retrouver plus pauvre qu'à son arrivée au palais. Probablement mal géré, son portefeuille boursier n'a pas brillé par ses performances durant ce septennat. Certes, le couple présidentiel est à la tête d'un confortable petit matelas de 651 356 euros. Mais, c'est tout juste plus qu'en 1995, lorsqu'il déclarait l'équivalent de 608 000 euros.

De la même façon, sa collection, qu'il estimait 750 000 francs, soit l'équivalent de 138 000 euros, au début de son premier mandat, n'est plus assurée que pour 125 700 euros. Une perte de valeur, certes à mettre au compte de l'inflation, mais qui laisse penser que le président n'a pas enrichi cette collection de statuettes chinoises et de masques africains, malgré ses – très – nombreux voyages à l'étranger.

En fait, la belle progression de son patrimoine aurait même pu être un peu plus importante. Encore une fois, le président a minimisé la valeur de ses actifs immobiliers. C'est l'avis de la presse qui a enquêté sur la fortune des candidats. Ainsi, le mensuel *Capital* estime plutôt le montant de ses biens à 2,29 millions d'euros, contre 1,7 million officiellement[38]. La raison : le prix de l'appartement de la rue de Seine et du château de Bity, qui vaudraient respectivement 870 000 et 560 000 euros !

Sauvé de l'appauvrissement grâce à la hausse de l'immobilier en 2002, Jacques Chirac n'y échappe pas en 2007 ! C'est ce qui ressort de l'examen de sa dernière déclaration de patrimoine, en date du 2 avril 2007[39]. « Numéro 5 » quitte en effet l'Élysée plus pauvre qu'il n'y est rentré, douze ans plus tôt. Le voilà désormais à la tête d'une fortune de « seulement » 1,4 million d'euros, soit

38. *Capital*, décembre 2001.
39. Voir annexe 5.

300 000 euros de moins qu'en 2002, et même 100 000 de moins qu'en 1995...

Pourtant, Bity a encore pris de la valeur et est désormais estimé 500 000 euros. La maison de Sainte-Féréole vaut, elle, 60 000 euros, soit à peine 3 000 de plus qu'en 2002. Plus trace, en revanche, de l'appartement de la rue de Seine : il a fait l'objet d'une donation au profit de Claude Chirac, en novembre 2004. L'explication est donc là : si Jacques Chirac est plus pauvre, après douze ans passés à la tête de l'État, il le doit donc à son instinct paternel...

C'est sûrement vrai. Mais pas seulement ! Car, alors qu'il se délestait de son appartement parisien au bénéfice de sa fille, le président a aussi vu sa cagnotte fondre comme neige au soleil à la banque. Il détenait l'équivalent de 54 000 euros sur ses comptes courants en 1995 et n'en a plus que 25 638 en 2007. Une chute de près de 50 % ! Heureusement, Bernadette s'en sort mieux. Après avoir hérité de son père, en 1985, puis de sa mère, en 2000, l'épouse du chef de l'État a vu, au contraire, ses avoirs s'envoler de 42 % pour atteindre 602 000 euros. La fille de Jean-Louis Chodron de Courcel et de Marguerite de Brondeau d'Urtières ne joue pas dans la même catégorie...

Certes, les avoirs de Bernadette ont intégré la communauté de biens du couple. Mais son époux aurait tout de même pu rivaliser. Durant ses douze années de mandat, il n'a jamais manqué de liquidités, lui qui cumule son indemnité de président et ses multiples retraites[40]. Au total, il émarge à environ 20 000 euros par mois, ce qui constitue un jolie somme... pour de l'argent de poche. Logé, nourri, blanchi aux frais de la République, le président n'a quasiment aucun frais. Au bout de cent quarante-quatre mois à l'Élysée, il a donc perçu près de 2,9 millions d'euros de traitements et de retraites cumulés, tout en parvenant à quitter l'Élysée plus pauvre qu'il n'y est entré...

40. Lire chap. « Les vieilles habitudes ont la vie dure ».

D'autres que lui auraient certainement réussi à mettre un peu d'argent de côté !

Collections fantômes

Mettre de l'argent de côté, lui aussi aimerait bien y parvenir. Mais lorsqu'il arrive à l'Élysée, Nicolas Sarkozy a de gros frais. À commencer par la pension qu'il doit verser à son ex-femme, Marie-Dominique Culioli, dont le montant est l'un des secrets les mieux gardés de la République. L'actuel locataire de l'Élysée peut, en revanche, se consoler : lui aussi, comme ses prédécesseurs, est redevable de l'impôt sur la fortune…

Le montant de son ISF, c'est même ce qui déclenche la première polémique sur son patrimoine, avant même son élection, durant la campagne électorale de 2007. Il faut dire que la presse est échaudée. Le candidat UMP, qui se présente déjà en vainqueur de son adversaire socialiste, a toujours répugné à évoquer le montant de sa fortune. Il est régulièrement l'un des seuls responsables politiques nationaux à refuser de répondre aux enquêtes des magazines sur le sujet. On en sait donc peu sur l'étendue de ses biens.

Ce que l'on sait, c'est qu'il était autrefois propriétaire d'un appartement avenue Charles-de-Gaulle, à Neuilly. Il était alors installé dans le même immeuble que sa mère, « Dadu », avant de revendre son bien… à son frère, Guillaume, qui y habite toujours. Plus récemment, en novembre 2006, l'ancien maire de la ville la plus riche de France a aussi vendu son appartement de l'île de la Jatte, un duplex de plus de 200 mètres carrés, pour 1,933 million d'euros. Il a également cédé les biens d'une SCI pour un total de 120 000 euros et demeure actionnaire de son cabinet d'avocat. Il est enfin propriétaire d'une collection de timbres que l'on dit prestigieuse[41]. Voilà pour la partie émergée de l'iceberg.

La course à l'Élysée va l'obliger à en dire plus. Quand, en janvier 2007, la candidate socialiste, Ségolène Royal, rend publics son patrimoine et le montant de l'ISF qu'elle acquitte avec son compagnon, François Hollande, l'état-major de Sarkozy ne tarde pas à réagir. Dans les jours qui suivent, la porte-parole du candidat UMP, Rachida Dati, et son directeur de campagne, Claude Guéant, font savoir que leur champion a acquitté 1 988 euros d'ISF en 2006. Cela correspond à un patrimoine net imposable de 1 137 000 euros. La composition de ce patrimoine va être révélée très vite, promettent les proches, avant de s'enfermer dans un silence… assourdissant.

Durant près de deux mois, le futur président de la République refuse en effet de communiquer le détail ses biens. Il n'en faut pas plus pour aiguiser la curiosité de la presse qui commence à se poser des questions sur sa fortune. Étant redevable de l'ISF pour un patrimoine de 1,14 million d'euros, comment se fait-il qu'il ne l'ait pas été l'année précédente ? s'interrogent les éditorialistes. Cela signifie que son patrimoine était alors inférieur à 750 000 euros. Mais alors, comment expliquer un tel bond de sa fortune, de près de 50 % en un an ? Seule réponse fournie par l'entourage : la vente du duplex de l'île de la Jatte. Problème : qu'on le possède ou qu'on le vende, un bien immobilier rentre dans l'assiette de calcul de l'ISF. Claude Guéant et Rachida Dati n'ont pas fini de ramer…

Les explications vont pourtant venir. Mais, comme souvent dans ces cas-là, elles dissimulent une partie de la vérité, sans révéler grand-chose. D'abord à propos du patrimoine que Nicolas Sarkozy finit par rendre public. Sur la liste de ses biens : le produit de la vente de l'appartement de Neuilly, bien sûr, mais aussi sa participation au cabinet d'avocat

41. *Le Parisien*, « Le candidat de l'UMP vend son appartement 1,9 million d'euros », 18 janvier 2007.

Arnaud Claude-Nicolas Sarkozy, fondé en 1987 et dont il détient 34 % des parts. Le ministre de l'Intérieur se garde toutefois bien d'en révéler la valeur exacte. Tout comme celle de la fameuse collection de timbres, passion qu'il a héritée de son grand-père maternel...

Quant à l'ISF, s'il n'en a pas payé en 2005, c'est parce qu'il a pu déduire de ses revenus la lourde prestation compensatoire versée à son ex-femme, expliquent ses proches. À combien s'élèvent ces charges ? « Le ministre n'a pas envie de révéler dans la presse le montant de la pension alimentaire qu'il verse à sa première épouse ! » se contente de répondre Claude Guéant, dans les colonnes du *Monde*[42]. Circulez, il n'y a rien à voir...

Cela ne suffit pas à calmer la polémique sur l'étendue de la fortune du futur président. Devant l'insistance des questions, il doit donner un peu plus d'os à ronger. Les parts du cabinet d'avocat « ont été déclarées au 1er janvier 2006 au fisc pour un montant de 350 000 euros », fait savoir Claude Guéant au *Nouvel Observateur*[43]. « Un chiffre très modeste par rapport à notre propre évaluation », répond le journal selon lequel les parts du président vaudraient plutôt 660 000 euros.

Il faut que le candidat saisisse les services du fisc pour désamorcer un peu la curiosité du public. Le 1er mars 2007, le ministre de l'Intérieur écrit au patron de la direction générale des Impôts pour lui demander son blanc-seing. Sur la vente de son appartement de Neuilly, les conséquences fiscales de son premier divorce, sa collection de timbres et sa participation au cabinet d'avocat, il « souhaite savoir si l'administration fiscale a détecté une anomalie dans [sa] déclaration au titre de l'ISF[44] » pour l'année 2005.

La manœuvre est réussie. « Les déclarations d'ISF que vous avez déposées ne font pas apparaître d'anomalies, car elles font

42. *Le Monde*, « Un patrimoine non détaillé », 7 mars 2007.
43. *Le Nouvel Observateur*, « La transparence selon Sarko », 17-23 mai 2007.
44. Lettre adressée le 1er mars 2007 par Nicolas Sarkozy à Bruno Parent, directeur général des Impôts.

une correcte application des règles d'évaluation », répond le patron des impôts, quelques jours plus tard [45]. Comment aurait-il pu faire autrement ? On ne cherche pas de poux dans la tête du très probable futur président de la République. Qui plus est, ancien ministre du Budget et des Finances, et donc grand patron de la direction générale des Impôts...

Voici en tout cas Nicolas Sarkozy inscrit dans la droite ligne de ses prédécesseurs plutôt... opaques en matière d'argent. Il faut donc attendre sa victoire face à Ségolène Royal et la publication de sa déclaration officielle de situation patrimoniale, le 11 mai 2007, pour en savoir davantage.

Lorsqu'elle est enfin rendue publique, le nouveau locataire de l'Élysée, marié sous le régime de la communauté, reconnaît être à la tête d'un patrimoine de 2,1 millions d'euros [46], composé quasi essentiellement de contrats d'assurance-vie. Il possède aussi une Austin Mini d'une valeur de 15 000 euros ainsi que 34 % des parts de la « Selas Arnaud Claude-Nicolas Sarkozy, société d'avocats [47] », pour un montant non chiffré. Si l'on se réfère aux déclarations de son directeur de campagne évaluant ses parts à 350 000 euros, voici donc le patrimoine du sixième président qui approche 2,5 millions d'euros. Mieux que Jacques Chirac qui, en 1995, ne déclarait « que » 8,3 millions de francs, soit l'équivalent de 1,5 million d'euros.

Encore s'agit-il, de la part de Nicolas Sarkozy, d'une estimation basse. À croire que nos présidents, incorrigibles timides, s'attachent à tout faire pour minimiser leur déclaration de patrimoine de peur, sans doute, de choquer leurs concitoyens... Ainsi, s'il n'est propriétaire d'aucun bien immobilier, il déclare ne détenir non plus ni action ni valeur cotée en Bourse. Pas davantage de meubles, de timbres ou de bijoux. On avait pourtant cru voir à son poignet quelques montres de luxe...

45. *Libération*, « Un patrimoine laissé au bon soin des impôts », 8 mars 2007.
46. Voir annexe 6.
47. La Selas est une société d'exercice libéral par action simplifiée.

Sans compter que le tout nouvel élu déclare aussi avoir un passif, c'est-à-dire des dettes. En l'occurrence deux emprunts pour son appartement de Neuilly, d'un montant de 50 000 euros, ainsi qu'une caution « pour 34 % à titre personnel d'un prêt de 7 millions de francs contracté par la SELAS pour le rachat de la clientèle ». Une déclaration étonnante, car la caution dont il parle n'a jamais été exercée, le cabinet d'avocat ayant largement les moyens de faire face à ses échéances financières. De plus, considéré comme un passif, son montant a-t-il été soustrait du montant du patrimoine ? Sur ce point, comme sur d'autres, Nicolas Sarkozy n'a pas souhaité répondre [48].

Il semble pourtant que son cabinet d'avocat ne soit pas qu'une charge financière. D'abord, même s'il s'est fait « omettre » du barreau de Paris en devenant ministre en 2002 [49], « numéro 6 » continue de percevoir les dividendes de la société : 20 000 euros par an en moyenne, selon son entourage. Mais cela pourrait être plus. Selon les derniers chiffres disponibles au tribunal du commerce, ceux de 2002, la société a fait, cette année-là, un chiffre d'affaires de 1,5 million pour un joli bénéfice de 240 000 euros. Cela devrait représenter, en théorie, plus de 80 000 euros pour le propriétaire de 34 % des parts !

Surtout, la fameuse opération de rachat de clientèle dont il parle est aussi à l'origine d'une belle culbute [50]. L'emprunt contracté par la Selas en 2002 a en effet servi à racheter aux deux associés, Arnaud Claude et Nicolas Sarkozy, leur clientèle respective pour 7 millions de francs, soit 1,1 million d'euros. Le futur président a donc déjà encaissé sa part. S'agit-il de 34 % de la somme ? Davantage ? « La clientèle du nouveau président, qui comptait des tycoons comme Martin Bouygues ou encore François Pinault, était de loin la plus prestigieuse. Donc la plus

48. Voir annexe 7.

49. L'activité d'un ministre étant incompatible avec l'exercice de la profession d'avocat, celui-ci peut, en quelque sorte, se « désinscrire » du barreau. Depuis cette date, Nicolas Sarkozy s'est toutefois réinscrit au barreau de Paris.

50. *Le Nouvel Observateur*, « Une carrière enrichissante », 17-23 mai 2007.

valorisée au moment de la transaction », croit savoir *Le Nouvel Observateur*.

L'actuel locataire de l'Élysée a en tout cas bien besoin de rentrées financières. Car, depuis son arrivée rue du Faubourg-Saint-Honoré, ses frais n'ont fait... qu'augmenter. En particulier depuis son nouveau divorce, le 25 octobre 2007. Avec Cécilia, cette fois. Mariés sous le régime de la communauté, sans que l'on sache précisément lequel, les anciens époux ont vraisemblablement partagé leur patrimoine, ce qui ne laisse que 1 « petit » million au président. Sans parler de la pension alimentaire qu'il doit désormais verser à son ex-femme. Heureusement, l'augmentation du salaire présidentiel, le 1er janvier 2008, est venue un peu compenser cette amputation de train de vie...

En revanche, ce divorce soulève aussi de nouveaux problèmes juridiques sur le patrimoine de Nicolas Sarkozy. Voilà un président dont on sait que la déclaration est désormais complètement fausse, mais que rien ne peut obliger à en déposer une nouvelle. La Constitution ne prévoit en effet pas un tel cas de figure. « Il aurait dû faire une nouvelle déclaration. On ne connaît ni la répartition du partage ni le régime matrimonial sous lequel il s'est remarié », estime René Dosière, le spécialiste de l'argent de l'Élysée [51]. C'est vrai, mais en attendant que les textes clarifient la situation, seule la déclaration de fin de mandat de « numéro 6 » fera foi... en 2012.

On attend cela avec d'autant plus d'impatience que les placements du « président-businessman » ne semblent pas à la hauteur de sa réputation. Selon l'hebdomadaire *Le Revenu* [52], qui a scruté attentivement sa déclaration de patrimoine, ses placements personnels sont « mal diversifiés et peu rémunérateurs ». Ils ne rapportent que des intérêts atrophiés, situés entre 0,81 % et 4 % avant impôts par an ! Sans compter que les 10 000 euros de son compte courant dorment sur un compte non rémunéré.

---

51. Entretien avec l'auteur, le 16 avril 2008.

52. *Le Revenu*, « Les placements de Sarkozy peu rémunérateurs », 30 mai 2008.

De quoi perdre au moins 300 euros d'intérêts par an. « L'hyper-président » devrait peut-être demander des conseils à Valéry Giscard d'Estaing…

4. Des écarts jamais sanctionnés

Le Conseil constitutionnel a les mains liées

Grand juge du respect de la Constitution au sein de la république, le Conseil constitutionnel a aussi la lourde tâche de valider le résultat de l'élection présidentielle. Il « arrête et proclame les résultats de l'élection qui sont publiés au *Journal officiel* de la République française dans les vingt-quatre heures de la proclamation. La déclaration de situation patrimoniale du candidat proclamé élu est jointe à cette publication », dit la loi [53].

Une énorme responsabilité donc, qui s'accompagne aussi d'une simple formalité. Car en matière de déclaration de patrimoine, la vénérable institution n'a pas vraiment les coudées franches. Elle se borne en effet à constater l'existence du document, au début comme à la fin du mandat, et à le faire publier. À aucun moment, elle n'a à en vérifier l'exactitude. Une situation ubuesque qui l'empêche d'intervenir, y compris dans les cas de manquements évidents à la plus stricte honnêteté. Que pourrait-elle bien faire, d'ailleurs ? Le statut pénal du chef de l'État met ce dernier à l'abri des poursuites judiciaires pendant la durée de son mandat…

Jacques Chirac a su en jouer durant les douze années qu'il a passées à la tête de l'État. Mis en cause dans l'affaire des billets d'avion payés en liquide, entre 1992 et 1995, le chef de l'État explique avoir eu recours à un reliquat de fonds secrets qu'il a conservé du temps où il était Premier ministre. Le problème, c'est qu'en agissant de cette façon, il a fraudé le fisc.

53. Loi n° 62-1292 du 6 novembre 1962, modifiée en 1988.

Le président aurait en effet dû déclarer ces sommes. Le Code des impôts est formel sur ce point : l'argent liquide, dès lors qu'il n'est pas dépensé l'année où il a été touché, entre dans le patrimoine. Dépensé, il doit être déclaré au titre de l'impôt sur le revenu. Conservé, il doit l'être au titre de l'impôt sur la fortune, auquel Jacques Chirac est assujetti. Or, il n'a fait ni l'un ni l'autre. Il a donc menti par omission dans les déclarations qu'il a remises à la commission pour la Transparence financière de la vie politique[54], lorsqu'il était maire de Paris et député de Corrèze. Quant à sa déclaration de vainqueur de l'élection présidentielle de 1995, elle ne fait aucune mention non plus de reliquat de fonds secrets. L'ancien Premier ministre avait sûrement tout dépensé au moment d'entrer à l'Élysée...

Son successeur rue du Faubourg-Saint-Honoré aurait, lui aussi, dû rédiger une déclaration plus précise. Il est même étonnant qu'il ne l'ait pas fait ! Quand on aime à ce point montrer ses bijoux, on ne peut pas s'étonner que certains en demandent des nouvelles... Car Nicolas Sarkozy s'est montré bien discret avec ses montres, auprès des Sages du Conseil constitutionnel. C'est pourtant sa passion et l'accessoire qui lui a valu son adjectif de « bling-bling ». Rolex Daytona ou Oyster, Breitling Navitimer : avant même son élection, les six chronographes officiellement en sa possession ne cotaient pas moins de 70 000 euros ! On n'en trouve pourtant nulle trace dans le document publié au *Journal officiel*...

Sa collection de timbres aussi pose problème. L'actuel locataire de l'Élysée n'en fait pas mention non plus. Pourtant, s'il a le droit de ne pas la déclarer au titre de l'ISF[55], il aurait, en revanche, dû la mentionner dans sa déclaration de patrimoine.

54. Cette institution est chargée de contrôler les déclarations de tous les élus concernés par la loi du 11 mars 1988, à l'exception du président de la République.

55. Les timbres sont considérés, par le Code général des impôts, comme étant des objets de collection. À ce titre, ils ne rentrent pas dans l'assiette de calcul de l'ISF.

À moins qu'elle ne recèle aucun trésor. Mais, dans ce cas-là, pourquoi refuser de la montrer ?

Nicolas Sarkozy et Jacques Chirac peuvent dormir tranquilles. Le Conseil constitutionnel ne devrait pas engager de poursuites à leur encontre, malgré les omissions dans leur déclaration. Il ne pourrait d'ailleurs pas le faire puisque produire une fausse déclaration de patrimoine ne constitue pas un délit. L'élu qui s'y risque encourt, comme unique sanction, l'inéligibilité durant un an. Peu de chance qu'un tel verdict soit un jour prononcé à l'encontre de l'un ou l'autre…

Des estimations fantaisistes

Du coup, c'est un peu comme si les candidats à l'élection présidentielle, et les vainqueurs notamment, pouvaient tout se permettre. Puisque la sanction est inexistante, on use de toutes les ficelles. Et puisque ce sont les candidats eux-mêmes qui estiment leurs biens, ils commencent par prendre quelques libertés avec la valeur des choses…

Les exemples sont aussi nombreux que les présidents, depuis que la déclaration obligatoire de situation patrimoniale existe. Cela pourrait même être un concours : c'est à celui qui sous-estime le mieux la valeur de ses biens, notamment immobilier. À ce petit jeu, François Mitterrand remporte la palme. En 1988, le président socialiste déclare son patrimoine au prix d'acquisition, parfois vieux de trente ans…

Sans aller jusque-là, il ne rectifie pas tout à fait sa déclaration lors de son départ de l'Élysée, en 1995. Il minimise notamment la valeur de l'appartement de la rue de Bièvre, officiellement déclaré à hauteur de la moitié des prix du marché. En cela, le président socialiste ouvre la voie à ses successeurs de droite avec un certain succès.

Jacques Chirac reprend tout de suite la méthode avec son appartement, situé dans le 6e arrondissement de Paris. Pour l'élection présidentielle de 1995, il valorise les 114 mètres carrés de la rue de Seine au prix de 20 000 francs le mètre carré. Le

Conseil constitutionnel n'y trouve rien à redire. Pourtant, à l'époque, les tarifs dans ce quartier, l'un des plus chers de Paris, tournent plutôt autour de 40 000 francs. C'est en tout cas le prix auquel s'est vendu l'appartement mitoyen des Chirac, peu de temps après l'élection présidentielle…

Heureusement pour lui, Nicolas Sarkozy n'a pas ce type de problème. « Numéro 6 » ne possède aucun bien immobilier. De quoi éviter quelques migraines… Toutefois, si l'envie de redevenir propriétaire le reprenait, il ne risque pas de se tromper dans ses évaluations. Depuis longtemps, ce n'est plus lui qui remplit ses déclarations d'impôt. « J'ai été ministre du Budget la première fois de ma vie en 1993. Et depuis 1993, comme tous les ministres des Finances et du Budget, c'est le fisc qui fait ma déclaration d'impôt », explique-t-il, en février 2007 [56]. Une situation qui perdure, selon l'actuel président, « même après [son] départ de Bercy ».

Pourtant, ce n'est pas ce dont les anciens ministres des Finances se rappellent. « Je ne connais pas de règle particulière qui s'applique en matière de déclaration d'impôt des ministres du Budget ou des Finances vis-à-vis du fisc. Nous sommes soumis aux mêmes règles que tout autre », rectifie Jean Arthuis, titulaire du portefeuille durant les deux gouvernements Juppé de 1995 à 1997. Certes, « il est recommandé de faire faire sa déclaration par un professionnel, c'est-à-dire par un conseiller fiscal ou par un expert-comptable », mais il n'existe pas de tradition recommandant aux anciens ministres de sous-traiter leur déclaration à un agent du fisc. Nicolas Sarkozy a peut-être sous-estimé… la fidélité de ses alliés politiques.

---

56. *Le Monde*, « Qui remplit la déclaration d'impôt de Nicolas Sarkozy ? », 1er février 2007.

5. Cadeaux présidentiels, le bonus

Une pratique régie par aucune loi

Logés, nourris, blanchis et… salariés par la République, nos présidents méritent bien le traitement spécial qui leur est accordé. Ils sont les représentants officiels de la France, chez nous comme à l'étranger. Pas étonnant qu'ils soient, en outre, couverts de cadeaux. Des centaines, voire des milliers, de présents, parfois de grande valeur, dont on honore le chef de l'État. Remis dans un cadre officiel ou privé, ils constituent aussi un privilège de la fonction que l'on peut transmettre ou… conserver !

Ces milliers de cadeaux, le président de la République peut, en effet, en faire ce qu'il veut. La loi ne précise ni leur destination ni leur usage durant le mandat du chef de l'État. À lui, donc, d'en disposer à sa guise. « C'est une pratique coutumière, confirme un conseiller d'État. Il n'existe aucune règle établie et leur sort est donc très variable. »

C'est bien le fond du problème quand éclate « l'affaire des diamants de Bokassa », le 10 octobre 1979. En cause, le sort des cadeaux offerts par le dictateur centrafricain à Valéry Giscard d'Estaing, d'abord ministre des Finances puis président de la République. La polémique est d'autant plus violente que l'hebdomadaire avance la remise de plusieurs plaquettes de pierres précieuses. Potentiellement, une véritable fortune !

Il s'agit de cadeaux officiels remis par le représentant d'un pays au représentant d'un pays ami, fait répondre, en substance, le locataire de l'Élysée devant la polémique. Oui, mais voilà, si le président a effectivement le droit de recevoir des présents à l'étranger et de les ramener en France, le ministre des Finances, lui, doit les déclarer. C'est même prévu par le Code général des douanes, dont le ministre est justement le patron[57]… « S'il a

57. Art. 189 du Code des douanes.

négligé cette formalité, la France a aujourd'hui un trafiquant de diamants pour président », persifle *Le Canard enchaîné*[58].

La presse va donc s'intéresser à la pratique des prédécesseurs de « numéro 4 ». Et bientôt, il apparaît que, s'il n'existe aucune règle, un usage semble, en revanche, s'être imposé selon le type de présent reçu. Il y a d'abord les cadeaux officiels, publiquement échangés et remis lors des visites d'État, en France comme à l'étranger. Depuis le général de Gaulle, la tradition veut qu'ils soient remis à l'État à la fin du septennat, à l'exception de ceux revêtant un caractère personnel qui peuvent être conservés. En revanche, la règle est moins précise pour les cadeaux privés. « Beaucoup de ceux qui les reçoivent en font don à des organisations charitables », relèvent les observateurs[59].

C'est le cas pour le fondateur de la Ve République, destinataire de milliers de cadeaux à l'occasion de ses déplacements en province ou à l'étranger. « Ce n'était pas tant le fait de recevoir des cadeaux qu'il n'aimait pas, c'était leur nombre, se souvient son fils, Philippe[60]. Je vois encore le chauffeur déballer l'amas hétéroclite d'objets encombrant le coffre arrière de la DS au retour d'un déplacement en province, au temps du RPF. Il y avait à boire et à manger, et pour tous les goûts. Autant de choses qui échouaient sans délai dans d'autres mains que les siennes et que les nôtres. »

C'est aussi le cas des objets de valeur. Durant des années, les ambassadeurs successifs à Brazzaville ont ainsi montré à leurs visiteurs la « pépite du Général », soigneusement encadrée et exposée dans le grand salon de la « case de Gaulle », l'ambassade de France au Congo. Il s'agissait d'un gros morceau d'or massif, façonné en forme de continent africain et offert au chef de la France libre par ses compagnons d'armes, durant la

58. *Le Canard enchaîné*, « Pourquoi Giscard a organisé le casse des archives de Bokassa », 10 octobre 1979.

59. *Le Monde*, « La pratique des cadeaux n'est régie par aucune réglementation en France », 11 octobre 1979.

60. Philippe de Gaulle, *De Gaulle, mon père*, Stock, 2003.

deuxième guerre mondiale. Extrêmement pointilleux sur le sujet, il avait tenu à la laisser sur place.

De cette époque, Charles de Gaulle a, en revanche, conservé l'avion que lui a offert Dwight Eisenhower. Un DC4 que le général américain l'avait persuadé d'accepter en tant que cadeau personnel des États-Unis. « C'est à vous personnellement, sinon je ne vous le donne pas », lui avait-il dit pour le convaincre. L'appareil s'était retrouvé au service de la République. « Comme mon père ne pouvait pas entretenir un avion, il avait proposé qu'il serve aux liaisons officielles de la IVe en échange d'un équipage et d'essence à sa disposition lorsqu'il l'emprunterait. Il l'utilisa pour aller en Afrique, en Polynésie... », se rappelle encore l'amiral [61].

Pour le reste, son père déteste toujours autant « amasser ». Il ne change pas après son arrivée à l'Élysée : le Spoutnik en argent, d'au moins 1 kilo, que Khrouchtchev lui apporte, à l'occasion d'une visite en France, ne l'intéresse pas. L'objet « a fini dans les mains d'un chauffeur sans qu'il s'occupât de savoir quelle en était la valeur [62] ». Les animaux qu'il reçoit au cours de ses déplacements (éléphants, ours, panthères, cervidés, chevaux...) sont, eux, remis aux zoos ou aux haras nationaux. Quant aux ordres étrangers qui lui sont conférés, ils sont conservés dans une malle spéciale à la Boisserie. Ils ont été remis à l'Ordre de la Libération après sa mort ou bien rendus, lorsque c'était prévu. Leur valeur atteint 450 000 francs [63].

Ce qu'il garde, ce sont les objets exceptionnels, comme cette épée de Napoléon, donnée à Grenoble, ou cette Bible du XVe siècle, offerte par Adenauer. Il y a aussi ceux dont il apprécie les donateurs. C'est notamment le cas des sabres orientaux offerts par l'Arabie Saoudite, le Maroc ou la Libye qu'il expose à Colombey. Dans le salon de la maison, ils voisinent avec une

61. *Le Figaro*, « Philippe de Gaulle : mon père a appris peu à peu à incarner la France », 13 avril 1990.
62. Philippe DE GAULLE, *De Gaulle, mon père*, Stock, 2003.
63. Environ 457 000 euros. Jean MAURIAC, *L'Après de Gaulle*, Fayard, 2006.

caisse à cigares, cadeau de Fidel Castro, un samovar en argent offert par Brejnev ou bien des défenses d'éléphants géantes données par le Cameroun. Certaines de ces pièces ont depuis, rejoint le tout nouvel Historial Charles de Gaulle, ouvert aux Invalides en février 2008. Combien valent-elles ? Elles sont tout simplement inestimables...

Des musées bien dotés

François Mitterrand et Jacques Chirac, eux, ont choisi au contraire de mettre ces cadeaux au service... de leur gloire personnelle. Point commun entre les quatrième et cinquième présidents : la création d'un musée à leur nom qui rassemble les principales pièces de leurs mandats. À commencer par les présents officiels récoltés aux quatre coins du monde et du pays.

Le président socialiste voit même les choses en grand. Ce n'est pas un, mais deux musées qu'il choisit de constituer. D'abord à Château-Chinon, dans la Nièvre, la ville dont il fut longtemps le maire. En 1986, il y crée le « musée du Septennat » auquel il destine l'essentiel de ses cadeaux officiels. Un amoncellement d'objets hétéroclites : argenterie, céramiques, verreries, pièces d'orfèvrerie, dessins, tableaux, meubles, tapisseries, médailles, objets d'artisanat local... au total près de 3 500 pièces offertes par les représentants de pays étrangers ou par de simples particuliers. Certaines sont de véritables chefs-d'œuvre réalisés par des artisans prestigieux. Une dizaine d'entre elles sont estimées plus de 50 000 euros.

Mais le nombre de cadeaux qui arrivent à Château-Chinon est tel qu'il faut agrandir le musée, après la réélection de François Mitterrand. En 1988, un nouveau bâtiment est donc inauguré, relié au premier par une vaste salle souterraine. Il accueille les présents du second septennat. Il reçoit aujourd'hui plusieurs dizaines de milliers de visiteurs chaque année.

Pour son second musée, « numéro 4 » n'a pas voulu oublier Jarnac, sa ville natale, en Charente-Maritime. Dès son premier mandat, il y inaugure le « musée François-Mitterrand » où il dépose principalement des gravures, des dessins et des sculptures. Plus d'une centaine de pièces au total y est rassemblée, dont un grand nombre de gravures du XVIIe au XXe siècle. En 1995, lorsqu'il quitte l'Élysée, leur valeur est estimée 1,4 million de francs [64].

Durant la constitution des collections de ce deuxième lieu de mémoire, le président suit avec attention le chantier. Il se rend sur place et en profite parfois pour jeter un œil sur sa maison natale, située à quelques encablures. Pour le musée, il supervise personnellement l'emplacement de chaque pièce et choisit même... les poignées de porte sur lesquelles on retrouve le chêne et l'olivier, ses deux emblèmes, symboles de force et de paix ! Il l'inaugure officiellement le 6 mars 1995, en compagnie de son épouse Danielle.

Deux musées à sa gloire ne suffisent pourtant pas à abriter tous les cadeaux reçus par François Mitterrand durant les quatorze années passées à la tête de l'État. Les livres qu'on lui offre prennent donc la direction de la bibliothèque de Nevers, dans la Nièvre. Il verse, au fonds de l'institution municipale, près de vingt mille ouvrages, dont des livres anciens et des éditions rares valant plusieurs dizaines de milliers d'euros. Le « fonds François Mitterrand » est inauguré en octobre 1990. Il occupe les deuxième et troisième étages de l'aile gauche du couvent des Ursulines, à Nevers.

Les livres précieux sont conservés dans un magasin sécurisé, tandis que près de douze mille ouvrages dédicacés sont gardés en accès restreint. C'est bien dommage ! Certains autographes adressés au président éclairent bien la comédie du pouvoir entretenue par ce « monarque républicain ». Entre « hommages » et « déférences », quelques courtisans se sont ainsi fait prendre au piège. Ce n'est pas Patrick Poivre d'Arvor qui dira le contraire, lui dont la dédicace se retrouve alors dans la presse : « À F.M., dont je connais le goût pour l'écriture et dont je regrette aussi

64. L'équivalent de 260 000 euros. Voir annexe 2.

d'être tenu à l'écart. Très respectueusement. » Il n'est pas le seul à s'insurger contre le manque d'élégance du procédé : le chanteur-écrivain Yves Simon y a droit aussi [65].

Deux musées à sa gloire, une bibliothèque... le quatrième président de la Ve République est littéralement couvert de cadeaux. Et ce n'est pas fini ! Il y a aussi les tableaux qu'il offre au musée de Clamecy, dans la Nièvre également. Au total, plus de 330 pièces adressées en 1994. Essentiellement des huiles sur toile et sur bois, des fusains, des gouaches, des gravures provenant du monde entier et réalisées, en général, par des artistes peu connus. Certains tableaux valent tout de même plusieurs dizaines de milliers d'euros.

Au total, ce sont donc des milliers de cadeaux représentant plusieurs millions d'euros qui ont été légués par « numéro 4 ». On mesure mieux à quel point les cadeaux protocolaires peuvent être source d'enrichissement...

Son successeur à l'Élysée a, lui aussi, choisi de constituer un musée pour exposer les présents reçus durant ses douze années de mandat. Et, comme François Mitterrand, c'est dans son fief que Jacques Chirac a choisi d'installer ce haut lieu de mémoire présidentielle : à Sarran, en Corrèze, la commune qui abrite son château de Bity.

Rien n'est trop beau pour ce « musée du Président », dont la réalisation est confiée à l'architecte Jean-Michel Wilmotte. Pierres de granit rose, bois, ardoise, verre et acier... les deux bâtiments, inaugurés en décembre 2000, coûtent 6,5 millions d'euros, dont un tiers financé par l'État et 60 % par le conseil général de Corrèze.

« Numéro 5 » y verse près de 3 500 pièces, des cadeaux reçus durant son premier mandat. Certains sont de très grande valeur, comme ce faucon en or, incrusté de mille deux cents diamants, ou cette miniature représentant une oasis, en or également, tous deux offerts par l'Arabie Saoudite. La collection est aujourd'hui

---

65. *Les Dossiers du Canard*, « La société des gens de l'être », octobre 1991.

riche de 5 000 pièces, dont 2 000 sont visibles dans les réserves du musée.

À l'image de son prédécesseur, dont il s'est souvent inspiré, Jacques Chirac a aussi fait don de milliers de livres. Il a d'ailleurs fallu réaliser une extension au musée du Président afin de pouvoir accueillir les 10 000 ouvrages de ce nouveau fonds, dont certains directement issus de sa collection personnelle. L'inauguration a eu lieu en décembre 2006, après plus de 3 millions d'euros de travaux supplémentaires. Une goutte d'eau face à la richesse du patrimoine légué par « numéro 5 »…

À la recherche des cadeaux perdus

On a beau chercher, nulle trace de musée Valéry Giscard d'Estaing. Pas plus du côté de Chanonat en Auvergne, que d'Authon, dans le Loir-et-Cher. Certes, le troisième président de la Ve République a annoncé son intention de dédier quelques salles de son château d'Estaing, en Aveyron, à son septennat, et notamment à « ce qui concerne la campagne électorale de 1974 et [ses] premières réformes telles que l'abaissement de la majorité ou la dépénalisation de l'avortement ». Mais de cadeaux protocolaires, point…

En y regardant d'un peu plus près, l'ancien maire de Chamalières s'était pourtant engagé, après l'affaire des « diamants de Bokassa », à remettre l'ensemble de ses cadeaux officiels à l'État. Il n'y a d'ailleurs qu'à reprendre ses déclarations de l'époque, lorsque pour la première fois, le 27 novembre 1979, il s'exprime sur le sujet à la télévision. « Avant que mon mandat ne s'achève, tous les cadeaux que j'ai reçus et dont la liste sera conservée auront été utilisés à l'une ou l'autre de ces fonctions, c'est-à-dire œuvres de bienfaisance ou musées. Je ne vous cache pas qu'il est assez désobligeant pour moi de répondre à des questions de cette nature [66] », avance celui que la presse accuse, à mots de

66. Journal d'Antenne 2, 27 novembre 1979.

moins en moins couverts, de s'être enrichi avec les pierres précieuses du dictateur centrafricain.

Pourtant, certains présents ont bien été offerts avant 1981. Il y a d'abord ces deux colliers de pépites d'or, ce collier en argent, ce bracelet en ivoire avec fermoir en or, soit au total « près de deux kilos d'or, sans compter le reste[67] », remis aux Missions africaines, à Paris, dix jours avant l'émission télévisée du président. À la même époque, il y a aussi quelques dons aux musées nationaux : quatorze exactement, mais pas vraiment les lots les plus prestigieux. Outre un piolet d'alpiniste et une lampe de mineur, offerts au musée des arts et traditions populaires, on y trouve un album de dix lithographies japonaises et une copie de peinture murale d'un vieux monastère yougoslave. Bref, rien de comparable aux milliers de cadeaux reçus par Charles de Gaulle ou, par la suite, François Mitterrand.

« Les cadeaux sont conservés à l'Élysée », insiste le président, lors de cette même émission télévisée. Ce qu'il ne précise pas, c'est qu'ils viennent d'y arriver. Les allées et venues, le 14 novembre 1979, d'une camionnette immatriculée à Paris, n'ont, en effet, pas échappé au *Canard enchaîné*. Et l'hebdomadaire d'expliquer comment le véhicule « était allé chercher au domicile privé de Giscard, 11 rue Bénouville à Paris, plusieurs caisses de cadeaux qui furent entreposées dans les caves de l'Élysée[68] ». Une opération rééditée quelques jours plus tard, depuis le château de l'Étoile, à Authon. « Mais, cette fois, c'est un hélicoptère du Glam qui a transporté quelques caisses de cadeaux et aussi des trophées de chasse, des défenses d'éléphants par exemple, rapportées d'Afrique depuis 1974. »

Que sont devenus ces cadeaux ? Quelques mois avant la fin du septennat, en mars 1981, certains sont toujours à l'Élysée. C'est ce qu'explique *Le Point* qui, pour la première fois, a accès à la fameuse liste, élaborée par le secrétariat général de la

67. *Le Canard enchaîné*, « Giscard s'était délesté d'un peu de son or », 5 décembre 1979.

68. *Le Canard enchaîné*, « Gros comme un camion », 5 décembre 1979.

présidence, et qui recense les présents offerts au locataire des lieux depuis 1974. On y trouve pêle-mêle « une voiture offerte par un pays de l'Est (récemment vendue), un ensemble porcelaine XVIIIe de Meissen, provenant d'Allemagne, des sabres marocains, des fusils, des nappes brodées, des coffrets de divers usages et une multitude de petits présents folkloriques [69] ». Des cadeaux affectés à des musées, à des résidences présidentielles, à divers services de l'État ou bien revendus. Mais pas toujours au bénéfice de l'intérêt général…

« J'ai le souvenir d'une montre offerte par un pays arabe et vendue aux enchères 30 000 francs en 1976, pour financer les clubs Perspectives et Réalités, confie un ancien responsable de l'UDF [70], sous couvert de l'anonymat. Je ne crois pas que Giscard ait jamais rien conservé pour lui. Il a plutôt donné ou vendu, en particulier au profit de la fondation de sa femme. » Les cadeaux remis au représentant officiel de la France auraient donc servi à financer la fondation pour l'Enfance d'Anne-Aymone Giscard d'Estaing ? Probablement en partie [71].

Mais, en 1981, pas question de donner accès à la liste exhaustive de ces cadeaux officiels. L'Élysée a-t-il l'intention de la publier ? Ce n'est pas d'actualité, répondent les services de la présidence. « Les documents, une fois remis aux Archives nationales, seront consultables, mais le président ne souhaite pas être aujourd'hui – et par le seul fait d'une initiative qu'il juge polémique – placé dans une situation différente de ses prédécesseurs de toutes les Républiques. Ceux-ci, on le sait, et en l'absence d'une règle de conduite de la France pour les cadeaux personnels remis par l'étranger à des personnalités françaises, les ont, selon les cas, cédés à des services de l'État, à des œuvres de bienfaisance ou conservés dans leur privé [72]. » Tout est dit…

69. *Le Point*, « Les comptes de l'Élysée », 23 mars 1981.
70. 17 000 euros. Les clubs Perspectives et Réalités étaient la composante giscardienne de l'UDF.
71. Lire chap. « Les millionnaires de l'édition ».
72. *Le Point* « Les comptes de l'Élysée », 23 mars 1981.

Rendez-vous donc après le 10 mai 1981 et la défaite de Valéry Giscard d'Estaing face à son adversaire socialiste. Cette fois-ci, plus question de laisser les caisses de cadeaux officiels traîner dans les caves de l'Élysée. Quelle direction ont-elles donc prise ? « Celle des réserves de l'État », explique l'ancien responsable de l'UDF, un proche de Giscard. « Les objets de valeur, qui étaient entreposés dans un coffre à l'Élysée, ont été donnés au Mobilier national en présence d'un huissier. Une liste a été remise au directeur de l'établissement de l'époque. »

Vérification faite, Valéry Giscard d'Estaing s'est bien présenté au Mobilier national, le 18 mai 1981. Et il a effectivement remis des objets de valeur au directeur du Mobilier national de l'époque, Jean Coural : treize au total, dont un collier d'or « confectionné par le joaillier Zolotas », un pont en or sur pied en marbre et deux colliers en or avec franges en pâte de verre bleu antique provenant de fouilles, offerts par le shah d'Iran. Treize objets en tout, comparés aux milliers de cadeaux laissés par François Mitterrand et Jacques Chirac. On est toujours loin du compte [73]...

Et ce n'est pas tout. Contactés, les services du Mobilier national refusent de fournir la moindre évaluation des lots. Impossible aussi d'obtenir les cotes des différents objets, stockés dans les réserves de l'institution à Paris. Mieux, la seule liste accessible est celle publiée en 1991 par... Giscard lui-même. Elle figure dans *L'Affrontement*, le deuxième tome du *Pouvoir et la Vie* !

À vrai dire, « numéro 3 » n'a pas l'air bien pressé d'éclairer la lanterne des journalistes qui s'intéressent à la question. Direction, donc, les Archives nationales où sont conservés les documents de la présidence de la République. Le grand hôtel particulier de la rue des Francs-Bourgeois, à Paris, abrite les listes de l'ensemble des cadeaux offerts et reçus par nos chefs de l'État. Elles sont répertoriées dans les archives personnelles des présidents. Ce sont les « cotes rouges », selon leur dénomination. Problème : ces documents ne sont versés au domaine public qu'après soixante ans.

73. Voir la liste des objets en annexe 8.

Avant ce terme, leur accès nécessite donc de disposer d'une autorisation spéciale, accordée uniquement par le principal intéressé ou ses ayants droit. Autant dire qu'on n'est pas près de voir ces listes sur la place publique…

De fait, l'accès aux archives personnelles de Valéry Giscard d'Estaing n'a pas été autorisé dans le cadre de cette enquête, le président « ayant fait connaître son refus », explique le conservateur en charge du dossier. « En effet, il s'agit de documents dont la communication est susceptible de mettre en cause la vie privée de personnes », poursuit le fonctionnaire, Pascal Geneste.

Qu'à cela ne tienne, joint par téléphone, le conservateur consent à livrer quelques explications. Le troisième président a « déposé au Mobilier national ce qui le concernait. À l'Institut du monde arabe, il a remis ce qui touchait le Proche et le Moyen-Orient. Certaines pièces ont aussi été données durant le septennat à des institutions muséales, comme le musée de l'Homme ou le Museum d'histoire naturelle. Plusieurs pièces ont aussi été déposées dans une mairie du Tarn-et-Garonne, notamment des sculptures de coq en métal, faites en Haute-Savoie [74]. » On espère qu'elles sont bien exposées…

La chasse aux cadeaux fantômes est donc loin d'être fructueuse. D'abord, il s'avère que ceux destinés à l'Institut du monde arabe n'ont jamais intégré les collections du grand bâtiment du quai Saint-Bernard, à Paris. « Manque d'intérêt muséographique », explique-t-on sur place pour signifier la pauvreté des lots. Ensuite, après consultation des bases de données des musées nationaux, seule une petite quarantaine de dons laisse apparaître le nom de Valéry ou Anne-Aymone Giscard d'Estaing. Au nombre de ces cadeaux : un pendentif en or de Côte d'Ivoire, pesant 421 grammes, et un autre de 112 grammes. Pour le reste, il s'agit d'une collection d'objets en laiton, d'origine africaine, ainsi que d'un buste de La Fayette, offert par les États-Unis.

---

74. Entretien avec l'auteur, le 12 août 2008.

Au bout du compte, on connaît donc aujourd'hui la destination de moins d'une centaine de cadeaux officiels remis à « numéro 3 ». On reste loin des milliers de présents reçus par les autres présidents. Y en a-t-il d'autres ? À cette question, comme à d'autres, l'ancien président n'a pas voulu répondre…

L'exemple des anciens ?

L'actuel locataire de l'Élysée serait-il en train de prendre le sillage de son lointain prédécesseur ? S'il est normal de ne pas encore trouver de « musée Sarkozy », on a bien du mal à savoir ce que sont devenus les cadeaux offerts depuis son arrivée à l'Élysée. Joint par téléphone, le conseiller en communication de l'Élysée, Franck Louvrier, croit savoir qu'ils sont stockés quelque part au château. Mais il n'en est pas complètement sûr. « Voyez avec le protocole. Ce sont eux qui s'en chargent [75]. » C'est le début du jeu de piste.

Le service du protocole est en effet chargé du déroulement des visites officielles, que ce soient celles du chef de l'État à l'étranger ou celles de ses homologues en France. « Oui, nous nous occupons, entre autres, des échanges de cadeaux, mais notre rôle se limite à celui d'un transporteur, explique l'un de ses responsables. Nous prenons en charge des caisses sans savoir ce qu'elles contiennent. Après, je ne sais pas ce qu'elles deviennent. »

En fait, une fois parvenues à l'Élysée, elles sont remises à un fonctionnaire du service Administration et Conservation des résidences présidentielles. Un genre de « M. Cadeaux officiels », chargé de stocker les présents quelque part dans le palais ou dans l'une de ses annexes. « Enfin, pour ceux que le président ne souhaite pas conserver », précise notre interlocuteur du protocole. Ce sera le dernier contact avec l'Élysée sur ce sujet. Relancé à plusieurs reprises, le fonctionnaire des résidences présidentielles ne donnera jamais suite à nos demandes d'entretien.

75. Entretien avec l'auteur le 22 août 2008.

Que « l'hyperprésident », qui a multiplié les voyages comme jamais auparavant, garde certains cadeaux pour lui, on le savait déjà. Il lui est même arrivé de le faire devant les caméras, comme lors de son déplacement à Saint-Pourçain-sur-Siulle, dans l'Allier, le 26 février 2008. En visite dans l'usine Louis Vuitton de la commune, une ouvrière lui remet un sac de voyage de la marque de luxe. « Ah, merci. Ça va faire plaisir à Carla. Elle m'avait justement demandé de lui ramener quelque chose... », lance-t-il avant de confier l'objet à un collaborateur. Direction : le dressing de la première dame !

Certes, ce n'est pas le cas de tous les présents qu'il reçoit. On ne l'imagine pas un instant conserver, dans l'hôtel particulier de la rue Mozart, le morceau de caillou ramené d'Afrique du Sud en févier 2008 : une pierre provenant de la carrière où a travaillé le prix Nobel de la Paix, Nelson Mandela. Carla, elle, a eu droit à une copie de la clé de la cellule où était enfermé l'ancien président sud-africain...

Sont-ils stockés dans les caves de l'Élysée, comme à l'époque de Giscard, ou bien dans la galerie des cadeaux présidentiels, abritée au palais de l'Alma, quai Branly à Paris ? C'est là, officiellement, que les présidents entreposent les présents reçus durant leur mandat. Problème : à l'entrée du bâtiment, qui abrite également le service du courrier de la présidence et les appartements de proches collaborateurs, dont Claude Guéant, les deux plantons de service confessent n'avoir jamais entendu parler d'un tel lieu...

Le caillou sud-africain doit pourtant bien être quelque part. Tout comme cette réplique d'une petite charrette en cuivre, offerte par le Musée des guerriers et des chevaux en terre cuite du premier empereur de la dynastie Qin, lors d'un déplacement dans la ville de Xi'an, en novembre 2007. À cette occasion, le président a aussi reçu des œuvres d'art contemporain chinois, pas toujours de très grande facture. C'est peut-être ce qui explique que l'Élysée veuille rester discret sur le sujet !

Dans les huit premiers mois de 2008, Nicolas Sarkozy a en tout cas effectué plus de soixante déplacements officiels. Président en exercice de l'Union européenne, il a notamment multiplié les rencontres avec ses homologues des vingt-sept pays membres. Varsovie, Prague, Rome, Athènes… le protocole est formel : à chaque visite, son traditionnel échange de cadeaux. Les diplomates sont très à cheval sur les principes.

A fortiori lorsqu'ils se déplacent dans les pays du Golfe. L'Arabie Saoudite, le Qatar et les Émirats arabes unis sont autant de monarchies pétrolières où les cadeaux officiels se doivent d'être somptueux. Officiellement, notre président, en visite protocolaire en janvier 2008, s'est pourtant contenté de recevoir les plus hautes décorations locales, dont le Grand Cordon du roi Abdelaziz d'Arabie, une breloque richement décorée. Rien d'autre ? À l'ambassade d'Arabie Saoudite à Paris, on explique bien volontiers que des cadeaux sont systématiquement échangés lors des visites de chefs d'État étrangers. Mais lorsqu'on demande des précisions, le diplomate préfère botter en touche. « Je vais me renseigner, mais c'est un sujet un peu embarrassant. Cela ne se fait pas chez nous de poser ce genre de questions. » Bien sûr, il ne rappellera jamais, lui non plus. Parce que Nicolas Sarkozy a été moins bien accueilli que Jacques Chirac qui, en son temps, avait reçu un somptueux faucon en or incrusté de diamants ?

Plus surprenant, l'actuel président a aussi inventé le cadeau pas prévu. Les éminences du Quai d'Orsay ont d'ailleurs encore des sueurs froides à l'évocation de sa visite en Roumanie, au mois de février 2008. Venu signer un accord stratégique avec Bucarest, Nicolas Sarkozy n'a tout simplement pas pu s'empêcher d'empocher le stylo mis à sa disposition par ses hôtes. Un modèle Montblanc, dont il fait la collection. Il y a peu de chances pour qu'on le retrouve un jour dans les vitrines d'un futur musée Sarko, celui-ci…

QUATRIÈME PARTIE

La vie après

Ou comment les présidents ont géré leur départ de l'Élysée, pour faire quoi, gagner combien…

Mais comment font-ils donc lorsqu'ils quittent le pouvoir ? Habitués aux fastes des palais nationaux, les chefs de l'État doivent soudain faire face au vide de leur existence publique. Heureusement, pour atténuer ce violent choc psychologique, la République sait encore cajoler ses grands hommes.

Elle en fait d'abord de biens riches retraités qui peuvent cumuler les pensions comme, en leur temps, les mandats. Profitant des bureaux mis à leur disposition par l'État, certains émargent à des niveaux jamais atteints durant leur carrière…

La retraite est d'ailleurs rarement une période d'inactivité pour ces bourreaux de travail. S'ils ne l'ont pas fait durant leur mandat, beaucoup prennent le temps de créer une fondation à leur nom. Une reconnaissance pour laisser une trace dans l'Histoire, mais aussi… une pompe à finances qui sert parfois à maintenir un train de vie.

Un train de vie qui reste confortable pour tous, et notamment pour ceux dont les ouvrages se sont bien vendus. Les droits d'auteur font alors plus que mettre du beurre dans les épinards. Et les président ne sont pas les seuls à en profiter. Leurs ayants droit aussi ont investi ce « business de l'Élysée » et surfent sur la vague du succès littéraire de leur grand homme.

On imagine, du coup, ces héritiers plutôt à l'aise financièrement. Pourtant, paradoxalement, tous ne sont pas logés à la même enseigne. Car même lorsqu'ils ont organisé leur succession, nos présidents ont parfois préféré dépenser plutôt qu'accumuler. Cela aussi, c'est révélateur de leur rapport à l'argent…

1. De bien riches retraités

La République généreuse

Oui, c'est sûr, Marianne sait toujours cajoler les élus de son cœur. Y compris lorsque la rupture est consommée et qu'ils franchissent la grille du 55 rue du Faubourg-Saint-Honoré pour ne plus jamais revenir. Offerte un jour, offerte toujours... la République n'abandonne pas ses grands hommes. Surtout s'ils sont dans le besoin !

Qu'on se rassure, ce n'est pas le cas. Tout est même prévu de longue date puisque la question de la retraite des anciens chefs de l'État est réglée depuis la IVe République. « Il est attribué aux anciens présidents de la République française une dotation annuelle d'un montant égal à celui du traitement indiciaire brut d'un conseiller d'État en service ordinaire », précise une loi de 1955 [1]. Tout simplement, le salaire le plus élevé de la fonction publique...

Salaire, c'est justement le mot. En droit, les présidents ne peuvent pas toucher de pension puisqu'ils ne sont affiliés à aucun régime spécifique : il n'existe pas de caisse de retraite de l'Élysée et les locataires de l'hôtel d'Évreux ne cotisent pas non plus au régime général. Il a donc fallu inventer un nouveau statut, et rattacher les membres de ce club très exclusif à ce qui se faisait de mieux dans l'administration. Résultat : peu importe le nombre d'années passées au sommet de l'État, ils ont tous droit à la même pension. Ce que l'on n'avait pas prévu en revanche, c'est l'impact concret de cette décision. En 2007, lorsque Jacques Chirac quitte la présidence, il passe ainsi d'un salaire de 6 400 euros par mois, à une pension de 5 400 euros. Pour un peu, il gagnait plus en se retirant de la vie politique...

Cela ne risque pas d'arriver à Nicolas Sarkozy qui gagne désormais près de 20 000 euros par mois. Renseignement pris, son augmentation de salaire ne modifie pas le montant de la

1. Loi 55-366 du 3 avril 1955.

retraite du président, puisque celle-ci correspond au traitement d'un conseiller d'État. L'actuel locataire de l'Élysée percevra donc la même somme que ses prédécesseurs dès 2012 ou, au plus tard, en 2017 [2]. Voilà une bien importante baisse de pouvoir d'achat qui se profile...

Dans sa grande sollicitude envers ses anciens présidents, Marianne a aussi prévu de quoi les occuper. Comment le pays pourrait-il, d'ailleurs, se passer de ces hommes d'expérience ? Quittant l'Élysée, les voilà donc promus au rang de « Sages », une petite gâterie concoctée par Charles de Gaulle lui-même. « Font de droit partie à vie du Conseil constitutionnel les anciens présidents de la République », précise le texte fondateur, la Constitution de 1958 [3]. Arbitre suprême de la vie démocratique française, voilà bien une tâche digne d'un ancien chef de l'exécutif.

D'autant plus qu'être « Sage » est aussi rémunérateur. Pour siéger rue de Montpensier, les ex-présidents perçoivent « une indemnité égale aux traitements afférents aux deux catégories supérieures des emplois de l'État classés hors échelle. » Un charabia juridique qui masque un salaire de plus de 12 000 euros par mois en 2008, cumulable avec la retraite de président. Cette indemnité est toutefois divisée de moitié lorsque l'intéressé exerce une autre fonction, comme un emploi dans le privé, par exemple.

Et pour que la palette soit complète, la République met également ses moyens au service de ses anciens patrons. Locaux, collaborateurs, gardes du corps, voiture, chauffeurs et secrétaires sont mis à leur disposition. À vie, et aux frais du contribuable ! Pourtant, la loi est muette à ce sujet et l'usage n'en a été codifié que récemment. Il date de 1985 et relève d'une circulaire signée par Laurent Fabius, le Premier ministre de François Mitterrand.

---

2. La réforme institutionnelle, adoptée en juillet 2008, limite désormais à deux le nombre de mandats présidentiels successifs.

3. Article 56.

Jusque-là, en effet, rien n'était prévu. Charles de Gaulle a toujours refusé la moindre pension après avoir quitté l'Élysée, préférant se retirer à Colombey-les-deux-Églises. Quant à Georges Pompidou, décédé en fonction, la question, bien sûr, ne s'est jamais posée. Valéry Giscard d'Estaing, lui, n'a rien prévu lorsque les Français lui signifient sa mise à la retraite anticipée en 1981. Quittant, à pied, la rue du Faubourg-Saint-Honoré après sa défaite électorale, « numéro 3 » choisit donc de poursuivre sa carrière politique. Responsable important de l'UDF, le parti centriste créé en 1978 pour soutenir son action à la tête de l'État, il est pris en charge et hébergé dans les locaux de la formation, rue de l'Université à Paris.

Son successeur, en revanche, a, lui, déjà en tête le scrutin de 1988. En prévision d'une défaite électorale, François Mitterrand demande donc à son Premier ministre de plancher sur le sujet. C'est la fameuse circulaire qui, outre les avantages déjà énumérés, offre aux anciens présidents la possibilité de voyager gratuitement sur les lignes de la SNCF et d'Air France. En d'autres termes, c'est elle qui organise financièrement la vie des « ex » après l'Élysée. « François Mitterrand avait prévu des dispositions pour lui qui ont dû s'appliquer à tous les présidents, y compris à son prédécesseur », précise aujourd'hui Georges de la Loyère, un des proches collaborateurs de Valéry Giscard d'Estaing, à la tête de l'Association pour la démocratie en Europe[4].

Qui paye ? « Le montant de cette dotation est budgété par Matignon », poursuit le vieux fidèle, dont les locaux jouxtent ceux de l'ancien président, boulevard Saint-Germain à Paris. De l'autre côté du palier, les bureaux de VGE sont spacieux et lumineux. Un peu plus de 200 mètres carrés loués par l'État. La facture globale serait, selon Georges de la Loyère, de l'ordre de « 300 000 euros par an, loyer et charges de personnel compris ». Un montant qui paraît bien bas…

4. Entretien avec l'auteur, le 27 juillet 2008.

Valéry Giscard d'Estaing dispose en effet au quotidien de deux policiers, d'un directeur de cabinet, d'un archiviste, de trois secrétaires, de deux chauffeurs et d'une voiture, en l'occurrence une C6 Citroën. Selon nos estimations, les charges salariales de ces collaborateurs représentent au bas mot 35 000 euros par mois. En ajoutant un loyer mensuel d'au moins 10 000 euros, la charge financière représentée par l'ancien président serait donc plutôt de l'ordre de 540 000 euros par an. À multiplier par deux, bien sûr. Marianne ne va tout de même pas traiter Jacques Chirac avec moins d'égards…

La vertu à la retraite comme au pouvoir

Lorsque lui quitte l'Élysée, c'est avec la ferme intention de ne plus rien devoir à personne. Puisque la France ne veut plus de lui [5], elle n'entendra même plus le son de sa voix. Sur le coup de midi, ce 28 avril 1969, Charles de Gaulle s'engouffre une dernière fois dans la DS présidentielle et prend immédiatement la route de Colombey-les-deux-Églises. C'est la deuxième fois qu'il quitte le pouvoir. Il ne remettra plus jamais les pieds dans un palais de l'État.

À la retraite, le fondateur de la Ve République est à l'image de ce qu'il était au pouvoir : austère et peu enclin à bénéficier des avantages qu'il a lui-même consentis au président dans la Constitution. Bien qu'il en ait le droit, il commence par refuser de siéger au Conseil constitutionnel. Une décision, pour lui, incompatible avec toute forme de rémunération. « Le président du Conseil constitutionnel de l'époque, Gaston Palewski, avait proposé de le payer tout de même. Mais le Général a catégoriquement refusé », se rappelle un haut-fonctionnaire, qui a un temps fréquenté les couloirs de la rue de Montpensier.

De la même façon, il refuse de percevoir le moindre traitement, autre que sa solde [6] de militaire. Sa défiance à l'égard de la

5. Charles de Gaulle démissionne après le « non » au référendum sur la régionalisation et la réforme du Sénat, le 27 avril 1969.
6. *L'Express*, « Faute de divisions, il a toujours un discours », 26 octobre 1995.

classe politique le pousse à refuser tout ce qui, à ses yeux, peut valoir concession. « Je n'aime pas les miens parce qu'ils aiment trop l'argent », explique-t-il à ses plus proches collaborateurs [7]. Il se contente donc d'émarger à quelques milliers de francs par mois, au titre de sa pension de général de brigade [8]. Cela lui suffit. Sans avoir de gros frais, Charles de Gaulle dispose aussi des très confortables droits d'auteurs que lui rapportent ses *Mémoires de guerre* [9].

Retiré à la Boisserie, le militaire de carrière retrouve donc une vie simple, à mille lieux des fastes du pouvoir. Après onze ans passés à la tête de l'État, sa grande demeure est confortable, mais toujours pas luxueuse. Aucun tapis moelleux ni meuble précieux dans le salon, éclairé par le même petit globe de verre. Il a gardé à son service Honorine, la cuisinière, et Charlotte, la gouvernante, qui le suivent depuis de longues années.

L'État met, en revanche, la main à la poche pour prendre à sa charge chauffeur et véhicule officiel, mis à la disposition du Général. Il règle aussi le salaire du directeur de cabinet resté à ses côtés, Xavier de la Chevalerie. La solde et les frais du colonel Desgrées du Lou, son aide de camp personnel, sont, quant à eux, pris en charge par le ministère de la Défense.

Pour l'entretien du ménage, c'est Yvonne qui tient les cordons de la bourse. Rien n'a changé depuis les premières années de leur mariage, quand l'argent était déjà « le privilège des femmes ». Au marché de Chaumont, l'épouse du Général surveille donc les étiquettes et attend parfois que les prix baissent sur un primeur ou un autre produit. À table, on sert régulièrement les restes du gigot de la veille ou du poulet froid. Jeter de la nourriture est inimaginable. La stricte éducation et les valeurs morales portées par le couple ne le permettraient pas.

De toute façon, les de Gaulle ne reçoivent quasiment jamais à Colombey. Seule la famille est conviée les week-ends ou durant

7. L'équivalent de quelques milliers d'euros aujourd'hui.
8. Lire chap. « Président, une fonction qui oblige au succès littéraire ».
9. *Le Figaro Magazine*, « De Gaulle, quand tout a fini », 10 novembre 2000.

les vacances pour se réunir autour du patriarche. La porte, à quelques très rares exceptions près, reste fermée aux étrangers. Charles de Gaulle a besoin de calme : depuis son départ de l'Élysée, il s'est attelé à la rédaction de ses *Mémoires d'espoir* et il a peur de ne pas avoir le temps de finir…

« Il écrivait lentement. Pas plus de trois feuillets par jour. En conséquence, il écartait autant que possible les visiteurs et, du matin au soir, s'attachait à écrire, à écrire. Tout le monde, à la Boisserie, respectait le silence dont il avait besoin. Même ses petits-enfants », explique l'écrivain Michel Tauriac[10]. Justement, à cette époque, le Général ne relève plus que de la caisse de sécurité sociale des gens de lettres, à qui il règle directement ses cotisations…

Il tient aussi à acquitter lui-même ses impôts et remplit consciencieusement son chèque de la Banque de France à l'adresse de son percepteur. S'il ne tient pas les comptes du ménage, il a tout de même une petite cagnotte personnelle, pour régler les frais qu'il ne veut laisser à personne. Il organise de cette façon le transfert des fonds nécessaires à l'achat des résidences secondaires de ses enfants. Il propose aussi à son voisin agriculteur de l'aider financièrement pour déplacer son étable toute proche, dont les effluves incommodent sa femme. L'argent n'est pas un problème…

C'est d'ailleurs ce qui lui permet aussi d'entreprendre les deux derniers voyages à l'étranger de sa vie. À commencer par l'Irlande, la terre d'origine de ses ancêtres maternels, les Mac Cartan, où il se rend dès le 10 mai 1969. Une destination qui lui va comme un gant. « Ce n'est pas un pays d'argent. C'est un pays catholique et traditionnel qui a conservé son caractère en dépit de beaucoup de contrariétés de l'Histoire. Son côté tragique est un élément important de sa séduction »,

10. Philippe DE GAULLE, *De Gaulle, mon père*, Plon, 2003.

explique-t-il à son fils [11]. Une définition qui aurait pu s'appliquer à lui-même !

Débarqués dans l'île à bord d'un avion du Glam, le président et sa femme prennent la direction de Sneem, sur la baie de Kenmare, dans l'ouest du pays. Ils descendent à l'hôtel Heron's Grove, un établissement ni luxueux ni rustique, perché sur un éperon rocheux. C'est son directeur de cabinet qui l'a choisi, Charles de Gaulle ayant demandé « quelque chose qui soit vidé de tous les touristes ». Il y reste plus de deux semaines avant de régler la note et de prendre la direction du Dairy Cottage, la propriété d'une petite-fille du duc de Westminster. De Gaulle a beau ne pas être ostentatoire, il est précédé d'une réputation de monument historique qui ouvre toutes les portes…

Ce sésame universel, il a l'occasion de l'utiliser une nouvelle fois lors de son second et dernier voyage à l'étranger. Cette fois-ci, pas d'avion du Glam, mais deux véhicules qui, au départ de la Boisserie, ce 3 juin 1970, prennent la direction de l'Espagne. Cela fait longtemps que le général veut voir le pays de Charles Quint. Et à la différence de son voyage en Irlande, il organise sa visite dans les meilleures conditions.

Puisqu'il a de l'argent, le Général réserve les meilleurs hôtels pour lui et ses accompagnateurs. Il y a là sa femme, bien sûr, mais aussi son aide de camp, un garde-républicain, un garde du corps, un chauffeur ainsi que deux policiers espagnols qui l'escortent depuis la frontière. Arrivé en pays basque, tous ce petit monde loge au *parador* Gil Bas, une sorte de Relais & Château local. Lui se voit attribuer la suite Caudillo, la meilleure chambre de cet hôtel qui rappelle un peu les vieux châteaux des *Rois maudits*.

Le lendemain matin, à l'heure du départ, on frôle pourtant l'incident diplomatique. Lorsque Desgrées du Lou demande la note, le directeur de l'hôtel répond que « tout est réglé directement par Madrid ». Un procédé qui ne plaît pas au Général.

11. *Paris-Match*, « De Gaulle plus grand que jamais », 15 novembre 2000.

Furieux, il menace de rentrer immédiatement à Colombey, si on persiste à le traiter de cette façon. Un arrangement est finalement trouvé : Charles de Gaulle laisse en pourboire un chèque équivalent au montant des chambres [12] !

De *parador* en *parador*, le fondateur de la Ve République va ainsi passer une vingtaine de jours en Espagne. À Avila, la ville natale d'Isabel la Catholique, il loge au *parador* de Madrigal de las Altas Torres, face au palais de l'ancienne reine. Un hôtel de charme où il séjourne plusieurs jours. Puis, c'est l'arrivée à Madrid et l'entretien privé accordé par Franco, le Caudillo. Pour la deuxième année consécutive, de Gaulle ne se trouve pas en France pour les commémorations du 18 Juin.

De retour à Colombey, il reprend sa vie monacale à la Boisserie. Le fondateur de la Ve République passe l'essentiel de ses journées à la rédaction de ses mémoires, ordonne sa correspondance et… prépare sa succession. Il le sent peut-être, la mort approche à grands pas.

Des morts prématurées

Charles de Gaulle décède le 9 novembre 1970, dans sa maison de Haute-Marne. Il n'a pas eu le temps de boucler ses *Mémoires d'espoir*, dont seul le premier tome est achevé. Sa mort intervient un peu plus d'un an et demi après son départ de l'Élysée. Il a connu un destin exceptionnel et assuré sa place dans l'Histoire. Probablement plus que ses successeurs. Mais en se retirant de la vie politique après ses années de pouvoir, il leur ressemble aussi.

Ils sont trois, dans cette galerie présidentielle, dont le départ de l'Élysée marque en même temps la fin du parcours politique. Outre Charles de Gaulle, qui prend un soin tout particulier à ne pas intervenir dans le débat public, François Mitterrand, rongé par le cancer, décède moins de huit mois après la fin de son double septennat. Quant à Georges Pompidou, très affaibli par la maladie, il succombe à son poste, le 2 avril 1974.

---

12. Philippe DE GAULLE, *De Gaulle, mon père*, Plon, 2003.

Ces disparitions prématurées, il a bien fallu les gérer aussi sur le plan financier. À commencer par celle du général de Gaulle. Et pour son créateur, la République a dû composer avec les dernières volontés d'un homme déterminé à refuser les obsèques nationales. « Je déclare refuser d'avance toute distinction, promotion, dignité, citation, décoration, qu'elle soit française ou étrangère. Si l'une quelconque m'était décernée, ce serait en violation de mes dernières volontés », écrit-il dans son testament, établi en 1952 [13]. Charles de Gaulle est égal à lui-même, jusque dans la mort !

Les funérailles ont donc lieu au petit cimetière de Colombey-les-Deux-Églises, le 12 novembre 1970, sans ministre ni éminence. Le corps du premier président de la Ve République repose dans un cercueil fabriqué par le menuisier du village, Robert Merger, avant d'être hissé sur un blindé de l'armée. L'artisan a tenu à prévenir Yvonne de Gaulle : « Vous savez, madame, j'ai bien un cercueil déjà prêt, mais c'est celui de tout le monde. – C'est tout ce qu'il faut », répond la veuve du chef de l'État [14]. Dans la presse, sous les photos montrant la dépouille recouverte du drapeau national, les légendes parlent d'un « cercueil de pauvre »…

Georges Pompidou pose un problème différent. Lui non plus, bien sûr, n'a jamais perçu la retraite dévolue aux anciens présidents. Lorsqu'il s'éteint en fonction à son domicile parisien du quai de Béthune, sa mort ne surprend d'ailleurs personne. Atteint depuis de longs mois de la maladie de Waldenström, un lymphome malin, il apparaît, dans les derniers mois de sa présidence, le visage boursouflé sous l'effet des médicaments. Au total, il a occupé le pouvoir moins de cinq ans.

Ses obsèques ont lieu à Orvilliers, dans les Yvelines, le 5 avril. Le deuxième président de la Ve République est inhumé dans l'intimité du petit cimetière communal tandis qu'un hommage

13. *Ibid.*
14. Soit l'équivalent de 19 100 euros.

solennel est rendu par la classe politique à la cathédrale Notre-Dame de Paris. Au premier rang, face à l'immense drapeau tricolore tendu depuis la nef, la lutte fratricide pour sa succession a déjà commencé entre les centristes de Valéry Giscard d'Estaing et les gaullistes de Jacques Chaban-Delmas. Une lutte dont l'arbitre va bientôt être… Jacques Chirac.

Détenteur du record de longévité à la tête de l'État, sous la Ve République, François Mitterrand aussi quitte la vie politique en même temps que le palais de l'Élysée. C'est son successeur et plus vieil adversaire, Jacques Chirac justement, qui le raccompagne dans la cour d'honneur, ce 17 mai 1995, jusqu'à la XM présidentielle. Une dernière poignée de main, un dernier sourire entre les deux hommes, et le quatrième président depuis 1958 monte à bord du véhicule officiel. La maladie ne lui laisse plus beaucoup de temps.

L'ancien président ne se dirige pas vers son domicile de la rue de Bièvre, où réside son épouse Danielle. Arrivée place de la Concorde, la voiture prend la direction de la tour Eiffel. François Mitterrand se rend au 9 avenue Frédéric-le-Play, dans le 7e arrondissement, où l'attend un appartement mis à sa disposition par l'État. Tout a déjà été organisé, conformément aux instructions qu'il a lui-même données à Laurent Fabius en 1985. Mais, lorsqu'il arrive au pied de l'immeuble en pierres de taille, avec vue sur le Champs-de-Mars, ce n'est pas un directeur de cabinet qui l'accueille, c'est un infirmier !

L'état de santé du président se dégrade d'abord lentement. Retiré des affaires à l'âge de 79 ans, il veut profiter de ces derniers mois auprès de sa fille. Mazarine et Anne habitent toujours rue Jacob et il leur rend visite le plus souvent possible. Il les emmène aussi en Égypte pour les fêtes, quelques jours avant de mourir. Un séjour royal dans son hôtel préféré, le Old Cataract, à Assouan.

François Mitterrand en a les moyens. Il part à la retraite avec un confortable cumul de pensions. Comme s'il touchait les dividendes de son implantation dans la Nièvre ! L'ancien président continue ainsi de percevoir les retraites de ses mandats locaux. Député, président du conseil général, maire de Château-Chinon : au total, près de 47 000 francs. Une jolie somme, alors que le Smic s'élève, cette année-là, à 6 250 francs.

Et ce n'est pas tout. Retiré du pouvoir suprême, « numéro 4 » touche désormais sa pension de président, soit 28 000 francs. Il est aussi devenu membre de droit du Conseil constitutionnel et émarge rue de Montpensier à hauteur de 29 000 francs supplémentaires. De quoi faire s'envoler ses revenus : 104 000 francs par mois [15] au total...

Mais lui non plus ne va pas en profiter longtemps. Rongé par le cancer, il s'éteint avenue Frédéric-Le-Play, le 8 janvier 1996. Sous la nef de Notre-Dame de Paris, trois jours plus tard, soixante et un chefs d'État viennent lui rendre un dernier hommage solennel. Il est inhumé à Jarnac, en Charente-Maritime, à l'issue d'une cérémonie privée.

Reposer dans le petit cimetière communal de sa ville natale est d'ailleurs un choix de dernière minute pour le président qui a, un temps, nourri d'autres intentions. Le 5 mai 1995, quelques jours avant son départ de l'Élysée, il fait en effet l'acquisition, pour un franc symbolique, d'une parcelle de 100 mètres carrés, sur le mont Beuvray, dans la Nièvre. Danielle et lui souhaitent y abriter leur sépulture. À une vingtaine de kilomètres de Château-Chinon, le terrain est situé sur un site classé, en plein cœur du parc régional du Morvan. Surtout, il est chargé de symboles : c'est là que s'élevait l'ancienne Bibracte où Vercingétorix fut proclamé chef des Gaulois...

Mais François Mitterrand finit par renoncer à son projet. Après son décès et son inhumation aux côtés de ses parents, Danielle Mitterrand signe l'acte de rétrocession de la parcelle aux autorités du parc, en décembre 1996. Le mont Beuvray ne deviendra jamais un lieu de pèlerinage mitterrandien !

---

15. L'équivalent de 7 080 euros, c'est-à-dire « le traitement indiciaire brut d'un conseiller d'État en service ordinaire » en 1981, selon l'article 19 de la loi du 3 avril 1955.

Les vieilles habitudes ont la vie dure

Comment douter que ces deux-là se détestent parce qu'ils se ressemblent trop ? Voilà donc Valéry Giscard d'Estaing et Jacques Chirac confondus une fois de plus par un destin identique. Les meilleurs ennemis de la droite partagent cette fois-ci l'honneur de représenter les anciens présidents de la République. Ils sont les deux « ex » toujours en vie de ce fameux « club des Six ». Pas étonnant qu'ils gèrent leur vie après l'Élysée de la même façon : en utilisant les bonnes vieilles ficelles qui ont fait leurs preuves durant leur carrière.

Maître mot de cet état d'esprit, le cumul. Titulaires de tous les mandats durant leur carrière, les voilà allocataires de toutes les pensions. Maire, conseiller général, conseiller régional, député… ce sont aujourd'hui de super-retraités dont le statut a de quoi faire pâlir d'envie le plus comblé des cheminots.

Certes, avoir occupé le pouvoir suprême est un rôle qui vous fait entrer dans l'histoire. On peut aisément le comprendre. Mais quelle surprise de constater que le train de vie des « ex » est aussi financé par d'autres activités ! Pour Valéry Giscard d'Estaing, comme pour Jacques Chirac, la retraite de président de la République ne représente qu'une petite partie des revenus.

Troisième dans l'ordre chronologique au tableau d'honneur de la Ve République, Giscard est aussi le plus jeune chef d'État à entrer à l'Élysée. En 1974, il a 48 ans. Conséquence indirecte de cette précocité : lorsqu'il quitte le palais, en 1981, le tout nouveau retraité… n'a pas l'âge de la retraite. « Numéro 3 » touche bien sa pension de président, soit 21 304 francs par mois [16], mais pour le reste, il doit encore cotiser quelques années avant de prétendre faire valoir ses droits. Il reprend donc sa carrière politique d'autant plus facilement que rien n'est encore prévu pour accompagner les anciens chefs de l'État.

---

16. L'équivalent de 12 600 euros.

Il commence par intégrer le Conseil constitutionnel. Devenu « Sage », il empoche au passage la confortable indemnité qui va avec : près de 20 000 francs par mois. Des jetons de présence qui tombent facilement alors que l'ancien président ne brille pas par son assiduité. Il assiste tout juste à quelques séances et en profite pour venir saluer le président de l'institution, Roger Frey. Mais pour le reste, on ne le voit guère.

C'est que le vaincu de 1981 prépare sa reconquête politique. Dès l'année suivante, il se fait élire conseiller général du canton de Chamalières, dans le Puy-de-Dôme. Près de 15 000 francs supplémentaires qui tombent dans sa poche chaque année. Pas grand-chose au regard de ses autres revenus, mais voilà tout de même l'ancien président qui émarge à 42 500 francs [17] par mois, soit plus que lorsqu'il était à l'Élysée…

En se faisant réélire député du Puy-de-Dôme, deux ans plus tard, il franchit une nouvelle étape. Certes, il augmente ses revenus de 25 727 francs nets, le montant des indemnités parlementaires. Cela lui permet de porter ses rentrées financières à plus de 68 000 francs par mois (plus de 17 000 euros). De quoi s'assurer un certain train de vie. Mais, pas pour longtemps…

Car son élection dans la deuxième circonscription du Puy-de-Dôme est immédiatement remise en cause. Pour ses adversaires, il ne peut être juge et partie en étant à la fois membre du Conseil constitutionnel, c'est-à-dire garant de la régularité des élections, et candidat à ces mêmes élections. Pour trancher le conflit, plainte est donc déposée devant le… Conseil constitutionnel !

Les Sages rendent leur décision le 7 novembre 1984 [18] : l'élection de Valéry Giscard d'Estaing à l'Assemblée est parfaitement légale, jugent-ils, même si la Constitution précise que les mandats de parlementaire et de membre du conseil sont incompatibles. Mais, puisque l'ancien président ne peut pas

17. Décision du Conseil constitutionnel n° 84-983 du 7 novembre 1984.
18. Données 2007 pour un député ayant cotisé durant trois législatures, ce qui est son cas.

démissionner du Palais-Royal, il est tout simplement mis en congé. Une décision lourde de conséquences sur le plan financier. L'ancien président cesse de percevoir son indemnité...

Ce sera le cas jusqu'en 2004, après qu'il abandonne son dernier mandat de président du conseil régional d'Auvergne. Un poste pour lequel il est tout de même payé 5 200 euros. Mais ce n'est pas grand-chose au regard des indemnités que perçoivent les membres de l'institution de la rue de Montpensier : 12 000 euros nets par mois, primes comprises. Une somme qui mérite qu'on s'intéresse un peu au droit !

Pourtant, fort de ses vieilles habitudes, le troisième président de la Ve République ne fait pas preuve d'une assiduité éblouissante. Cette fois, il n'a même plus d'excuse pour ne pas siéger. Pierre Mazeaud, président du Conseil constitutionnel de 2004 à 2007, doit le rappeler à l'ordre. « Mazeaud a fini par lui en faire remarque, confirme un haut-fonctionnaire en poste au secrétariat général du conseil. Il lui a rappelé la règle du « service fait », qui s'applique dans la fonction publique. C'est-à-dire l'obligation d'effectuer le travail pour lequel on est payé. Giscard lui a répondu : « Voyons, cela c'est pour les fonctionnaires. Ce n'est pas pour les gens comme nous... » L'histoire court encore dans les couloirs du Palais-Royal...

En attendant, voilà Valéry Giscard d'Estaing qui cumule désormais une retraite de président de la République (5 250 euros par mois), un traitement de membre du Conseil constitutionnel (12 000 euros), sa pension de député (5 320 euros) [19], celle d'inspecteur des finances (6 250 euros) [20] et

19. Un inspecteur des Finances perçoit 75 % de son dernier traitement indiciaire, c'est-à-dire, au maximum, 7 718 euros (données 2005). VGE étant inspecteur des Finances depuis 1954, l'hypothèse que nous avons retenue se situe dans la fourchette basse.

20. Selon les données du régime complémentaire Ircantec, auquel sont affiliés les élus locaux, un président de conseil régional perçoit en moyenne 449 euros de retraite par mandat. VGE a été élu trois fois à la tête de la région Auvergne, ce qui représente une retraite de 1 347 euros.

celle de président du conseil régional d'Auvergne (1 347 euros)[21]. Total : 30 167 euros mensuels, sans compter les quelques centaines d'euros versés au titre de ses mandats de député européen et de maire de Chamalières[22].

« Numéro 3 » perçoit aujourd'hui une somme légèrement supérieure, revalorisation annuelle oblige. Ses revenus de retraités dépassent désormais largement ce qu'il touchait durant sa carrière, y compris lorsqu'il exerçait en même temps les mandats de conseiller général, de député et de président du conseil régional d'Auvergne. Il est vrai que les hommes politiques se sont ménagé la possibilité de pouvoir cumuler aussi leurs retraites. Contrairement aux règles en vigueur dans le régime général !

Il n'est pas le seul dans ce cas. L'ensemble des ténors nationaux, à droite comme à gauche, multiplient eux aussi les mandats avant de collectionner les pensions. Mais, petite cerise sur le gâteau pour le président : il a droit, en plus, aux égards dus à son rang. Depuis 1985, l'État met à sa disposition locaux, personnel et véhicule, conformément à la fameuse circulaire de Fabius. Un des petits privilèges de la fonction…

Lorsqu'il quitte l'Élysée, ce 16 mai 2007, Jacques Chirac suit donc l'exemple de son glorieux aîné. En s'engouffrant dans sa C6 présidentielle, à l'issue de la passation de pouvoir avec Nicolas Sarkozy, « numéro 5 » devient, à son tour, un retraité de la République. Il entre aussi dans une autre dimension financière.

Dans l'immédiat, le véhicule officiel quitte la cour d'honneur du palais présidentiel. Devant les grilles, la foule s'est massée pour acclamer l'ancien chef de l'État qui vient de passer douze ans rue du Faubourg-Saint-Honoré. Il prend immédiatement la direction des quais de Seine. Personne ne l'ignore, le couple Chirac emménage, « à titre très provisoire », dans un

21. VGE a été député européen de 1989 à 1993, et maire de Chamalières de 1967 à 1974.
22. *Le Figaro*, « Les Chirac hébergés par la famille Hariri », 25 avril 2007.

appartement mis à leur disposition par le fils de Rafic Hariri, l'ancien Premier ministre libanais, assassiné le 14 février 2005. Un grand ami de la famille !

Jacques et Bernadette s'installent donc 3 quai Voltaire dès leur départ de la présidence. Les allers-retours entre l'Élysée et leur nouveau domicile du très chic carré rive gauche ont même commencé il y a plusieurs semaines. Quelques meubles, des cartons, des caisses de vin ont déjà été déposés sous l'œil de la femme de l'ex-chef d'État, venue personnellement superviser l'installation. Les voilà voisins de Karl Lagerfeld…

Le déménagement du couple présidentiel quai Voltaire ne passe pas inaperçu. Certes, ils n'ont plus de domicile parisien depuis la donation de l'appartement de la rue de Seine, au profit de leur fille Claude. Mais le cadeau choque par son importance. Sur le marché immobilier parisien, un bien de 180 mètres carrés, comme ils le précisent eux-mêmes, se loue en effet entre 5 000 et 7 000 euros par mois. Pourquoi les Chirac ont-ils accepté de s'installer chez Hariri ? « Compte tenu des obligations qui sont les leurs, M. et Mme Chirac n'ont pas encore eu le temps de trouver leur logement. Ils occuperont à titre très provisoire l'appartement qui leur est prêté par M. Ayman Hariri, le temps de trouver leur domicile définitif », fait savoir l'entourage du président[23]. On n'avait pas noté que Jacques Chirac avait été aussi occupé durant les derniers mois de son quinquennat !

Sans compter que la crise de l'immobilier ne semble épargner personne. En septembre 2008, seize mois après leur installation, « numéro 5 » et son épouse occupent toujours, à titre gracieux, l'appartement du quai Voltaire, avec vue sur le palais du Louvre. On les comprend : vérification faite, leur petit logis mesure en fait 403 mètres carrés et dispose d'une petite annexe de 43 mètres carrés, ainsi que d'un parking. À la Bourse de

23. *Le Canard enchaîné*, « Les Chirac dorment toujours sur Liban », 11 juin 2008.

l'immobilier, un tel pied-à-terre se loue environ 20 000 euros par mois. Pas tout à fait ce que Chirac avait déclaré en s'installant[24] !

Le couple présidentiel aurait pourtant eu les moyens de se loger dans Paris, même avec la hausse des prix. À l'image de son prédécesseur, l'ancien locataire de l'Élysée cumule en effet les pensions, à commencer par celle du chef de l'État pour laquelle il touche une somme identique (5 250 euros). Pour le reste, son parcours politique, durant quatre décennies, lui permet, à lui aussi, d'envisager l'avenir avec sérénité. Retraite de député de Corrèze (5 322 euros par mois), de maire et de président du conseil général de Paris (5 000 euros)[25], de président du conseil général de Corrèze (450 euros) : ses mandats électifs lui permettent de percevoir la coquette somme de 16 022 euros chaque mois.

Et, bien sûr, ce n'est pas tout. S'il n'y a jamais siégé, Jacques Chirac est aussi un ancien de la Cour des comptes. Il y est entré en 1959 comme simple auditeur et est passé conseiller référendaire en 1965. Un poste qu'il n'a quitté qu'en 1994, faisant valoir ses droits à une retraite qui s'élève aujourd'hui à 3 500 euros. En incluant son traitement de membre de droit du Conseil constitutionnel (12 000 euros), le voilà à la tête d'un revenu mensuel de 31 522 euros. Giscard est battu d'une courte tête…

Bien décidé à ne pas s'en laisser compter, VGE n'a pas dit son dernier mot. Il compte sur quelques extras pour combler son retard. Depuis le début de l'année 2008, il livre régulièrement ses *Chroniques de la pensée multiple* à l'hebdomadaire *Le Point*. Combien perçoit-il pour éclairer les lecteurs du magazine ? À la rédaction du journal, on confesse à mots couverts que les « grandes signatures », comme le président ou l'ancien ministre

---

24. Ces deux pensions sont non imposables et non soumises à la CSG et à la CRDS. Une exception, car, en principe, ce système dérogatoire a été supprimé en 1992. Il continue toutefois de produire ses effets pour les seuls conseillers de Paris élus avant cette date.

25. Un feuillet correspond à un texte de 1 500 signes, espaces comprises. Au tarif syndical, VGE toucherait 134 euros par chronique.

de l'Éducation nationale, Claude Allègre, touchent en général 1 500 euros par page. Une jolie somme, assez loin du tarif syndical de la pige : 51,13 euros le feuillet [26]...

À ce prix-là, Valéry Giscard d'Estaing peut espérer combler rapidement la différence avec son successeur. De mars 2008, date du début de sa collaboration avec le magazine, à la fin du mois de juillet, il a ainsi publié sept chroniques. En moyenne, cela lui assure donc un revenu supplémentaire de 2 100 euros par mois. Et encore ne s'agit-il que d'une estimation basse. Le voici qui émarge en tout cas à 32 267 euros par mois.

Seulement, dans la guerre sans merci que se livrent les deux « ex », Jacques Chirac n'a pas l'intention d'abandonner son podium. Et lui aussi fait des extras. À la fin mai 2008, à l'occasion de la visite privée du Premier ministre russe, Vladimir Poutine, à Paris, la presse révèle que « numéro 5 » vient de se voir décerner le prix d'État, la plus haute distinction russe, pour « accomplissements exceptionnels dans le domaine des humanités [27] ». Un hommage qui flatte l'égo... mais aussi le portefeuille. Jacques Chirac, qui s'est rendu à Moscou, le 12 juin suivant, pour recevoir son prix, s'est également vu remettre un chèque de 5 millions de roubles, soit 135 000 euros. Une somme qui, divisée par douze, fait passer ses revenus mensuels moyens pour 2008 à 42 772 euros ! Cette fois-ci, VGE est définitivement distancé...

Qu'il se console, les deux « ex » sont quasiment logés à la même enseigne. Mais pas tout à fait à la même adresse. Chirac s'est, lui, réservé les bureaux auxquels il a droit, rue de Lille, à Paris. À deux pas de l'Assemblée nationale et des anciens locaux du RPR : 250 mètres carrés au deuxième étage d'un bel immeuble en pierres de taille, situé au numéro 119. Coût de la location : environ 10 000 euros par mois. Il y dispose, comme son prédécesseur, d'un directeur de cabinet, d'un archiviste, de

---

26. *Le Figaro*, « Vladimir Poutine décore son « ami » Jacques Chirac » 31 mai-1er juin 2008.
27. *Marianne*, « L'argent, la vie privée et lui », 12 au 18 janvier 2008.

trois secrétaires, de deux policiers, de deux chauffeurs et d'une voiture. L'État prend à sa charge l'ensemble des frais, soit environ 540 000 euros par an. Mais peu importe le prix, il s'agit de permettre à l'ancien président d'avoir une vie après l'Élysée…

Nicolas Sarkozy, l'Américain

Une vie après l'Élysée, l'actuel occupant de la rue du Faubourg-Saint-Honoré y pense déjà. Il l'a dit et répété, y compris à Ségolène Royal, qu'il recevait quelques semaines après sa victoire : « Quand je quitterai l'Élysée, je ferai de l'argent[28]. » Le sixième président ne fait pas mystère de ses intentions. Il compte bien « la jouer à l'américaine » et rejoindre le secteur privé à l'issue de son, ou de ses mandats. L'occasion pour lui de gagner quelques millions d'euros et de rivaliser, enfin, avec ces grands patrons qu'il admire tant…

En attendant, même passé au privé, « numéro 6 » bénéficiera, comme les autres, des privilèges réservés aux « ex ». En 2012, au plus tôt, il aura donc droit, lui aussi, à des bureaux payés par l'État, ainsi qu'à un directeur de cabinet, trois secrétaires, deux chauffeurs, une voiture… Le gouvernement devra alors assurer le train de vie et les déplacements d'un membre de la direction d'une entreprise privée, peut-être étrangère. La polémique à venir s'annonce déjà cocasse.

Ce qui l'est moins, en revanche, c'est que l'ancien président sera également membre de droit du Conseil constitutionnel. Or, si la fonction est incompatible avec un mandat électif, elle ne l'est pas avec un poste dans le privé. Le futur retraité pourra donc, à loisir, représenter ses actionnaires et juger du droit en France. Seule restriction : il ne touchera que la moitié de son indemnité de « Sage », soit environ 6 602 euros, en 2012[29]. Ce

---

28. En tenant compte d'une augmentation moyenne de 2 % par an et de 3,7 % pour 2008, comme décidé par le gouvernement, l'indemnité d'un membre du Conseil devrait s'élever à 13 204 euros.
29. Entretien avec l'auteur, le 12 mai 2008.

n'est peut-être pas tout à fait l'esprit dans lequel a été pensée la Constitution…

Le futur cadre supérieur pourra aussi compter sur une généreuse retraite publique. À commencer par celle de président de la République. En 2012, elle devrait s'élever à environ 5 780 euros. En comptant son indemnité de membre de droit du Conseil constitutionnel, le voilà donc déjà à 12 382 euros par mois. De l'argent de poche pour un futur dirigeant qui rêve de salaire à cinq ou six zéros.

Qu'il se rassure, Marianne n'en a pas tout à fait fini avec lui. À l'image de ses prédécesseurs, après avoir cumulé les mandats, il pourra aussi cumuler les pensions. En revanche, ce n'est pas pour tout de suite. Élu à 52 ans, Nicolas Sarkozy n'aura pas encore l'âge de la retraite, s'il quitte l'Élysée en 2012. Il devra attendre de fêter ses 60 ans et patienter jusqu'en 2015 pour faire valoir ses droits. Mais, à cette date, il ne devrait pas être déçu…

En premier lieu, il pourra percevoir sa retraite de député à taux plein. Ayant effectué trois mandats de représentant des Hauts-de-Seine, il devrait toucher environ 6 340 euros de pension mensuelle. À cela viendront s'ajouter les revenus liés à ses mandats de maire de Neuilly. Titulaire du poste de 1983 à 2002, il a ensuite été adjoint de 2002 à 2007. Au total, il a donc été élu à cinq reprises et devrait percevoir, en 2015, une retraite d'environ 2 144 euros. Ses autres fauteuils de conseiller régional d'Île-de-France, qu'il a occupés de 1983 à 1988, et de vice-président du conseil général des Hauts-de-Seine, entre 1985 et 1988, devraient aussi lui rapporter un peu plus de 700 euros par mois. Au total, voici donc le futur retraité qui cumulera 9 209 euros de retraites grâce à son implantation locale.

Nicolas Sarkozy devrait donc percevoir, de la part de la puissance publique, un minimum de 22 300 euros par mois, à l'horizon 2015. Pas mal pour un complément de salaire versé au dirigeant d'une entreprise privée ! Bien sûr, rien ne dit qu'un tel scénario se réalisera et il suffit que le président effectue un second mandat à la tête de l'État, ou bien choisisse de poursuivre sa carrière politique, pour que la donne s'en trouve sensiblement changée. Mais il a tout de même un fond de réalité, tant « numéro 6 » semble décidé à vendre ses services au plus offrant à l'issue de ses années élyséennes. Cela dit bien toute l'ambiguïté du statut des « ex », notamment sur le plan financier. Le futur « Sage » devrait peut-être y réfléchir dès aujourd'hui...

2. À CHACUN SA FONDATION

La fondation, une reconnaissance

Son lancement est l'événement people du début de l'été 2008. Ce 9 juin, aux côtés des personnalités venues porter sa fondation pour le Développement durable et le Dialogue des cultures sur les fonts baptismaux, au musée du quai Branly à Paris, Jacques Chirac rayonne. Le voici, à son tour, porteur d'un grand projet humaniste : de quoi fignoler son portrait pour la postérité, lui qui est déjà entré dans l'histoire !

Protection de la biodiversité, dialogue des cultures, respect de l'environnement : « la Fondation Chirac a pour ambition d'agir au service de la paix », explique la plaquette de présentation. On ne peut qu'approuver. D'ailleurs, c'est ce que font Kofi Annan, l'ancien secrétaire général de l'ONU, Rigoberta Menchu, prix Nobel de la paix, les anciens présidents de la Lettonie, de la Mauritanie, de la Colombie, du Sénégal, du Mozambique et du Brésil, les anciens Premiers ministres du Canada et de Singapour, le chanteur Youssou N'Dour et quelques autres, tous membres de son comité d'honneur.

Mais sans minimiser les grands élans, certainement sincères, de Jacques Chirac, sa fondation dépasse le cadre strictement humanitaire que beaucoup ne font qu'y voir. Outil médiatique et de pouvoir, elle est aussi un levier financier à nul autre pareil. Une façon de maintenir un train de vie de président, doublée de l'assurance d'une reconnaissance officielle.

Cette situation est en partie inhérente au statut juridique de la fondation. Si elle s'apparente, par certains égards, à une association, elle a, enfouie dans son code génétique, une différence de taille : elle doit disposer d'un capital. « Il faut constituer un patrimoine, confirme le fiscaliste Thomas Raban, du cabinet parisien Redlink[30]. Cela peut être une somme d'argent en liquide, une œuvre d'art ou une source de revenus, comme des droits d'auteurs qui alimenteraient régulièrement sa trésorerie, par exemple. » Les statuts sont alors déposés, comme pour une association loi 1901, au ministère de l'Intérieur. Ils prévoient un conseil d'administration et précisent la nature de l'institution.

C'est ce que fait Jacques Chirac, qui dépose les statuts de sa fondation en octobre 2007. Elle est dotée de 1 million d'euros provenant de « contributions privées », explique-t-il. Mais, l'ancien chef de l'État ne s'arrête pas là. Pour espérer capter des financements privés d'entreprises ou de particuliers, elle doit aussi être reconnue d'utilité publique. Une disposition qui permet aux donateurs de bénéficier de généreuses incitations fiscales[31]...

Dans son acte de naissance, l'institution doit pour cela affecter son capital à la réalisation d'un projet d'intérêt général et à but non lucratif. Cela tombe bien, c'est justement l'ambition de ce cercle de « dialogue entre les cultures ». Une demande de reconnaissance est donc déposée devant le Conseil d'État. La Fondation Jacques-Chirac est reconnue d'utilité publique par décret le 7 mars 2008[32]. L'ancien président peut désormais lever des fonds.

Il ne devrait pas avoir trop de mal à le faire. Il est « le chef d'État au monde qui possède le carnet d'adresses le plus impressionnant. Il saura s'en servir », estime Pierre Péan, l'un de ses

30. Loi nº 87-571 du 23 juillet 1987.

31. Décret du ministère de l'Intérieur, publié au *Journal officiel* le 9 mars 2008.

32. *La Provence*, « Les projets de Jacques Chirac : une fondation avec Bill Clinton », 16 mai 2007.

biographes[33]. De fait, outre la composition prestigieuse de son comité d'honneur, les premiers donateurs se sont déjà manifestés. C'est le cas des entreprises Veolia Environnement, Sanofi-Aventis ou Schneider Electric, mais aussi de richissimes particuliers, au premier rang desquels Liliane Bettencourt et François Pinault, un autre « ami de trente ans » du président. Pas vraiment les premiers venus : ils sont respectivement les troisième et cinquième plus grandes fortunes de France[34]...

Portée sur les fonts baptismaux en juin 2008, la Fondation Chirac est désormais abritée dans les locaux de la rue de Lille, payés par l'État. Bien sûr, rien n'interdit à un ancien président d'abriter une telle activité dans les bureaux mis à sa disposition par le gouvernement. Mais cela dit bien la possibilité de mélange des genres...

En tout cas, la situation est inédite sous la Ve République. S'il existe bien une Fondation Charles-de-Gaulle, une Association Georges-Pompidou et un Institut François-Mitterrand, il s'agit d'institutions créées après leur décès. Une façon pour leurs fidèles de faire vivre la mémoire de ces grands hommes. De leur vivant, les fondations étaient en effet réservées aux épouses !

Quand les épouses s'en mêlent

Fondation Anne-de-Gaulle, Fondation Claude-Pompidou, Fondation pour l'enfance, Fondation France Libertés, Fondation Hôpitaux de France-Hôpitaux de Paris... à chaque première dame, ses bonnes œuvres. Pour elles aussi, prendre la tête d'une œuvre caritative est synonyme d'accès à des financements et à un statut officiel. Et même si la démarche n'est pas la même en 1960 et en 1990, les fondations restent un instrument de pouvoir. Mais rarement au profit des épouses de présidents...

Lorsqu'elle crée la Fondation Anne-de-Gaulle, en octobre 1945, Yvonne de Gaulle ne songe ni à l'argent ni à la

33. *Challenges* « Les 500 plus grandes fortunes professionnelles de France », 10 juillet 2008.
34. Lire chap. « Président, une fonction qui oblige au succès littéraire ».

gloire. Frappée par la maladie de son troisième enfant, atteinte de trisomie 21, et par l'absence de prise en charge, elle veut aider les familles plongées dans la même détresse. Son objectif : créer une institution capable d'accueillir ces jeunes filles trisomiques pour qui rien n'est prévu. Elle rachète pour cela le château de Vert-Cœur, à Milon-la-Chapelle, en vallée de Chevreuse, dans les Yvelines, et y installe son institution. Son mari finance l'achat de la demeure et le capital de la fondation, grâce aux droits d'auteur qu'il a touchés de ses premiers ouvrages [35].

Le château accueille ses premières pensionnaires, tandis qu'Anne demeure auprès de ses parents jusqu'à son décès, en 1948. Une disparition qui intervient comme un traumatisme pour Charles de Gaulle, très attaché à son enfant. Preuve de l'importance qu'elle revêt pour le grand homme, il a nommé, un an plus tôt, à la tête de la fondation, l'un de ses très proches. Un « normalien qui sait écrire » et qui le suit depuis trois ans déjà. Ce secrétaire général, c'est Georges Pompidou...

C'est l'époque où le premier président de la Ve République et son successeur sont les plus proches. Est-ce la raison pour laquelle le natif de Montboudif s'est vu confier cette tâche de confiance ? A-t-il été rappelé par de Gaulle à Matignon, en 1962, parce qu'il avait rempli sa mission avec succès ? Même officiellement dirigée par l'épouse du chef de l'État, la fondation reste dans les deux cas un instrument de pouvoir au service d'ambitions qui dépassent parfois le cadre de la charité.

Georges Pompidou s'en souvient lui-même parfaitement lors de la création de la fondation de sa femme, en 1970. Cette fois-ci, pour la première dame, qui n'est pas elle-même touchée par un drame personnel, il s'agit de se rendre utile, dans l'esprit des dames patronnesses du début du siècle. Elle choisit donc d'aider les personnes âgées, les malades et les enfants handicapés. Reconnue d'utilité publique elle aussi, sa fondation bénéficie très

35. Pour son ouvrage *Démocratie française*, publié en 1976. Lire chap. « Président, une fonction qui oblige au succès littéraire ».

vite de dons et de legs de richissimes donateurs. N'est-ce pas normal lorsque l'on est l'épouse du président ?

Ce qui est un peu plus étonnant, c'est la constitution du capital de la fondation. « Lorsque Claude Pompidou est venue déposée les statuts, elle a apporté des bijoux en garantie. Ce sont eux qui ont constitué la mise de départ », se rappelle un ancien directeur des Libertés publiques et des Affaires juridiques au ministère de l'Intérieur. Un procédé un peu déroutant pour les fonctionnaires chargés d'enregistrer l'acte de naissance, mais tout à fait légal.

De son côté, le président suit avec attention la constitution de la fondation de sa femme. Preuve de l'importance et du caractère hautement politique qu'il lui accorde, il impose, lui aussi, un proche au poste stratégique de trésorier. Il choisit une étoile montante qui semble avoir un brillant avenir politique. Le jeune loup aux dents longues est alors son secrétaire d'État à l'Économie et aux Finances. Il s'appelle Jacques Chirac…

Le futur successeur de Pompidou n'hésite pas une seconde. Flatté par cette marque de confiance, il prend à bras le corps sa nouvelle mission. Il ne le regrettera pas. Malgré le décès prématuré de son mentor, il conserve son poste et sait parfaitement en tirer profit. En 1977, il n'a aucun mal à convaincre la fondation de racheter le terrain mitoyen de son château de Bity, en Corrèze, au prétexte d'y construire une maison de retraite. Trente ans plus tard, celle-ci n'a jamais vu le jour et le terrain est toujours vierge…

Instrument de pouvoir et levier financier : la fondation, même entre les mains des femmes de président, est une machine politique. Danielle Mitterrand, qui lance France-Liberté en 1986, n'y échappe pas. C'est même exactement ce qu'elle cherche, elle, la militante qui, pour rien au monde, n'aurait suivi l'exemple d'Anne-Aymone Giscard d'Estaing dont la fondation pour l'enfance est pourtant largement dotée, grâce aux droits d'auteur de son époux [36].

L'épouse du président socialiste, elle, veut une tribune et c'est donc vers des domaines moins consensuels qu'elle oriente son action. Elle se met au service des Droits de l'homme et des peuples opprimés et devient, notamment, le porte-parole de la cause kurde en France. Ses prises de position, en faveur de Fidel Castro par exemple, valent même à son mari quelques volées de bois vert. Mais elle aussi finit par être rattrapée par les critiques.

Son nom apparaît, en 2006, au détour des révélations sur… le compte japonais de Jacques Chirac. La galaxie présidentielle est décidément bien petite ! En pleine tempête médiatique sur l'existence présumée de ce compte, le journal *Le Monde* tente d'éclaircir le rôle joué par un ami très proche du président, le banquier Soichi Osada, et la classe politique française. Le sulfureux personnage, condamné dans son pays pour avoir précipité la faillite de sa banque, aurait servi d'intermédiaire avec la secte bouddhique Soka Gakkai. « La secte controversée aurait notamment contribué à la fondation France-Liberté de Danielle Mitterrand », écrit le quotidien [37].

L'information date, en fait, de 1999. À l'époque, elle est prise suffisamment au sérieux pour être évoquée lors d'une réunion entre le ministre de la Défense, Alain Richard, et le désormais célèbre maître-espion, Philippe Rondot [38]. Selon le ministre, l'ambassadeur de France au Japon sait, depuis deux ans déjà, que les relations d'Osada avec des personnalités françaises ne se limitent pas à Jacques Chirac. Par le passé, il aurait eu des relations « de même nature » avec Danielle Mitterrand. « De nature

36. *Le Monde*, « L'article sur le compte japonais de M. Chirac est introuvable », 24 mai 2006.

37. Le général Rondot est le personnage central d'un des volets de l'affaire Clearstream.

38. Nicolas Beau et Olivier Toscer, *L'Incroyable Histoire du compte japonais de Jacques Chirac*, Éd. Les Arènes, 2008.

financière, donc », décryptent les auteurs d'une enquête approfondie sur le sujet [39].

La fondation France-Liberté financée par un banquier japonais véreux ? Aucune information judiciaire ni aucun élément d'enquête n'est venu, jusqu'ici, étayer cette thèse. Ce qui est sûr, en revanche, c'est que l'organisation de Danielle Mitterrand a bien enregistré des difficultés financières, obligeant même la veuve du quatrième président à disperser ses effets personnels aux enchères !

« À vendre, pantoufles de Mitterrand : 150 euros » titre *Le Figaro*, le 26 janvier 2008, pour expliquer comment l'ancienne première dame tente de renflouer une fondation financièrement « aux abois ». L'institution, qui occupe trois étages d'un immeuble moderne du 9e arrondissement de Paris, refuse de communiquer ses comptes. Mais elle mise sur la vente des chapeaux et des costumes de François Mitterrand pour renflouer ses caisses.

Le 29 janvier, Drouot disperse donc trois cent soixante-huit lots, dont des dizaines de cadeaux officiels conservés par le couple. Danielle Mitterrand a vidé « une pièce entière de l'appartement de la rue de Bièvre », explique le commissaire-priseur chargé de la vente. À la fin de la journée, devant une foule nombreuse venue assister au spectacle, le produit des enchères s'élève à 150 000 euros, soit près de deux fois les estimations initiales. La robe d'avocat bordée d'hermine de l'ancien président a, notamment, été emportée pour 9 914 euros par Me Karim Achoui. Un avocat lui aussi : celui du Milieu !

Ce n'est certainement pas le genre de personnage que voudrait rencontrer Bernadette Chirac. D'ailleurs, l'épouse de « numéro 5 » ne fréquente pas les prétoires. S'il lui a été reproché les dépenses somptuaires de sa fondation Hôpitaux de France-Hôpitaux de Paris, en 2006, elle n'a, à aucun moment, été mise

39. *Le Figaro*, « Il servait la France avec ses mots », par Jean d'Ormesson, 29 mai 1990.

en cause personnellement. La grande ordonnatrice de l'opération Pièces jaunes peut donc continuer son action en faveur des enfants, des adolescents et des personnes âgées. En 2008, son opération d'appels aux dons a rapporté plus de 4 millions d'euros.

L'épouse de Jacques Chirac, qui a lancé sa fondation en 1989, c'est-à-dire avant que son mari n'accède à la présidence, est d'ailleurs à part dans cette galerie d'épouses. La conseillère municipale de Sarran, en Corrèze, a su faire de cette occupation de dame patronnesse un rôle politique à part entière. Soutenue par des « people », apparaissant dans chaque campagne publicitaire, invitée sur les plateaux de télévision, relayée par la presse, elle est même devenue, avec son opération Pièces jaunes, un personnage médiatique à part entière qui n'a plus rien à envier à son mari. Bien joué, Mme la présidente…

3. Écrivains à succès

Président, une fonction qui oblige au succès littéraire

Certains l'ont fait avec plus de conviction ou de talent, mais presque tous s'y sont frottés : les présidents de la République, à l'exception de Valéry Giscard d'Estaing, ont « commis » au moins un ouvrage avant d'accéder à la présidence. Une façon de coucher leurs programmes sur le papier, de préciser leurs pensées, de s'affirmer dans le débat politique, mais aussi de livrer un plaidoyer sur leur personnalité. Bref, un exercice quasi obligé lorsqu'on brigue le pouvoir suprême.

Le Fil de l'épée, Le Nœud gordien, Le Coup d'État permanent, Mémoires de guerre, La Paille et le Grain… quelques titres ont trouvé leur place dans le panthéon de la littérature politique française. Pour leurs auteurs, c'est la garantie d'une reconnaissance publique en même temps que l'assurance… de juteux droits d'auteur. Car le livre politique est aussi un best-seller derrière lequel courent les éditeurs.

Bien sûr, Charles de Gaulle ouvre, une nouvelle fois, la voie. « Numéro 1 » est même l'écrivain le plus doué de cette galerie présidentielle. On l'a vu, sa précocité surprend : à 15 ans, il écrit son premier roman, *La Campagne d'Allemagne*, dans lequel un général du nom de de Gaulle sauve son pays d'une invasion ennemie. Mais son talent dépasse largement la rédaction de saynètes ou de récits d'adolescent. Il est même déterminant dans sa carrière.

Lorsqu'il quitte Saint-Cyr et intègre le 33e RI d'Arras, en septembre 1912, le régiment est commandé par un certain colonel Pétain. Celui-ci remarque vite les qualités littéraires du jeune sous-lieutenant. Devenu maréchal et vice-président du conseil de guerre, il s'en souvient encore en 1924. Il rappelle donc de Gaulle, alors en garnison en Rhénanie, auprès de lui. Il souhaite en faire son « nègre » et le charge de rédiger un livre sur la réorganisation de l'armée.

Le commandant de Gaulle s'exécute de bonne grâce. Mais, en 1927, le destin de son ouvrage précipite la brouille entre les deux hommes. Pétain demande, en effet, à un colonel de revoir le texte. Une intrusion intolérable pour de Gaulle qui se fend d'une lettre à l'officier : « Un livre, c'est un homme. Cet homme, jusqu'à présent, c'était moi. Si quelqu'un d'autre, fût-ce Montesquieu, fût-ce vous-même, mon colonel, s'en mêle, alors de deux choses l'une : ou bien il fera un autre livre, ou bien il démolira le mien, qui n'aura plus de caractère et par conséquent de valeur. Si le Maréchal tient à ce que vous fassiez un autre livre, je n'ai aucune objection à présenter. Je reprendrai purement et simplement mon bien. Mais s'il s'agit de triturer mes idées, ma philosophie, mon style, je m'y oppose et vais le dire au Maréchal[40]. » Finalement signé de Gaulle, le livre sort en 1938 sous le titre *La France et son armée*. Comme *Le Fil de l'épée*, publié quelques années plus tôt, il le dédicace à Philippe Pétain.

40. François Mauriac, *De Gaulle*, Grasset, 1964.

Réaction excessive du militaire un peu rebelle ? Non, signe de sa passion pour les Lettres. La plume est plus qu'un passe-temps pour le futur fondateur de la Ve République. Elle fait partie intégrante de sa vie. « S'il se glorifie de quelque chose au monde, c'est d'être lui-même un écrivain français », écrit François Mauriac, qui le rencontre en 1944[41]. De fait, durant les périodes difficiles de traversée du désert, il se réfugie dans l'écriture. Il rédige ses *Mémoires de guerre* après son départ du gouvernement provisoire, en 1946, et en publie les deux premiers tomes avant d'accéder à l'Élysée. Le succès est phénoménal[42]. Lorsqu'il fait son entrée dans le vieux palais de la Pompadour, c'est le personnage de roman, autant que l'homme du 18-Juin, qui accède au pouvoir suprême.

Son éditeur, Plon, peut se frotter les mains. Avec la parution du troisième tome des *Mémoires de guerre*, en 1959, puis la publication des *Mémoires d'espoir*, en 1970 et 1971, la vieille maison a décroché une martingale. Et le Général en profite aussi. Son contrat, c'est son fidèle Georges Pompidou, qui l'a négocié pour lui. Le banquier a su préserver les intérêts du grand homme et obtenir un généreux pourcentage sur les ventes. Grâce à ces clauses, Charles de Gaulle est déjà un homme riche lorsqu'il devient président de la République. Les questions matérielles cessent dès lors définitivement d'être une préoccupation. Cela aussi explique son désintéressement à la tête de l'État…

Sans faire aussi bien, ses successeurs réalisent tous des scores à faire pâlir d'envie l'immense majorité des écrivains. En particulier François Mitterrand, qui multiplie les ouvrages et les succès de librairie. Des livres politiques dans lesquels il exprime sa pensée sur tel ou tel sujet d'actualité : la guerre, en 1945 (*Les Prisonniers de guerre devant la politique*), la décolonisation, en 1953 (*Aux frontières de l'union française*), le tiers-mondisme, en 1961 (*La Chine au défi*), l'antigaullisme, en 1964 (*Le Coup*

---

41. Lire chap. « Les millionnaires de l'édition ».
42. *Time Magazine*, "De Gaulle, Man of the Year", 15 janvier 1959.

d'État permanent)... Le futur président socialiste est l'auteur le plus prolifique du « club des Six ». Et il en tire de confortables revenus.

Il sort ainsi quelques best-sellers qui lui permettent de financer son train de vie : *Le Coup d'État permanent,* bien sûr, mais aussi *La Paille et le Grain,* en 1975 et *L'Abeille et l'Architecte,* en 1978. Depuis qu'il est devenu secrétaire général du parti socialiste, en 1971, ses livres s'arrachent comme des petits pains auprès des militants. Au total, il est l'auteur de près d'une vingtaine d'ouvrages.

À l'inverse, Georges Pompidou se contente du service minimum en matière littéraire. L'agrégé de lettres n'est pas un stakhanoviste de l'écriture. Certes, il publie trois essais de littérature dans les années cinquante, ainsi qu'une anthologie de la poésie française en 1961. Mais, pour le reste, il ne rédige qu'un seul de ces livres programme qui font la stature des leaders nationaux. C'est *Le Nœud gordien,* un ouvrage qu'il démarre durant sa traversée du désert, entre 1968 et 1969. Il s'y attelle dès son installation dans les locaux mis à sa disposition par le gouvernement, rue de la Tour-Maubourg, à Paris. Sorti en 1974, l'ouvrage enregistre des scores de vente à peine corrects pour les standards de l'époque.

Jacques Chirac ne fait pourtant pas mieux. Il faut dire que lui non plus n'est pas un foudre de guerre. Mais l'édition est un passage obligé pour tout homme politique en quête d'un destin national. Il sort donc non pas un, mais deux livres coup sur coup, en 1978, deux ans après sa démission de Matignon : des discours-programmes censés lui dessiner une nouvelle stature, à quelques semaines des élections législatives. Intitulés *Discours pour la France à l'heure du choix* et *La Lueur de l'espérance : réflexion du soir pour le matin,* ils enregistrent tous les deux un échec commercial.

Cela n'arrête pas le futur « numéro 5 » qui n'a aucune prétention d'écrivain. Pour lui, le livre est un vecteur de communication politique. Certainement pas une œuvre littéraire et encore moins un veau d'or… Rebelote donc, à l'aube de l'élection présidentielle de 1995 : le maire de Paris publie d'abord, en 1994, *Une nouvelle France* où il plaide pour un nouveau contrat social entre les Français. Surprise : cette fois-ci, les lecteurs s'arrachent ses réflexions. Le succès de librairie est enfin eu rendez-vous.

Le public répond aussi présent à l'occasion de la sortie de *La France pour tous* l'année suivante, à quelques mois de l'échéance électorale. Il s'agit en fait de son programme de candidat à l'élection suprême : après avoir réussi à renverser la tendance qui le donnait largement battu par son adversaire de droite, Édouard Balladur, il s'y fait le champion de la lutte contre la « fracture sociale ». Un discours qui assure son élection après les deux échecs de 1981 et 1988…

Ce n'est pas avec un discours ni même avec un programme que son successeur inaugure sa carrière d'écrivain. C'est avec une biographie. Celle de Georges Mandel, plus précisément, ce « moine de la politique » pour lequel Nicolas Sarkozy avoue son admiration, en 1994. Le jeune ministre du Budget d'Édouard Balladur, justement, travaille déjà à sa stature d'homme d'État.

Sa bibliographie suit d'ailleurs la courbe de son ascension politique. Perçu – déjà – comme l'étoile montante de la droite et futur probable Premier ministre de Balladur, il récidive, en 1995, quelques semaines avant l'élection présidentielle. Il publie un livre d'entretiens avec Michel Denisot, l'animateur-vedette de Canal +. *Au bout de la passion, l'équilibre* rencontre un succès d'estime, mais est plombé par la défaite de son champion dans les urnes. Les droits d'auteur vont tout de même être utiles au maire de Neuilly qui entame, à son tour, sa traversée du désert.

L'actuel président met du temps à devenir un phénomène d'édition. Pourtant, en comparaison de cette classe politique au discours ampoulé, ses mots simples et sans fard parlent aux électeurs. Mais ceux-ci ne sont pas encore accrocs à la « méthode Sarko ». Son troisième ouvrage, *Libre*, qui sort en 2001, est un flop. Dommage pour son éditeur, Robert Laffont, qui pensait avoir flairé le bon cheval ! »

L'animal est assez capricieux et change d'écurie dès son retour aux affaires. Lorsqu'il publie *La République, les Religions, l'Espérance,* en 2004, le ministre de l'Intérieur a signé chez un autre éditeur, Le Cerf. Il a pu choisir d'autant plus facilement qu'il est aussi en train de devenir le leader incontesté de la droite. Seul Jacques Chirac lui dispute encore le leadership du parti majoritaire. Mais le vieux président est en sursis et Nicolas Sarkozy en pleine ascension. De quoi surfer sur le succès littéraire !

Pourtant, lui non plus n'a pas de prétention d'écrivain. En revanche, sortir en librairie est autant l'occasion de développer son discours politique que de s'assurer de confortables rentrées financières. Car ses livres se vendent. Et même très bien, dans un contexte de baisse généralisée de l'écrit. Lorsque le sixième président entre à l'Élysée, ses droits d'auteurs sont devenus une source de revenus à part entière.

Les millionnaires de l'édition

Ils n'atteignent toutefois pas le niveau de ses prédécesseurs et Nicolas Sarkozy n'est pas un millionnaire de l'édition. À la différence de Charles de Gaulle et François Mitterrand, notamment, qui ont confortablement vécu de leurs droits d'auteur avant de prendre le pouvoir. Ou de Valéry Giscard d'Estaing, dont la carrière littéraire démarre, sur les chapeaux de roue, après son élection. Ces trois-là ont d'ailleurs moins de mérite, à une époque où les tirages moyens sont beaucoup plus importants qu'aujourd'hui. « Dans les années soixante ou soixante-dix, vendre 100 000 exemplaires d'un bouquin n'était pas exceptionnel. Cela arrivait tout le temps. Aujourd'hui, quand on en vend autant, on tient un best-seller », confirme le directeur marketing d'une grande maison d'édition de la place de Paris.

100 000 exemplaires : une bonne affaire pour l'éditeur… et pour l'auteur qui touche entre 10 % et 15 % du prix de vente. Un score que n'atteint évidemment pas le jeune de Gaulle lorsqu'il publie ses premiers livres, entre 1924 et 1938. Ces six ouvrages,

distillant théorie et stratégie militaire, en sont même loin. Le commandant y livre un travail de saint-cyrien plus que d'écrivain et, sur ce plan, il rencontre tout de même un certain succès d'estime. *Le Fil de l'épée*, qu'il publie chez Berger-Levrault en 1932, fait partie de l'un de ces titres fondateurs. Le futur héros de la France libre y trace déjà, à grands traits, sa personnalité : celle « d'un homme de caractère », qui prend les décisions dans l'adversité grâce à sa rigueur morale. L'homme du 18-Juin est déjà là, en filigrane.

Ces ouvrages militaires assoient donc sa réputation et finissent par lui rapporter de l'argent. Lorsqu'il publie *Vers l'armée de métier*, en 1934, le succès – relatif – est pour la première fois au rendez-vous. Il y détaille ses conceptions de l'armée moderne, constituée autour de divisions mécaniques blindées rapides et efficaces. Un ouvrage qui connaît un destin singulier : s'il ne s'écoule qu'à 700 exemplaires en France, il se vend dix fois plus en Allemagne où il est « lu à haute voix à Hitler sur le conseil de ses généraux[43] ».

Toujours est-il que les ventes lui rapportent quelques milliers de francs. De quoi se constituer une petite cagnotte. Avec ses droits d'auteur, il complète son apport pour acheter en viager la maison de Colombey-les deux-Églises, en 1934.

Son destin exceptionnel va le faire entrer dans une autre dimension après la seconde guerre mondiale. Devenu l'homme qui a réussi à asseoir la France à la table des vainqueurs, rentré victorieux à Paris, il vient d'acquérir le statut de héros national. D'un point de vue littéraire aussi cela se ressent !

Son éditeur, Berger-Levrault, sort son premier ouvrage dès 1946 : un recueil de discours prononcés depuis 1940. Une bonne affaire pour le groupe lorrain. Les textes sont déjà écrits et l'imprimerie peut rouler immédiatement afin de satisfaire la soif des Français, avides d'en savoir plus sur ce grand échalas qui vient de leur faire remporter la victoire. Combien en tire-t-il

43. Philippe de Gaulle, *De Gaulle, mon père*, Plon, 2003.

d'exemplaires ? Contactée, la maison d'édition assure ne pas être en mesure de retrouver les tirages.

Les *Discours et messages 1940-1946* s'écoulent probablement à plusieurs centaines de milliers d'exemplaires. Un bon tirage pour l'époque. Berger-Levrault en assure une réédition dès l'année suivante. C'est d'ailleurs sa dernière collaboration avec le Général qui signe chez Plon, à la fin des années quarante. La maison parisienne, qui devient son éditeur attitré, n'aura pas à le regretter…

Plon sort, à son tour, dès 1950, les *Discours et messages* qui s'enrichissent au fur et à mesure des années. Il en assure même, lui aussi, plusieurs éditions qui, semble-t-il, s'écoulent encore à quelques centaines de milliers d'exemplaires. Des chiffres que l'éditeur n'a toutefois pas pu, lui-même, confirmer. « Il s'agit de titres trop anciens, explique-t-on au siège de Plon, rue Bonaparte, dans le 6e arrondissement de Paris. À l'époque, il n'existait pas de statistiques fiables, sorties de caisse, comme aujourd'hui. Ce qui est sûr, c'est que Charles de Gaulle est un auteur qui vend. »

Ce qui est sûr également, c'est que le réservoir de fidèles du Général est fort de dizaines de millions de personnes dans la France de l'après-guerre. L'éditeur le sait. Assuré de ventes mirobolantes pour la sortie des *Mémoires de guerre*, il signe à son auteur un généreux contrat. C'est en tout cas ce que dit son fils, Philippe, qui assure que son père « a vécu d'emprunts jusqu'à ce que les droits d'auteur du premier tome de ses *Mémoires* viennent heureusement et largement les rembourser, à partir d'octobre 1954 [44] ».

Le premier tome sort justement en 1954. Intitulé *L'Appel*, il porte sur la période 1940-1942. Plon a probablement versé à Charles de Gaulle un solide à-valoir, c'est-à-dire une avance sur les ventes à venir, pour lui permettre de rembourser ses créanciers. Et l'accueil du public est à la hauteur des espérances. Avec

44. *Le Point*, « De Gaulle : titres de gloire », 5 septembre 1988.

L'Unité, qui sort en 1956, et *Le Salut*, en 1959, les chiffres de diffusion atteignent des scores stratosphériques : 1,5 million d'exemplaires, de l'édition originale aux tirages spéciaux[45]. À lui seul, *L'Appel* est traduit en vingt-deux langues, du serbo-croate à l'hébreu, en passant par l'allemand. Vendu quelques dizaines de nouveaux francs, chaque volume rapporte donc quelques francs à son auteur. Voilà le fondateur de la Ve République devenu multimillionnaire…

Cette manne va continuer de tomber dans sa poche tout au long de son séjour à l'Élysée. Elle fait même plus qu'arrondir les fins de mois, alors que le premier président de la Ve République refuse d'augmenter son traitement officiel durant ses onze années de pouvoir. Tous les ans, ce sont des dizaines de milliers d'exemplaires, voire plus, qui continuent de se vendre, partout dans le monde, lui rapportant à chaque fois sa petite part de bénéfice.

Lorsqu'il quitte la rue du Faubourg-Saint-Honoré, après la défaite au référendum de 1969, c'est une nouvelle fois dans l'écriture qu'il se réfugie. Il s'attelle cette fois-ci à la rédaction de ses *Mémoires d'espoir*, dans lesquelles il évoque ses années à la tête de l'État. Le premier tome, *Le Renouveau* sort en 1970. C'est un nouveau succès de librairie qui s'écoule à plusieurs centaines de milliers d'exemplaires. Mais Charles de Gaulle meurt avant d'avoir achevé le deuxième tome, *L'Effort*. Celui-ci, terminé par son fils, sort quelques mois plus tard, en 1971. Au total, les deux volumes séduisent 750 000 acheteurs dans les années qui suivent leur publication.

Plusieurs millions d'exemplaires, c'est le montant total des ventes des ouvrages de Charles de Gaulle depuis les années cinquante. Difficile d'être plus précis. Les maisons

45. Nous avons retenu une hypothèse standard de 12 % du prix de vente hors taxe qui revient à l'auteur, au-delà de 20 000 exemplaires. À la fin des années soixante, les *Mémoires* sont vendus au prix moyen de 45 francs. La TVA sur les livres étant, à l'époque, de 23 %, cela représente 4,158 francs par exemplaire vendu.

d'édition, qui suivent aujourd'hui à la loupe les résultats de leurs poulains, n'étaient pas, à l'époque, aussi rigoureuses. Quant aux instituts de contrôle des ventes, ils n'existaient tout simplement pas. En revanche, à scruter les témoignages de l'époque, nul doute que le Général vivait confortablement de ses droits d'auteur.

On veut bien les croire. Selon nos estimations, les trois volumes de ses *Mémoires de guerre*, qui se sont donc écoulés au total à 1,5 million d'exemplaires, lui auraient permis de percevoir la somme colossale de près de 6,2 millions de francs, jusqu'à son départ de l'Élysée, en 1969 [46]. Cela représente l'équivalent de 6,3 millions d'euros aujourd'hui !

Le destin d'écrivain de Valéry Giscard d'Estaing n'emprunte pas les mêmes chemins que son illustre aîné. Pourtant, lui aussi est un millionnaire de l'édition. Mais, il est aussi le seul président à ne jamais avoir cédé à la tentation de l'écriture avant son élection. Est-ce parce qu'il dispose déjà des moyens financiers d'un grand bourgeois ? Toujours est-il que lorsqu'il se présente rue du Faubourg-Saint-Honoré, en 1974, il est vierge… de toute bibliographie.

Parvenu à l'Élysée, il se rattrape. Il publie d'abord *Démocratie française* en 1976, un recueil de ses idées politiques sur la société et la démocratie. L'ouvrage est plus qu'un succès de librairie, c'est un véritable jackpot : en quelques semaines, il s'écoule à 800 000 exemplaires. Cela représente plus de 3,8 millions de francs de droits d'auteur [47]. Pour un coup d'essai, c'est un coup de maître.

VGE tente de rééditer l'exploit à l'aube de la présidentielle de 1981. Il publie *L'État de la France*, quelques semaines avant le scrutin. L'accueil est plus qu'honorable, mais reste loin de celui de *Démocratie française. 2 Français sur 3*, qui sort en 1984, lui permet, en revanche, de renouer avec le succès. Ce plaidoyer de

46. Soit l'équivalent de 2,15 millions d'euros. En 1976, le livre est vendu au prix moyen de 50 francs, tandis que la TVA s'élève à 20 %.

47. Entretien avec l'auteur, le 28 août 2008.

l'homme politique déçu, qui n'a pas encore renoncé à revenir à l'Élysée, fait l'objet d'une réédition dès l'année suivante.

Mais le grand œuvre de « numéro 3 », ce sont ses mémoires de président racontées dans *Le Pouvoir et la Vie*. Le premier tome, qui sort en 1988, rencontre immédiatement son public et se vend à plusieurs centaines de milliers d'exemplaires. Une bonne affaire pour la petite maison d'édition avec laquelle il a signé, Cie 12. Habituée au succès littéraire grâce à son best-seller *Le Livre des inventions*, la société est aussi dirigée par... Valérie-Anne Giscard d'Estaing !

« Les ventes ont été magnifiques, confirme la fille de VGE [48]. Le tome I s'est écoulé à 350 000 exemplaires en édition librairie, sans compter les sorties en poche et en club. Il a été traduit dans tous les grands pays. » Vendu 95 francs lors de sa sortie, *Le Pouvoir et la Vie* a donc rapporté plus de 3,2 millions de francs de droits d'auteur à « numéro 3 [49] ».

Publiés en 1991 et en 2006, les deux autres tomes, intitulés *L'Affrontement* et *Choisir*, marchent également très bien. « Au total, nous avons vendu environ 900 000 exemplaires des trois tomes, toutes éditions confondues, poursuit Valérie-Anne Giscard d'Estaing. Mon père a bénéficié d'un contrat tout à fait classique et a versé l'ensemble de ses droits d'auteur à la fondation pour l'enfance de ma mère. » À lui seul, le tome III, dont 85 000 exemplaires se sont écoulés au prix de 21,9 euros, permet au président d'empocher plus de 210 000 euros de droits d'auteur [50]. Au total, ce sont donc, au minimum, 1,3 million d'euros qui ont été versés à l'auteur pour les trois volumes de ses mémoires

Des revenus supplémentaires qui ont alimenté la Fondation pour l'enfance d'Anne-Aymone Giscard d'Estaing. Ont-ils été intégralement versés ? C'est ce qu'affirme l'ancien président qui,

48. L'équivalent de 710 000 euros. En 1988, la TVA est de 18,6 %.
49. En 2005, la TVA sur les livres est passée à 5,5 % (*Bulletin officiel des impôts* nº 82, du 12 mai 2005).
50. Entretien avec l'auteur, le 12 mai 2008.

visiblement, aime travailler en famille. On le comprend : il peut ainsi faire d'une pierre deux coups. Financer l'institution de son épouse lui permet, en même temps, de payer moins d'impôts. « Pour les particuliers, les dons aux fondations sont fiscalement très avantageux. Il peuvent déduire 66 % du don dans la limite de 20 % de leur revenu », précise le fiscaliste Thomas Raban [51]. De 1986 à 2006, Valéry Giscard d'Estaing a ainsi pu déduire de ses revenus, en théorie, plus de 850 000 euros. Comme quoi, il est toujours bon d'avoir du cœur...

VGE tient en tout cas la dragée haute, en matière littéraire, à son successeur, François Mitterrand. Ce troisième millionnaire de l'édition est pourtant un expert. Il est le plus prolifique des locataires de l'Élysée depuis 1958 : plus de vingt titres publiés entre 1945 et 1995. Au milieu des années soixante-dix, il vit même essentiellement de ses droits d'auteurs. « Jusqu'ici, j'ai vécu de mes honoraires d'avocat. Depuis que je suis secrétaire général du parti socialiste, l'essentiel de mes revenus provient de mes droits d'auteur : j'ai écrit plusieurs livres dont le tirage varie entre 30 000 et 40 000 exemplaires », confirme-t-il en 1976 [52].

Le Coup d'État permanent en 1964, *Ma part de vérité* en 1969, *Un socialisme du possible* en 1971, *La Rose au poing* en 1973... à chaque fois, ces ouvrages lui rapportent entre 80 000 et 110 000 francs [53]. Sans compter les éditions de poche. Le leader de l'opposition fait vendre, lui aussi. Mais c'est *La Paille et le Grain*, en 1975, qui achève de faire de lui un auteur à succès. Recueil de chroniques, dont certaines parues dans le journal socialiste *L'Unité*, l'ouvrage se vend à 180 000 exemplaires et 100 000 exemplaires en poche. Il rapporte plus de 600 000 francs à son auteur [54]. À titre de comparaison, son indemnité de parlementaire s'élève à 11 000 francs par mois.

---

51. *Le Nouvel Observateur*, « La fortune des Français », 18 octobre 1976.
52. Entre 81 000 et 112 000 euros.
53. Soit 380 000 euros.
54. Environ 235 000 euros.

Le futur président récidive avec *L'Abeille et l'Architecte*, en 1978. Il y détaille ses pensées, réflexions et commentaires sur la France giscardienne. Il y peaufine aussi un peu plus sa stature d'homme d'État, ce personnage qui « se distingue à sa capacité de prendre en compte les terres inconnues, une fois le reste exploré ». Ce nouveau recueil de chroniques lui rapporte près d'un demi-million de francs [55]. Il ne le dit pas, mais, dans la bagarre qui s'annonce pour l'élection présidentielle de 1981, le candidat du parti socialiste dispose désormais des moyens financiers d'un grand bourgeois…

Il ne s'arrête pas en si bon chemin. Fin 1980, il sort *Ici et maintenant*, sa doctrine politique qu'il expose trois ans après la rupture du programme commun de la gauche et quelques mois avant la présidentielle. Le livre trouve 60 000 lecteurs et rapporte près de 900 000 francs [56]. La machine est lancée et il n'est plus question de l'arrêter. Parvenu au pouvoir, il continue de publier des ouvrages. Après le premier tome de *Politique*, sorti en 1977 chez Fayard, le deuxième volume est publié en 1982, alors qu'il est en poste à l'Élysée. Au total, les deux tomes se vendent à 90 000 exemplaires. Encore 1,3 million de francs de droits d'auteur [57]…

François Mitterrand devient ainsi un phénomène d'édition. Il sort encore *Réflexions sur la politique extérieure de la France* en 1986. Puis une *Lettre à tous les Français*, son programme présidentiel de 1988. À chaque fois, des adresses politiques qui recueillent un large écho médiatique et se vendent entre 30 000 et 60 000 exemplaires. Son second septennat voit, lui, la publication de *Mémoire à deux voix*, cosigné avec Élie Wiesel, en 1995. Sur sa lancée, le président prépare déjà un livre sur les relations de la France et de l'Allemagne ainsi que ses mémoires, à paraître chez Odile Jacob. Las, il ne verra jamais l'aboutissement de ces

55. Environ 300 000 euros.
56. Environ 400 000 euros.
57. Environ 480 000 euros.

deux projets et décède en 1996. L'amoureux des belles lettres a gagné des millions de francs grâce à sa plume…

La manne des droits d'auteurs profite à tous

Eux aussi se remplissent les poches de droits d'auteur. Et s'ils ne sont pas millionnaires, certains n'en sont pas loin. Georges Pompidou, Jacques Chirac et Nicolas Sarkozy, que l'on retrouve pour une fois côte à côte, ont surtout une bibliographie limitée. Quinze livres à eux trois, quand François Mitterrand en a écrit une vingtaine à lui tout seul. Et leur production diffère largement de l'un à l'autre.

Le successeur de de Gaulle, pourtant agrégé de lettres, est ainsi l'auteur le moins prolifique du « club des Six ». Surtout, son œuvre n'a, presque, rien de politique. En fait, Georges Pompidou n'aime écrire que lorsqu'il n'est pas « aux affaires », et uniquement sur des sujets qui le passionnent. Ce qui n'est pas le cas de la politique.

Il sort tout de même l'un de ces livres de réflexion censés donner de l'épaisseur à un homme politique dans le débat national. C'est *Le Nœud gordien* qu'il commence à rédiger en 1968 et 1969, entre Matignon et l'Élysée. L'ouvrage ne sort qu'en 1974, quelque temps avant sa mort. Les circonstances en font, du coup, le testament politique du président en exercice sur des sujets aussi variés que l'université, Mai 68 ou le marxisme. Le livre, qui connaît un succès d'estime, ne contribuera bien sûr jamais au bien-être matériel de l'ancien banquier, décédé avant d'avoir pu en toucher les dividendes.

Combien d'exemplaires ont été écoulés exactement ? Plon n'a pas réussi à mettre la main sur les volumes de vente, comme pour Charles de Gaulle. Mais l'éditeur avance le chiffre, non vérifié, de 160 000 exemplaires. « Un tirage moyen pour l'époque », explique-t-on dans les couloirs de la vieille maison.

De quoi tout de même faire gagner plus de 750 000 francs à son auteur… ou à ses ayants droit[58].

Son lointain successeur, l'actuel locataire de l'Élysée, fait mieux. Il faut dire qu'il est l'auteur de plus d'un livre, à la différence de Pompidou. Il en a écrit six, exactement, et, lui aussi, a rencontré le succès. Il est même aujourd'hui l'homme politique qui attire le plus de lecteurs sur son nom, même si ses ventes sont loin d'atteindre les sommets enregistrés par de Gaulle ou Giscard.

Sa carrière littéraire démarre d'ailleurs doucement. La biographie qu'il consacre à Georges Mandel en 1994, chez Grasset, est avant tout destinée à asseoir sa stature d'homme d'État. Nicolas Sarkozy n'y développe pas le ton qu'on lui connaît aujourd'hui et qui a séduit les électeurs en 2007. À l'époque, 17 500 exemplaires seulement trouvent preneurs auprès des inconditionnels, selon l'éditeur. De quoi rapporter 25 641 euros à peine…

C'est lorsqu'il parle à la première personne que « numéro 6 » devient un phénomène d'édition. Passant d'un éditeur à l'autre, il quitte Grasset pour signer chez Albin Michel en 1995. Il publie *Au bout de la passion, l'équilibre*, un livre d'entretiens avec Michel Denisot. Combien s'en vend-il exactement ? Albin Michel, son éditeur, n'a pas souhaité nous répondre. Il est bien le seul… Toujours est-il que le livre, semble-t-il, se vend à plusieurs dizaines de milliers d'exemplaires. Un bon résultat qui génère quelques dizaines de milliers d'euros à partager entre les deux auteurs. De quoi tout de même améliorer le train de vie du maire de Neuilly, en pleine traversée du désert.

En comparaison, *Libre*, qui sort en 2001, est un échec. Publié par Robert Laffont, son troisième livre ne trouve que 13 560 lecteurs disposés à dépenser 21 euros pour s'enrichir des réflexions du candidat battu aux élections européennes de 1999. Lui ne s'enrichit, par la même occasion, que de 27 000 euros.

58. Données Gfk au 29 février 2008, sorties caisse, tous circuits confondus.

À croire que, seul en couverture, il a du mal à convaincre le public. Il faut dire qu'il n'est pas encore ce ministre de l'Intérieur, dont le discours musclé va bientôt faire merveille auprès des électeurs.

Tout change en 2004. Devenu le maître, presque, incontesté de la droite, Nicolas Sarkozy surfe, dès lors, sur la vague du succès littéraire : 49 078 exemplaires pour *La République, les Religions, l'Espérance,* publié cette année-là ; 251 166 exemplaires pour *Témoignage,* sorti en 2006 ; 47 966 ventes pour *Ensemble,* son programme présidentiel de 2007 [59]... D'après nos calculs, il a empoché, pour ses trois derniers livres, plus de 642 000 euros de droits d'auteur [60]. Si l'on ajoute les éditions de poche, ce sont près de 20 000 euros supplémentaires qui tombent dans sa poche [61]. Une hypothèse basse tant il est probable que le futur chef de l'État a négocié avec ses éditeurs des conditions un peu plus avantageuses que le commun des mortels !

Le voilà donc, en tout cas, à la tête d'une petite fortune gagnée en droits d'auteur... Une manne que le futur président utilise pour maintenir son train de vie et... reconquérir Cécilia. Durant l'hiver 2006, alors que le couple vient de se retrouver, il l'emmène passer les vacances de Noël dans un palace cinq étoiles de Davos, en Suisse. Un séjour au coût astronomique. « Nicolas a claqué la quasi-totalité des royalties de ses bouquins dans la réconciliation », confie un proche [62]. Apparemment, cela n'a pas suffi...

L'actuel locataire de l'Élysée peut toujours se consoler en se disant qu'il fait mieux que son prédécesseur rue du

59. Ils se répartissent ainsi : 80 495 euros pour *La République, les Religions, l'Espérance,* 481 349 euros pour *Témoignage* et 81 046 euros pour *Ensemble.*

60. Toujours selon une hypothèse standard, les auteurs touchant, en général, 5 % du prix de vente hors-taxe, soit 0,30 euros par exemplaire. Nicolas Sarkozy a réalisé des tirages moyens d'un peu plus de 20 000 exemplaires en édition poche (données Gfk au 29 février 2008).

61. Renaud DÉLY et Didier HASSOUX, *Sarkozy et l'argent roi,* Calmann-Lévy, 2008.

62. Données Gfk sorties de caisse, au 29 février 2008.

Faubourg-Saint-Honoré, en matière de droits d'auteur. Il faut dire que Jacques Chirac n'a vraiment pas l'âme d'un écrivain. Son « œuvre », ce sont d'abord ses discours et ses programmes qu'il publie au gré des échéances électorales. Un passage obligé pour l'homme politique qui aspire à un destin national.

Il sort ainsi coup sur coup deux livres, à quelques mois des élections législatives de 1978 : sa *Réflexion du soir pour le matin*, mais aussi un *Discours pour la France à l'heure du choix*. Des ouvrages qui ne dépassent pas les quelques milliers d'exemplaires. Il récidive pourtant en vue de l'élection de 1995. Avec plus de succès, cette fois. Ses réflexions sur *Une nouvelle France*, en 1994, trouvent 131 470 lecteurs et lui rapportent tout de même l'équivalent de 100 000 euros. *La France pour tous*, son programme présidentiel de 1995, que la rumeur dit écrit par un journaliste du *Figaro* aujourd'hui à la retraite, se vend, lui, à 63 000 exemplaires. Encore 47 000 euros de droits d'auteur dans la poche…

Parvenu au pouvoir, « numéro 5 » s'impose un long silence éditorial de douze ans avant de sortir, en 2007, *Mon combat pour la paix* et *Mon combat pour la France*. Il s'agit de deux recueils de ses discours, prononcés durant les douze ans passés à l'Élysée, sur la politique internationale d'une part et la politique intérieure d'autre part, que publie l'éditeur Odile Jacob. De quoi réjouir les historiens, mais pas forcément le grand public, qui réserve à ses livres, un accueil plutôt mitigé…

Tirés à 100 000 exemplaires chacun, les deux recueils enregistrent un bide retentissant. *Mon combat pour la France* n'intéresse que 2 486 acheteurs tandis que le second volume s'écoule à 2 385 exemplaires[63]. À peine de quoi rapporter 8 500 euros de droits d'auteur à Jacques Chirac[64]. Son épouse Bernadette a fait beaucoup mieux…

63. Nous avons cette fois retenu une hypothèse standard de 8 % du prix de vente hors taxe qui revient à l'auteur, en-deçà de 10 000 exemplaires.
64. Lire chap. « Une vie à l'abri du besoin ».

Ayants droit et famille : la bonne affaire

C'est l'une des particularités des présidents de la République. Devenus des personnalités, voire des « people », ils suscitent parfois dans leur entourage d'étranges vocations littéraires. À l'image des acteurs ou des chanteurs de légende, voilà les « fils de », « frères de », « femmes de » pris d'une soudaine envie de raconter les moindres détails de la vie aux côtés de leur grand homme. Un filon lucratif que leur dispute les héritiers à la tête d'archives toutes prêtes à être publiées...

Philippe de Gaulle a, lui, fait les deux. Légataire universel de son père[65], l'amiral a commencé par publier les *Lettres, notes et carnets* de l'ancien président, à partir de 1983. Quatorze tomes au total, constitués de documents familiaux ou officiels récupérés dans les archives, très ordonnées, du Général. Un véritable trésor tant l'homme du 18-Juin suscite toujours l'engouement des lecteurs. « De Gaulle, ça marche toujours. Le Général n'a jamais cessé de faire vendre », confirme-t-on chez Plon, l'éditeur du père, et désormais du fils.

De fait, le filon semble inépuisable. Après les notes et la correspondance, les discours et les adresses publiques font l'objet d'une série de publications. Vingt tomes au total de *Discours et messages* qui rassemblent la bonne parole du fondateur de la Ve République, depuis 1940 jusqu'en 1969. À chaque parution, c'est le jackpot, ou presque. Entre 20 000 et 30 000 exemplaires pour chacun des trente-quatre volumes... Au total, des centaines de milliers d'euros de droits d'auteur qui tombent dans la poche de Philippe de Gaulle.

L'amiral n'est d'ailleurs pas seulement le grand ordonnateur de la mémoire de son père. Il est aussi un auteur, lui-même à succès. Son sujet de prédilection : le général de Gaulle, justement. Il faut dire qu'il est bien placé pour en parler... Il écrit donc ses *Mémoires accessoires*, en deux tomes, en 1997 et en

65. Le pourcentage accordé aux auteurs, dans le cas des beaux livres, est plutôt de 8 % du prix de vente hors-taxe.

2000, dans lesquels il raconte les longues confidences que lui faisait son père sur l'état du monde. Un succès à nouveau…

Mais son best-seller, il le publie en 2003, avec la sortie du premier tome de *De Gaulle, mon père*, un livre d'entretiens avec le journaliste Michel Tauriac. Philippe de Gaulle y raconte cette fois l'homme privé, le grand-père et le vieil homme au crépuscule de sa vie. Une plongée au cœur de l'intimité du premier président qui trouve grâce auprès de 600 000 lecteurs. Le second volume, édité l'année suivante, s'écoule à 300 000 exemplaires. De quoi se partager plus de 2 millions d'euros de droits d'auteur…

Philippe de Gaulle et Michel Tauriac récidivent d'ailleurs, en 2006, avec *Mon père en images*. Comme son nom l'indique, il reprend le principe des deux tomes précédents sur la base des photos de famille conservées par l'héritier. Cette fois-ci, c'est l'éditeur Michel Lafon qui se frotte les mains à l'avance. Il prend peu de risques : le livre s'écoule à 38 000 exemplaires, malgré un prix de vente de 40 euros. Un très bon résultat, compte tenu de son coût, qui rapporte encore 114 000 euros aux auteurs[66]. Philippe de Gaulle peut au moins compter sur la notoriété intarissable de son père. Son nom est toujours aujourd'hui un gage de succès éditorial…

Ce n'est pas le cas de tous les proches de présidents. Robert Mitterrand en sait quelque chose, qui sort *Frère de quelqu'un*, en 1988. L'aîné des garçons de cette famille nombreuse parle de ses jeunes années aux côtés de « François », tout en rappelant que, lui aussi, « a sa vie propre ». On ne peut pas dire que l'ouvrage remporte un franc succès…

La veuve du quatrième président est, en revanche, bien mieux lotie. Même si l'auteur du *Printemps des insoumis*, sorti en 1988, ne déplace pas les foules à chacune de ses parutions, la sortie de *En toutes libertés*, en 1996, l'a fait entrer dans le club restreint des supervendeurs. Publié deux mois à peine après la disparition de son époux, ses confessions emportent l'adhésion de près de

66. Soit l'équivalent de 1,1 million d'euros.

500 000 lecteurs, toutes éditions confondues. Un carton qui permet à Danielle Mitterrand d'empocher plus de 6 millions de francs de droits d'auteur [67].

Les scores enregistrés par l'ancienne première dame pour son *Livre de ma mémoire,* édité en 2007, n'atteignent pas de tels sommets, même s'ils ont de quoi faire rêver la grande majorité des auteurs. Plus de 40 000 exemplaires vendus en moins de seize mois d'existence pour ce récit très personnel. Et plus de 100 000 euros de droits d'auteur d'un seul coup. Son nouvel éditeur, Gawsewitch, peut se frotter les mains.

Celui de Bernadette Chirac aussi d'ailleurs. Plon n'a pas manqué de flair en signant un contrat à l'épouse de « numéro 5 ». Elle n'a pourtant jamais publié de livre auparavant et, à l'exception de son mandat de conseillère municipale de Sarran, en Corrèze, elle n'occupe aucun rôle politique sur la scène nationale. Mais son opération Pièces jaunes a fait d'elle un personnage médiatique incontournable et le public a envie d'en savoir plus. Les conditions sont réunies pour sortir un best-seller…

La première dame accorde donc une série d'entretiens à Patrick de Carolis, un proche devenu depuis le patron de France Télévision. Le livre, intitulé *Conversation,* sort en 2001. « Quand on est la femme de Jacques Chirac, on ne peut pas rester trop effacée ! Ou alors on court le risque d'être écrasée… Que voulez-vous, je n'aime pas être écrasée », attaque-t-elle d'emblée. Les lecteurs accrochent : dès les premières semaines, le livre caracole en tête des ventes en librairie.

Plusieurs milliers d'exemplaires vendus chaque jour, un tirage de 250 000 exemplaires… devant le succès, la presse s'empare du « phénomène Bernadette ». Son livre finit même par être l'essai politique de l'année. En quelques mois, il s'écoule à 220 000 exemplaires, éclipsant par la même occasion les ténors

67. Philippe de Gaulle, *De Gaulle, mon père,* Plon, 2003.

des grands partis. Parmi eux, un certain Nicolas Sarkozy, dont le livre, *Libre*, publié la même année, est justement un échec.

L'épouse du cinquième président peut savourer sa victoire. Elle qui venait de conquérir une certaine reconnaissance publique a désormais les moyens de son indépendance financière. *Conversation* rapporte à leurs deux auteurs plus de 380 000 euros de gains. De quoi faire regretter à Bernadette de n'avoir plus jamais pris la plume…

4. À CHACUN SON HÉRITAGE

Droits d'auteur généreux, salaires confortables, retraites multiples, portefeuilles boursiers performants, cadeaux protocolaires… les présidents de la Ve République ont multiplié les sources de revenus au cours de leur carrière, accumulant un confortable patrimoine immobilier et financier. Une situation qui laisse augurer à leurs héritiers un solide pécule. Ce n'est pourtant pas tout le temps le cas. À la mort des uns et au départ de l'Élysée des autres, quand vient l'heure des comptes, les ayants droit ne sont pas tous logés à la même enseigne…

Les fins de mois – presque – difficiles

Écrivain planétaire, Charles de Gaulle meurt lesté d'un solide compte en banque. C'est du moins l'impression qu'il laisse, au vu des impressionnantes ventes de ses *Mémoires*. Sans compter qu'il a préparé sa disparition dans les moindres détails, veillant à tout laisser en ordre derrière lui. Politiquement, il a rédigé un testament qui ne souffre aucune contestation. Financièrement, il a laissé de l'argent pour les besoins les plus urgents. C'est son éditeur, Plon, qui est chargé, de façon posthume, de débloquer les fonds pour les obsèques et la vie courante. Ils sont prélevés sur les droits d'auteur que le Général continuait de percevoir et versés à ses proches.

En revanche, lui qui a toujours refusé toute sorte de privilèges, a négligé, à dessein, certains détails de sa succession. En 1945, le Parlement a, en effet, voté en sa faveur une motion, la même que pour Clemenceau après la première guerre mondiale, au terme de laquelle il « a bien mérité de la nation ». Cette décision doit, en principe, suspendre tout droit de succession sur ses avoirs. Mais, en l'absence de décret d'application, elle demeure inapplicable. C'est toujours le cas, ce 9 novembre 1970. Charles de Gaulle, de son vivant, ne s'est jamais préoccupé de la question[68].

C'est son successeur, Georges Pompidou, qui intervient pour débloquer la situation. Malgré l'éloignement des deux hommes depuis 1968, il fait publier le décret d'application de cette décision le 15 novembre, trois jours après l'enterrement. De la même façon, il s'inquiète de la situation financière de sa veuve et fait adopter plusieurs décrets l'autorisant à toucher une pension de réversion. Jusqu'à sa mort, le 8 novembre 1979 à Paris, Yvonne de Gaulle perçoit donc 50 % de la solde de son mari et 50 % de celle d'un conseiller d'État, c'est-à-dire la retraite de président de la République que le Général avait toujours refusé de toucher…

Jacques Foccart, l'homme de l'ombre du Général, livre, toutefois, une version différente de cette succession. Dans son *Journal de l'Élysée*[69], ce très proche conseiller, qui voyait le chef de l'État tous les jours, décrit un de Gaulle plus préoccupé des affaires d'argent qu'il veut le laisser paraître. Ainsi, s'il achète des obligations d'État à chaque émission d'emprunt, c'est d'abord pour que ses héritiers puissent être exonérés, en partie et tout à fait légalement, des droits de succession. Des héritiers qui auraient aussi reçu, selon lui, une somme de 160 000 francs en

---

68. Un général n'est, en fait, jamais à la retraite. Passé son service d'active, il est versé dans ce que l'armée appelle la « deuxième section ». À ce titre, il peut être rappelé à tout moment. En contrepartie, il continue de percevoir sa solde.

69. Jacques Foccart, *Journal de l'Élysée*, tomes I à V, Fayard-Jeune Afrique, 1997 à 2001.

liquide, le jour même du décès du Général, afin de faire face aux frais immédiats[70]. Foccart ne va tout de même pas jusqu'à détailler la provenance de cette somme.

Apparemment bien dotés, les héritiers du Général font effectivement face à des difficultés financières après sa disparition. D'abord, le grand homme, de son vivant, était du genre prodigue, n'hésitant pas à aider financièrement un proche, un voisin ou même un inconnu dans le besoin. Et puis, ses droits d'auteurs ne tombent pas aussi régulièrement que le voudraient ses ayants droit. Surtout, la Boisserie, la maison de Colombey, est un gouffre financier. En 1979, Philippe de Gaulle, son légataire universel, se résout à vendre une partie des affaires personnelles de son père pour financer son entretien.

« Pour garder ce patrimoine familial, je vais me séparer d'un certain nombre d'objets – qui ne sont pas d'exposition ou de musée –, des cadeaux personnels qui ont été offerts à mon père. Je pourrai ainsi tenir quelques années. Après, on verra. C'est pour moi le seul moyen de conserver Colombey », confie-t-il au journaliste Jean Mauriac[71]. Il s'apprête ainsi à vendre, le 7 juin 1979, une douzaine de pièces très rares à un prix particulièrement élevé, dont l'épée de Napoléon donnée à son père, l'une des quatre existant en France à l'époque. Mais, la vente, à la demande insistante des barons du gaullisme est annulée au dernier moment…

Mais cela ne suffit apparemment pas. La même année, il confie la Boisserie à l'État afin de la transformer en musée. La grande demeure ouvre ses portes au public le 9 novembre, pour le neuvième anniversaire de la mort de son père. Entre-temps, Philippe de Gaulle a vidé la maison de ses objets de valeur et emmené, notamment, les éditions originales du Général.

La République chargée de l'entretien, du chauffage, du gardiennage, des impôts, l'amiral conserve tout de même la

70. Soit l'équivalent de 150 000 euros.
71. Jean Mauriac, *L'Après de Gaulle*, Fayard, 2006.

propriété du domaine. « La maison est à moi. Elle est ma propriété. Je reste chez moi. Je peux y revenir demain », lâche-t-il en 1984 [72]. Un arrangement d'autant plus intéressant qu'il perçoit aussi une partie des droits d'entrée payés par les visiteurs…

La Boisserie accueille pourtant de moins en moins de visiteurs et est aujourd'hui toujours déficitaire, c'est-à-dire à la charge du contribuable… Une situation qui pourrait peut-être inciter Philippe de Gaulle à mettre sa menace à exécution et à revenir s'installer en Haute-Marne. Le montant des droits d'auteur sur les livres du Général, mais aussi sur les siens, devrait désormais lui permettre de conserver ce patrimoine familial qu'il continue de fréquenter le week-end. Et de l'entretenir sur ses deniers personnels…

Ses problèmes financiers ne sont pourtant rien en comparaison de ceux de Danielle Mitterrand. Malgré la bonne tenue de ses ventes en librairie, la veuve du quatrième président a traversé, il y a quelques années, une tempête qui a bien failli la laisser sur la paille. Pourtant, elle aussi a droit à une pension de réversion, à l'image d'Yvonne de Gaulle. Elle perçoit ainsi 50 % du montant des retraites de son mari. Un petit pécule de 52 000 francs en 1995 qui, inflation comprise, a grimpé aujourd'hui pour atteindre environ 9 800 euros. À l'époque, il lui reste aussi à régler le solde de l'emprunt pour l'appartement de la rue de Bièvre, d'un montant de 280 000 francs [73].

Ce n'est toutefois pas la cause des difficultés financières qu'enregistrent les héritiers de François Mitterrand. Les vraies raisons sont plutôt à chercher du côté des ennuis judiciaires de Jean-Christophe, à la fin de l'année 2000. Tenue de payer une caution de 5 millions de francs [74] pour faire sortir son fils incarcéré à la prison de la Santé, Danielle Mitterrand parvient à réunir la somme et à le faire libérer. Mais la bataille judiciaire ne fait

---

72. *Ibid.*
73. Environ 43 000 euros.
74. Soit 760 000 euros.

que commencer et, en 2004, poursuivi pour fraude fiscale, il est condamné à rembourser au fisc un total de 600 000 euros, sous peine de retourner en prison.

Pour assurer sa défense et payer une partie de cette dette, Danielle Mitterrand doit hypothéquer l'appartement de la rue de Bièvre. Elle en tire 300 000 euros, tout juste la moitié de la somme réclamée. Elle décide donc de vendre une partie des meubles de l'ancien président aux enchères. Le 26 octobre 2004, à l'hôtel Dassault à Paris, une dizaine de pièces, auparavant installées rue de Bièvre ou à Latché, sont mises à l'encan. La salle à manger, œuvre du designer danois, Poul Kjŕholm, est emportée pour 18 744 euros par… le parti socialiste. Un coup de pouce bienvenu, car la vente ne rapporte que 82 500 euros. Pas de quoi rembourser l'intégralité de la dette fiscale de Jean-Christophe Mitterrand. À croire que l'ancien président n'a pas laissé assez…

Une vie à l'abri du besoin

Eux, en revanche, n'ont pas de souci financier. Les héritiers de Georges Pompidou et de Jacques Chirac ne devraient pas avoir trop de mal à faire face à la baisse du pouvoir d'achat, ce « marronnier » de l'année 2008. La descendance de Valéry Giscard d'Estaing non plus d'ailleurs, au vu du patrimoine que le troisième président a accumulé. Quant aux ayants droit de Nicolas Sarkozy, qu'ils se rassurent. Plombé par deux divorces onéreux, l'actuel locataire de l'Élysée a bien l'intention de se refaire !

Détenteur du record de longévité à Matignon, mais président le plus éphémère de la Ve République, Georges Pompidou n'a pas mérité de la nation, comme son prédécesseur. Lorsqu'il meurt, le 2 avril 1974, ses héritiers ne disposent donc d'aucune exonération de droits de succession. Claude, sa veuve, se retrouve tout de même à la tête d'un joli patrimoine. Elle bénéficie aussi des dispositions prises pour Yvonne de Gaulle et perçoit les pensions de réversion de son mari. Celle de président d'abord, puisque son octroi ne dépend pas du nombre d'années passées à la tête de l'État. Celle de député ensuite, même si la somme est symbolique, Georges Pompidou ayant été député du Cantal de juin 1968 à juin 1969 seulement. Au total, cela représente un peu plus de 35 000 francs par an en 1974 [75].

Surtout, l'épouse du défunt perçoit une partie de la retraite que touchait son mari depuis son passage à la banque Rothschild. Combien ? Sans doute, plusieurs dizaines de milliers d'euros par an au moment de son décès à elle, en août 2007. De quoi vivre d'autant plus confortablement que Claude Pompidou a peu de frais…

Personne n'en avait fait état, mais la veuve du deuxième président est, en effet, la première à bénéficier des toutes nouvelles dispositions prises par le successeur de son mari. En 1975, Valéry Giscard d'Estaing fait adopter un décret en conseil des Ministres donnant un statut officiel aux veuves de présidents de la République. Celles-ci se voient gratifier d'un appartement de fonction, d'une voiture, d'un chauffeur, d'un officier de sécurité et d'un secrétariat de cinq personnes. Un avant-goût de ce que fera Mitterrand en 1985 pour les présidents eux-mêmes. Problème : comme pour cette fameuse circulaire de 1985, le décret présidentiel ne fait l'objet d'aucune publication. Pour se préserver des revendications et des jalousies, l'État préfère garder secrètes certaines de ses décisions. Surtout celles qui accordent des avantages ou des primes à une catégorie seulement de la fonction publique…

« Ma mère a bénéficié de ce décret, confirme en tout cas, Alain Pompidou [76]. Il lui accordait des avantages en nature, en matière de logement, de voiture de fonction et de personnel. À ce titre, c'est l'État qui payait son loyer jusqu'à sa mort, à l'été 2007. » Soit 180 mètres carrés sur l'île Saint-Louis, l'un des endroits les plus chers de Paris. Au bas mot, 10 000 euros par mois… Ce dispositif, mis en place autour de la veuve de

75. L'équivalent de 24 000 euros environ.
76. Entretien avec l'auteur, le 3 septembre 2008.

Georges Pompidou, devait avoisiner au total les 350 000 euros par an. Il bénéficie également à Danielle Mitterrand, depuis 1996.

Claude Pompidou, elle, est pourtant loin de ces histoires de gros sous. Depuis son départ de l'Élysée, la veuve de l'ancien président n'a pas changé. Sa passion reste l'art contemporain et, quand elle le peut, elle se paye quelques tableaux. « J'ai récemment acquis des toiles de Monirot et de Menetrier. Maintenant, je n'achète que lorsque j'ai quatre sous. L'argent, soit dit en passant, ne m'intéresse pas », confie-t-elle en 1984[77]. Elle est décédée le 3 juillet 2007, à l'âge de 94 ans. Elle a été inhumée aux côtés de son mari, dans le petit cimetière d'Orvilliers.

Leur fils Alain est désormais à la tête du patrimoine du couple présidentiel. À commencer par la collection d'art contemporain. Pour régler la succession, il s'est séparé d'un petit nombre d'œuvres en mai 2008, à l'occasion d'une vente aux enchères organisée chez Sotheby's, à Paris. Les 27 et 28 mai, dix-huit pièces sont ainsi dispersées, dont une toile de Hans Hartung, adjugée 210 250 euros. Au total, la vente a rapporté près de 775 000 euros. De quoi acquitter les droits sur une succession de 2,5 millions d'euros. Pour solder le reste, l'héritier a proposé, en dation à l'État, « l'une des pièces les plus emblématiques de la collection ». Laquelle ? « Ce n'est pas public », élude-t-il. De Giacometti à Vasarely, les Pompidou en possédaient plusieurs des « pièces emblématiques »...

De son côté, Bernadette Chirac ne bénéficie évidemment pas du traitement réservé aux veuves de président de la République. Tout du moins pas encore. Et son mari, désormais occupé par sa nouvelle fondation, a probablement l'intention de la faire patienter le plus longtemps possible. En attendant, le temps passant, Jacques Chirac a tout de même commencé à penser à sa succession. Il a procédé à la donation de l'appartement de la rue

77. *Elle*, « Claude Pompidou : aujourd'hui on regrette mon mari », 5 avril 1984.

de Seine, en faveur de sa fille Claude, dès novembre 2004. Un joli cadeau : le logement de 114 mètres carrés situé au cinquième étage d'un immeuble en pierre de taille est estimé près de 900 000 euros. Les Chirac, qui en sont devenus propriétaires en 1982, n'y ont jamais habité…

Pour le reste, les héritiers du cinquième président ne devraient pas non plus être trop gênés aux entournures. Même appauvri par ses douze années de pouvoir, l'ancien locataire de l'Élysée reste à la tête d'un patrimoine officiel de 1,4 million d'euros. Sans compter que lui aussi a bien l'intention de se refaire. Au vu du montant de ses revenus mensuels depuis qu'il est à la retraite, il semble qu'il ait déjà commencé !

La bagarre devrait donc se poursuivre avec son meilleur ennemi, Valéry Giscard d'Estaing. « Numéro 3 » a-t-il organisé sa succession ? Interrogé sur ce sujet, et sur bien d'autres, il n'a pas souhaité répondre. Ses héritiers devraient en tout cas compter sur un épais matelas. Patrimoine immobilier, portefeuille boursier et revenus orientés à la hausse… gageons que ses ayants droit devraient être parmi les mieux lotis de cette galerie présidentielle.

L'actuel président devra mettre les bouchées doubles pour rattraper ses deux prédécesseurs toujours en vie. Ils ont mis la barre très haut ! Heureusement, l'actuel titulaire du poste a l'avantage de l'âge. D'ici à la retraite, il a largement le temps de gagner quelques millions d'euros. Pour les présidents, la vie active ne s'arrête vraiment jamais…

Conclusion

Des patrimoines qui se mesurent en millions, voire en dizaines de millions d'euros : nos présidents sont des hommes riches. C'est l'enseignement principal de cette enquête dont le but était de pousser des portes rarement ouvertes jusqu'à présent. Certains pourront s'élever contre cet état de fait et reprocher à nos dirigeants d'être trop riches, justement, pour être en prise avec les préoccupations quotidiennes des Français. D'autres, au contraire, seront tentés de se réjouir en voyant, dans cette bonne fortune, un rempart contre la corruption. Mais qu'ils soient millionnaires n'a, au final, rien de surprenant. Avant eux, les barons de la IVe République l'étaient aussi. Sans parler des rois et des empereurs, assis sur des richesses bien plus importantes. Bien sûr, il ne s'agit pas de comparer notre République avec un régime de droit divin. Seulement, on ne peut s'empêcher de constater que, depuis que l'homme vit en groupe, le chef de la meute s'arroge toujours la plus grosse part du gâteau…

Ce qui étonne plutôt, et même choque parfois, c'est cette différence si marquée de nos chefs d'État face à l'argent. Nul doute, l'époque a changé. Et la personnalité de ces stratèges parvenus au sommet de la politique en est le fruit. Même si, à grands traits, les hommes sont immuables, si l'ambition et la soif de pouvoir restent les mêmes, l'opposition de style entre les uns et les autres a de quoi nourrir la réflexion. Le général de Gaulle aurait-il encore sa place aujourd'hui dans une société où les valeurs sont d'abord matérielles ? À l'inverse, qui, de nos jours, a encore envie de revêtir les habits de moine de la politique dans lesquels le fondateur de la Ve République s'était drapé ? Le constat est cruel pour notre époque si moderne. Comme si la défense de l'intérêt général ou l'incarnation d'un idéal, au-delà des discours convenus, appartenaient pour toujours à un passé révolu…

Il serait ridicule de condamner pour cela l'ensemble de la société française. Le désintéressement existe toujours et les exemples abondent de citoyens disposés à s'investir pour le bien de tous. Mais force est de constater qu'il est en repli partout. À commencer par la politique : ce qui était autrefois une vocation est devenu un métier comme les autres où, désormais, on fait carrière comme on ferait « médecine » ou HEC. Il y a même une école pour cela. Où est la recherche de l'intérêt général dans cette vision de la chose publique ?

Publique, la politique l'est d'ailleurs de moins en moins. À mesure que les partis ont confisqué l'expression démocratique des électeurs, ils se sont éloignés d'eux. Aujourd'hui, le système est ainsi fait que seules les grandes formations ont accès au pouvoir. Inutile d'espérer devenir président si l'on n'appartient pas à l'une ou l'autre. Et, pour cela, il faut faire carrière… Dans un parti de gouvernement, comme dans une entreprise du CAC 40, cela signifie aussi vivre une autre vie, se couper des réalités de ses concitoyens, entrer dans un monde de voitures de fonction, de hauts salaires et de privilèges. Cela vaut pour tous, y compris pour nos présidents. Après tout, ce sont eux les auteurs des plus belles carrières, justement. Vainqueurs dans les urnes, le faste des palais nationaux peut les éblouir, le luxe les impressionner. Ce sont les attributs du pouvoir. Mais il serait vaniteux de se laisser aveugler. Tout ce qui brille n'est pas d'or.

Pour autant, l'argent n'est pas le diable. Il ne porte pas en lui les signes du mal. Mais ce n'est pas non plus une valeur morale que l'on peut porter en étendard. Jamais il n'égalera l'amour de la liberté, la volonté d'égalité et le besoin de fraternité des hommes. On ne meurt pas pour l'argent. Ou alors pour de mauvaises raisons. Simplement, il ne se partage pas. Nous sommes trop égoïstes pour cela. Ce qui se partage, c'est la prospérité. Équitablement distribués, les fameux fruits de la croissance après lesquels nous courons depuis si longtemps feraient plus que redonner du pouvoir d'achat à notre société. Ils constitueraient un nouveau ciment de la communauté nationale. Peut-être qu'alors, plus personne ne voudrait savoir combien gagne le président. On peut toujours rêver…

En tout cas, la France n'élira probablement jamais un président pauvre. Pas plus que les autres pays, d'ailleurs. Le voudrait-elle, elle ne le pourrait sûrement pas. C'est même le deuxième enseignement de cette enquête : l'exercice du pouvoir rend riche. On ne peut s'empêcher de le constater en observant nos présidents depuis 1958. Certes, Valéry Giscard d'Estaing naît dans un milieu fortuné qui l'aide et le soutient dans la progression fulgurante de sa carrière. Mais pour un VGE, combien de futurs chefs de l'État nés dans une famille issue de la classe moyenne et qui, pourtant, finissent millionnaires ? Cinq, exactement. C'est-à-dire tous les autres. Ce n'est pas le cas de tous les fils d'instituteurs, de patrons de PME ou d'avocats !

C'est donc bien le pouvoir qui a permis à nos chefs de l'État de se constituer une petite fortune. Ou plutôt, les qualités attachées au pouvoir, au premier rang desquelles l'attirance qu'il exerce sur tout et tous. On achète leurs livres pour connaître leur programme ou leur personnalité. On leur offre une collaboration dans un journal pour l'intérêt qu'ils suscitent. On vote pour eux pour les réseaux qu'ils ont su développer… Une évidence que les membres du « club des Six » se gardent bien de crier sur tous les toits. D'ailleurs, à chacun sa méthode pour se constituer un patrimoine. Quand Charles de Gaulle écrit, Georges Pompidou achète des tableaux et Giscard des châteaux. L'actuel locataire de l'Élysée, lui, ne jure aujourd'hui que par les placements financiers.

Bien sûr, devenir riche n'est pas une finalité pour tous. Mais pour le comprendre, il fallait mettre en perspective le parcours des uns et des autres. Fruit de leur tempérament, fruit aussi de leur époque, c'est cet itinéraire qui détermine leur rapport à l'argent. Et chaque étape compte : origine sociale, carrière, mariage, héritage... C'est aussi cette comparaison qui permet d'éclairer d'un jour nouveau la personnalité de nos présidents...

ANNEXE 1

JORF du 12 mai 1988 p. 7044

Déclaration de situation patrimoniale de M. François Mitterrand proclamé président de la République

NOR : HRUX8810380X

Établie conformément :

– à l'article 3-I, quatrième alinéa, de la loi nº 62-1292 du 6 novembre 1962 dans la rédaction qui lui a été donnée par l'article 1er de la loi organique nº 88-226 du 11 mars 1988 ;

– à l'article L.O. 135-1 du Code électoral, dans la rédaction qui lui a été donnée par l'article 5 de la loi organique susvisée du 11 mars 1988.

Je soussigné Mitterrand (François, Maurice) né le 26 octobre 1916 à Jarnac (Charente), marié le 28 octobre 1944 avec Mlle Danielle Gouze, sous le régime de la communauté, demeurant à Paris (5e), 22, rue de Bièvre, déclare sur l'honneur que mon patrimoine défini conformément aux dispositions de l'article L.O. 135-1 du Code électoral comporte les éléments ci-après à la date de la présente déclaration :

1. Biens immeubles

a) Résidence principale

Immeuble en copropriété, sis 22, rue de Bièvre, à Paris (5e), dont le déclarant est propriétaire pour 253 mètres carrés développés.

Cet immeuble a été acquis en octobre 1971 aux consorts Bors pour la somme de 380 000 F.

b) Résidence secondaire

Maison dite « de Gemmeur », sise à Latché, commune de Soustons (Landes), comportant vingt-deux hectares de terres, dont six hectares et demi plantés en pin.

Cette propriété a été achetée avec 1000 mètres carrés de terrain en août 1965 à M. d'Etchgoyen pour la somme de 4 500 F (elle était alors en très mauvais état).

c) Indivision

Mme Mitterrand possède en indivision avec ses frère et sœur une maison héritée de leurs parents en 1971, sise à Cluny (Saône-et-Loire), dont la valeur est de 231 750 F (un tiers indivis), et trois parcelles de terrain, également en Saône-et-Loire, pour une valeur de 5 150 F.

d) Propriétés non bâties

1. Un terrain avec un étang, d'une superficie totale de 1,03 hectare, sis à Planchez-en-Morvan (Nièvre). Cette propriété a été acquise en 1979 à M. et Mme P. Guillaume pour la somme de 10 000 F.

2. Un terrain sis à Hossegor(Landes), acquis en mars 1971 à Mme Schnell-Vadrot pour la somme de 23 895 F.

2. Créances, dépôts et dettes

Un livret de caisse d'épargne, avec un dépôt de 16 000 F environ ;

Un compte en banque au Crédit lyonnais, à Paris, pour les dépenses courantes et dont le montant à la date du 7 mars 1988 (dernier relevé) était de 483 890 F.

3. Meubles

La valeur du mobilier inscrite dans les contrats d'assurance (dégâts des eaux, incendie, etc.) est la suivante :

a) Pour la résidence de la rue de Bièvre : 1 513 000 F ;

b)Pour la résidence de Latché : 435 000 F.

Fait à Paris, le 29 mars 1988.

FRANÇOIS MITTERRAND

Annexe 2

JORF n° 104 du 3 mai 1995

ÉLECTION DU PRÉSIDENT DE LA RÉPUBLIQUE
Conseil constitutionnel de situation patrimoniale de M. François Mitterrand, président de la République (fin de fonctions le 20 mai 1995 à 24 heures)

NOR : HRUX9511269X

Je soussigné, Mitterrand (François, Maurice), né le 26 octobre 1916 à Jarnac (Charente), marié le 28 octobre 1944 avec Mlle Gouze (Danielle) sous le régime de la communauté, demeurant à Paris (5e), 22, rue de Bièvre.

Vu l'article 3-I, quatrième alinéa, de la loi n° 62-1292 du 6 novembre 1962 modifiée relative à l'élection du président de la République au suffrage universel direct ;

Vu l'article L.O. 135-1 du Code électoral ;

Vu la déclaration de situation patrimoniale adressée le 29 mars 1988 au Conseil constitutionnel,

Déclare sur l'honneur que mon patrimoine, défini conformément à l'article L.O. 135-1 du Code électoral, comporte les éléments ci-après à la date du dépôt de la présente déclaration.

I. – Éléments inchangés par rapport à la déclaration initiale du 29 mars 1988

La déclaration précitée du 29 mars 1988 est confirmée en tous ses points en ce qui concerne :

La résidence principale du 22, rue de Bièvre à Paris (5e) dont la valeur déclarée au titre de l'impôt sur la fortune de l'année 1994 s'établit à 4 719 000 F ;

L'indivision de Cluny (Saône-et-Loire) dont la valeur déclarée au titre de l'impôt sur la fortune de l'année 1994 s'établit à 238 000 F plus 5 300 F pour le terrain ;

La propriété de Planchez-en-Morvan (Nièvre) dont la valeur déclarée au titre de l'impôt sur la fortune de 1994 s'établit à 31 380 F.

II. – Modifications intervenues depuis la déclaration du 29 mars 1988

1° En ce qui concerne la maison de Latché, commune de Soustons (Landes), sa valeur déclarée au titre de l'impôt sur la fortune de l'année 1994 est de 1 120 000 F.

La valeur des terrains qui étaient la propriété du soussigné et qui font partie de la propriété de Latché était de 327 089 F en 1988 (valeur déclarée au titre de l'impôt sur la fortune de l'année 1989).

La valeur de ces terrains s'établit à la somme totale de 736 390 F au titre de l'impôt sur la fortune de l'année 1994.

La superficie des terrains a été augmentée par l'acquisition de plusieurs parcelles de bois en contrepartie de la vente de coupes de bois. Cette superficie atteint un peu plus de 37 hectares contre 22 hectares en mars 1988.

2° Le terrain sis à Hossegor (Landes) a été vendu en 1991 pour la somme de 350 000 F.

3° Les avoirs sont les suivants :

– livret de caisse d'épargne A : 22 154 F (au 1er janvier 1995) ;

– compte en banque au Crédit lyonnais : 232 784 F (dernier relevé du 2 avril 1995).

4o Valeur assurée du mobilier inscrite dans les contrats d'assurances au 1er janvier 1995 :

– pour la résidence de la rue de Bièvre : 1 923 603 F ;
– pour la résidence de Latché : 544 000 F.

III. – Cadeaux reçus par le président de la République

En sa qualité de président de la République, le soussigné a reçu un très grand nombre de cadeaux officiels qu'il a décidé de donner à la nation à travers quatre dépôts :

1o Le musée du Septennat à Château-Chinon (Nièvre) a reçu plus de 3 500 objets divers dont une dizaine d'une valeur individuelle supérieure à 300 000 F ;

2o La bibliothèque de Nevers (Nièvre) a reçu 19 400 ouvrages divers dont certains sont des ouvrages anciens ou rares de très grande valeur ;

3o Le musée de Clamecy (Nièvre) a reçu environ 330 tableaux dont certains ont une valeur de plusieurs dizaines de milliers de francs ;

4o Le musée de Jarnac (Charente) reçoit des objets divers, mais est spécialisé dans la présentation des gravures et assimilées offertes au président de la République.

La valeur estimée du dépôt du président de la République à Jarnac s'établit à la somme de 1 400 000 F.

FRANCOIS MITTERRAND

ANNEXE 3

JORF nº 113 du 14 mai 1995

ÉLECTION DU PRÉSIDENT DE LA RÉPUBLIQUE
Conseil constitutionnel
Proclamation des résultats de l'élection du président de la République

NOR : HRUX9511330X

Nom : Chirac.
Prénom : Jacques.
Régime matrimonial : communauté réduite aux acquêts.
Mandats locaux : député de la Corrèze, maire de Paris.

BIENS PROPRES ET BIENS COMMUNS

I. – Immeubles bâtis et non bâtis

– une résidence secondaire sise au lieudit Bity, commune de Sarran (Corrèze), élevée sur caves d'un rez-de-chaussée de quatre pièces (premier étage de six pièces, grenier sur le tout), comportant une maison de gardien et dépendances, cour, jardin et diverses parcelles en nature de terre, pré, pacage et bois, d'une contenance de dix hectares soixante-douze ares onze centiares (10 ha 72 a 11 ca).

Bien commun, acquis par acte en date du 3 mars 1969, pour un prix de deux cent mille francs (200 000 F), estimé aujourd'hui à un million deux cent mille francs (1 200 000 F) ;

– une maison rurale de quatre pièces avec grange et deux annexes de deux pièces, sise à Sainte-Féréole, commune de Donzenac (Corrèze), édifiée sur des parcelles de terre d'une contenance de trente-sept ares quatre centiares (37 a 4 ca).

Bien propre, acquis par succession au décès de Mme Marie-Louise Chirac, née Valette, intervenu le 4 septembre 1973, pour une valeur déclarée de cent mille francs (100 000 F), estimé aujourd'hui à trois cent quatre-vingt-cinq mille francs (385 000 F) ;

– un appartement avec cave, sis à Paris (75006), 95, rue de Seine, situé au cinquième étage de l'immeuble, d'une superficie de cent quatorze mètres carrés (114 m^2), constituant les lots 19, escalier A, et 113, bâtiment B, de la copropriété.

Bien propre acquis en échange d'une propriété située au Vésinet, selon acte d'échange en date du 17 février 1982, pour une valeur de sept cent mille francs (700 000 F), estimé aujourd'hui à deux millions deux cent mille francs (2 200 000 F).

II. – Valeurs mobilières (1)

1. Valeurs non cotées en Bourse

Néant.

2. Valeurs cotées en Bourse

Valeur de portefeuille arrêtée à la date du 30 mars 1995 :

– compte-titres ouvert au nom de Jacques Chirac :

– B.N.P., compte nº 008893-09 : 1 675 F ;

– comptes-titres ouverts au nom de Bernadette Chirac :

– Banque Paribas, compte PEA nº 120183153 W : 614 139,96 F ;

– Banque Vernes, compte nº 2212481307 : 1 532 249,78 F ;

– Société générale Paris-Marais, compte nº 52244-0 : 146 183 F ;

– B.N.P., compte nº 004656-13 : 400 980 F.

3. Placements divers

– bons de caisse pour un montant de 560 000 F ;

– cinquante parts sociales de 1 000 F numérotées 311 à 360 du G.F.A. du Puy-du-Haut constitué les 10 et 11 janvier 1993, au capital de 405 000 F divisé en 405 parts de 1 000 F, dont le siège est à Sarran, lieudit Le Cher, estimées à 50 000 F.

III. – Assurance-vie

Néant.

IV. – Comptes bancaires courants ou d'épargne (1)

État des comptes au 30 mars 1995 :

– compte dépôt ouvert au nom de Jacques Chirac :

– B.N.P., compte nº 008893-09 : 294 823,85 F ;

– comptes dépôts ouverts au nom de Bernadette Chirac :

– B.N.P., compte nº 004656-13 : 176 118,66 F ;

– Société générale Paris-Marais, compte nº 52244-0 : 274,58 F ;

– Vernes, compte nº 2212481307 : 8 585,30 F ;

– Paribas, compte PEA nº 12013153 W : 412,93 F.

V. et VI. – Meubles meublants, objets d'art et de collections

Mobilier meublant et objets d'art et de collections valeur d'assurance 750 000 F.

VII. – Véhicules terrestres à moteur

– 205 Peugeot, année 1984 ;
– 304 Peugeot, année 1970.

VIII. – Fonds de commerce ou clientèles, charges et offices

Néant.

IX. – Autres biens

Néant.

X. – Dettes d'emprunt

Néant.

XI. – Observations

Les sommes et valeurs figurant au crédit des comptes-titres et des comptes bancaires ouverts au nom de Bernadette Chirac proviennent essentiellement des produits de la vente de biens propres, entrés dans la communauté en l'absence de déclaration de remploi.

Bernadette Chirac ou ses héritiers auront sur la communauté, à sa dissolution, une créance de récompense calculée dans les conditions fixées aux articles 1469 et suivants du Code civil.

(1) Les valeurs mobilières et liquidités sont biens communs.

Fait à Paris, le 3 avril 1995.

JACQUES CHIRAC

Annexe 4

JORF n° 108 du 10 mai 2002 p. 9092
texte n° 2

DÉCLARATION
Déclaration de situation patrimoniale de M. Jacques Chirac proclamé président de la République

NOR : HRUX0200923X

Nom : Chirac.
Prénom : Jacques.
Régime matrimonial : communauté réduite aux acquêts.
Mandats locaux :

BIENS PROPRES ET BIENS COMMUNS

I. – Immeubles bâtis et non bâtis

Une résidence secondaire sise au lieudit Bity, commune de Sarran (Corrèze), élevée sur caves d'un rez-de-chaussée de quatre pièces, premier étage de six pièces, grenier sur le tout, comportant une maison de gardien et dépendances, cour, jardin et diverses parcelles en nature de terre, pré, pacage et bois, d'une contenance de dix hectares soixante-douze ares onze centiares (10 ha 72 a 11 ca) ;

Bien commun, acquis par acte en date du 3 mars 1969, pour un prix de deux cent mille francs (200 000 F), estimé aujourd'hui à trois cent soixante-cinq mille huit cent soixante-dix-huit euros (365 878 €).

Une maison rurale de quatre pièces avec grange et deux annexes de deux pièces, sise à Sainte-Féréole, commune de Donzenac (Corrèze), édifiée sur des parcelles de terre d'une contenance de 37 ares 41 centiares ;

Bien propre, acquis par succession au décès de Mme Marie-Louise Chirac, née Valette, intervenu le 4 septembre 1973, pour une valeur déclarée à la succession de cent mille francs (100 000 F), estimé aujourd'hui à cinquante-huit mille six cent quatre-vingt-treize euros (58 693 €).

Un appartement avec cave, sis à Paris (75006), 95, rue de Seine, situé au 5e étage de l'immeuble, d'une superficie de 114 mètres carrés, constituant les lots 19, escalier A, et 113, bâtiment B, de la copropriété ;

Bien propre, acquis en échange d'une propriété située au Vésinet, selon acte d'échange en date du 17 février 1982, pour une valeur de sept cent mille francs (700 000 F), estimé aujourd'hui à quatre cent soixante-neuf mille deux cent trente-huit euros (469 238 €).

II. – Valeurs mobilières

1. Valeurs non cotées en Bourse

Néant.

2. Valeurs cotées en Bourse

Comptes-titres (1) ouverts au nom de Bernadette Chirac, valeurs arrêtées à la date du 12 mars 2002 :

– BNP Paribas, agence 33, rue du 4-Septembre : compte PEA nº 730004030 : 200 663,59 € ; compte-titres nº 408237/95 : 382 713,40 € ;
– BNP Paribas, agence Kléber : compte-titres nº 004656-13 : 60 357,01 €.

3. Placements divers

50 parts sociales de 152,45 € numérotées de 311 à 360 du GFA du Puy-du-Haut, constitué les 10 et 11 janvier 1993, au capital de 61 741,85 €, divisé en 405 parts de 152,45 €, dont le siège est à Sarran, lieudit Le Cher, estimées à 7 622,45 €.

III. – Assurance-vie

Néant.

IV. – Comptes bancaires courants ou d'épargne

Comptes ouverts (1) au nom de Bernadette Chirac, relevés au 12 mars 2002 :
– BNP Paribas, agence 33, rue du 4-Septembre : compte chèques nº 241/40 : 313,11 € ;
– BNP Paribas, agence Kléber : compte espèces nº 004656-13 : 8 070,44 € ;
– Société générale : PEL compte nº 0059522440 : 22 894,48 €.
Compte indivision Chodron de Courcel (1) :
– Paribas Orange, compte nº 408230/19 : 12 411 € représentant le tiers indivis de ce compte.
Compte ouvert au nom de Jacques Chirac :
– BNP Paribas, agence Kléber, compte espèces nº 008893/09 : 7 777,31 €.

V et VI. – Meubles meublants, objets d'art et de collections

Mobilier meublant et objets d'art et de collections : valeur d'assurance : 125 700 €.

VII. – Véhicules terrestres à moteur

205 Peugeot (année 1984) : pour mémoire.

VIII. – Fonds de commerce ou clientèles, charges et offices

Néant.

IX. – Autres biens

Néant.

X. – Dettes d'emprunt

Néant.

XI. – Observations

(1) L'ensemble des comptes-titres et comptes bancaires ouverts au nom de Bernadette Chirac l'ont été après le mariage et constituent de ce fait des acquêts de communauté. Les sommes et valeurs figurant à leur crédit proviennent essentiellement de deux sources :

– du virement de sommes et valeurs reçues par voie de donations et de succession de ses père et mère, décédés respectivement le 12 avril 1985 et le 20 octobre 2000 ;

– du produit de la vente de biens propres.

Ces sommes et valeurs sont tombées dans la communauté en l'absence de déclaration de remploi.

Bernadette Chirac (ou ses héritiers) aura sur la communauté, à sa dissolution, une créance de récompense calculée dans les conditions prévues dans son contrat de mariage reçu par Me Lacourte, notaire à Paris, le 16 mars 1956.

Fait à Paris, le 25 mars 2002.

JACQUES CHIRAC

Annexe 5

JORF n° 96 du 24 avril 2007 p. 7167

texte n° 1

ÉLECTION DU PRÉSIDENT DE LA RÉPUBLIQUE
Conseil constitutionnel

Déclaration de situation patrimoniale de M. Jacques Chirac, président de la République, établie en application du quatrième alinéa du paragraphe I de l'article 3 de la loi organique n° 62-1292 du 6 novembre 1962 relative à l'élection du président de la République au suffrage universel

NOR : HRUX0710283X

Nom : Chirac.
Prénom : Jacques.
Régime matrimonial : communauté réduite aux acquêts.
Mandats locaux : néant.

BIENS PROPRES ET BIENS COMMUNS

I. – Immeubles bâtis et non bâtis (1)

Une résidence secondaire sise au lieudit Bity, commune de Sarran (Corrèze), élevée sur caves d'un rez-de-chaussée de quatre pièces, premier étage de six pièces, grenier sur le tout, comportant une maison de gardien et dépendances, cour, jardin et diverses parcelles en nature de terre, pré, pacage et bois, d'une contenance de dix hectares soixante-douze ares onze centiares (10 ha 72 a 11 ca).

Bien commun, acquis par acte en date du 3 mars 1969, pour un prix de deux cent mille francs (200 000 F), estimé aujourd'hui à cinq cent mille euros (500 000 €).

Une maison rurale de quatre pièces avec grange et deux annexes de deux pièces, sise à Sainte-Féréole, commune de Donzenac (Corrèze), édifiée sur des parcelles de terre d'une contenance de 37 ares 41 centiares.

Bien propre, acquis par succession au décès de Mme Chirac, née Valette Marie-Louise, intervenu le 4 septembre 1973, pour une valeur déclarée à la succession de cent mille francs (100 000 F), estimé aujourd'hui à soixante mille euros (60 000€).

II. – Valeurs mobilières

1. Valeurs non cotées en Bourse

Néant.

2. Valeurs cotées en Bourse

Comptes-titres (2) ouverts au nom de Mme Bernadette Chirac :

BNP Paribas, agence 33, rue du 4-Septembre, valeurs arrêtées à la date du 9 mars 2007 :

– compte PEA titres nº 7300040/30 : 238 649,44 € ;

– compte de gestion nº 730040/30 PEA : 8 524,31 € ;
– compte-titres nº 408237/95 : 176 771,81 € ;
– compte de gestion nº 408237/95 : 616,91 €.

3. Placements divers

50 parts sociales de 152,45 € numérotées de 311 à 360 du GFA du Puy-du-Haut, constitué les 10 et 11 janvier 1993, au capital de 61 741,85 €, divisé en 405 parts de 152,45 €, dont le siège est à Sarran, lieudit Le Cher, estimées à 7 622,45 €.

Des bons de capitalisation Natio Vie MULTICIEL (2) pour un montant arrêté au 9 mars 2007 de 147 339,10 €.

III. – Assurance-vie

Néant.

IV. – Comptes bancaires courants ou d'épargne

Compte ouvert (2) au nom de Mme Bernadette Chirac, relevé au 9 mars 2007 :

– BNP Paribas, agence 33, rue du 4-Septembre : compte chèques nº 241/40 : 3 746,56 € ;

– BNP Paribas, agence Kléber, relevé à la date du 8 mars 2007 : compte espèces nº 004656-13 : 44 756,28 €.

Compte ouvert au nom de M. Jacques Chirac, relevé au 8 mars 2007 :

– BNP Paribas, agence Kléber, compte espèces nº 008893/09 : 25 637,81 €.

V et VI. – Meubles meublants, objets d'art et de collections

Mobilier meublant et objets d'art et de collections : valeur d'assurance à ce jour (3) : 200 000 €.

VII. – Véhicules terrestres à moteur

205 Peugeot (année 1984) : pour mémoire.

VIII. – Fonds de commerce ou clientèles, charges et offices

Néant.

IX. – Autres biens

Néant.

X. – Dettes d'emprunt

Néant.

XI. – Observations

(1) L'appartement avec cave, sis à Paris (75006), 95, rue de Seine, situé au 5e étage de l'immeuble, d'une superficie de 114 mètres carrés, constituant les lots 19, escalier A, et 113, bâtiment B, de la copropriété, a fait l'objet d'une donation au profit de Mme Claude Chirac aux termes d'un acte authentique reçu par Me Pierre Lacorne, notaire à Paris (8e), 98, bis boulevard Haussmann, le 29 novembre 2004.

(2) Les comptes-titres et comptes bancaires ont été ouverts par Mme Bernadette Chirac après le mariage et constituent de ce fait des acquêts de communauté. Les sommes et valeurs figurant à leur crédit proviennent essentiellement de deux sources :

– du virement de sommes et valeurs reçues par voie de donations et de succession de ses père et mère, décédés respectivement le 12 avril 1985 et le 20 octobre 2000 ;

– du produit de la vente de biens propres, reçus par voie de donations ou de successions.

Les bons de capitalisation MULTICIEL ont été souscrits par Mme Bernadette Chirac avec des fonds provenant de la vente de biens propres.

Ces sommes et valeurs sont tombées dans la communauté en l'absence de déclaration de remploi.

Mme Bernadette Chirac (ou ses héritiers) aura sur la communauté, à sa dissolution, une créance de récompense calculée dans les conditions prévues dans son contrat de mariage reçu par Me Lacourte, notaire à Paris, le 16 mars 1956.

(3) Dans un souci de bonne couverture des risques, l'estimation des biens assurés est revue périodiquement.

Fait à Paris, le 2 avril 2007.

JACQUES CHIRAC

ANNEXE 6

JORF nº 109 du 11 mai 2007 p. 8458
texte nº 2

DÉCLARATION

Déclaration de situation patrimoniale de M. Nicolas Sarkozy proclamé président de la République

NOR : HRUX0710372X

Nom : Sarkozy.
Prénom : Nicolas.
Régime matrimonial : communauté.
Profession du conjoint : sans profession.
Mandats locaux : président du conseil général des Hauts-de-Seine.

BIENS PROPRES ET BIENS COMMUNS

I. – Immeubles bâtis et non bâtis

Aucun.

II. – Valeurs mobilières ?

1. Valeurs non cotées en Bourse

Néant.

2. Valeurs cotées en Bourse

Néant.

3. Placements divers

Néant.

III. – Assurance-vie

Contrat d'assurance-vie chez Neuflize Vie (situation du contrat au 31 janvier 2007) : 135 679 €.

Société générale (pour un total de 1 906 487 €) :

– Sequoia sécurité assurance-vie (valeur au 31 décembre 2006) : 1 860 466,48 € ;

– Sequoia équilibre (valeur au 31 décembre 2006) : 6 927,59 € ;

– Sogecvistal Gar Ass. (valeur au 31 décembre 2006) : 39 093,10 €.

IV. – Comptes bancaires courants ou d'épargne, livrets, espèces, comptes courants de société

– Plans épargne logement (au 31 décembre 2006) :
Pierre : 12 809,10 € ;
Jean : 12 809,10 € ;
Louis : 37 678,47 € ;
Cécilia : 5 979 € ;
Nicolas : 5 979,33 €.

– Codevi :
Cécilia : 5 843,12 € ;
Nicolas : 4 769,62 €.
– Compte courant Société générale (au 28 février 2007) : 10 082,53 €.

V. – Meubles meublants

Néant.

VI. – Collections, objets d'art, ?bijoux, pierres précieuses, or

Néant.

VII. – Véhicules terrestres à moteur, bateaux, avions, etc.

Austin mini (année 2006) : environ 15 000 €.

VIII. – Fonds de commerce ou clientèles, ?charges et offices

34 % de la SELAS Arnaud Claude-Nicolas Sarkozy, société d'avocats.

IX. – Autres biens

Néant.

X. – Biens immobiliers et comptes détenus à l'étranger

Néant.

XI. – Passif

– Caution pour 34 % à titre personnel d'un prêt de 7 millions de francs contracté par la SELAS pour le rachat de la clientèle.

– Société générale : 2 emprunts pour travaux de décoration de mon appartement pour un montant total de l'emprunt de 50 000 € :

- mensualités : 627,42 € (échéance septembre 2007) ;
- mensualités : 543,4 € (échéance septembre 2009).

Je certifie sur l'honneur l'exactitude et la sincérité des présentes déclarations.

Fait à Paris, le 17 mars 2007.

NICOLAS SARKOZY

Annexe 7

Le Chef de Cabinet Adjoint
du Président de la République

Monsieur Jean-Marc PHILIBERT
Aux bons soins des Editions Max Milo
34 rue de Lancry
75010 PARIS

Paris, le - 5 AOUT 2008

Cher Monsieur,

Vous avez sollicité un entretien avec le Président de la République dans le cadre de la préparation d'un ouvrage consacré aux "Présidents de la Vème République et l'argent".

Chargé de vous répondre, je puis vous assurer qu'il a été pris attentivement connaissance de votre démarche. Toutefois, je dois vous indiquer qu'il ne sera pas possible de lui réserver une suite favorable.

Je vous prie d'agréer, Cher Monsieur, l'expression de mes sentiments les meilleurs.

Samuel FRINGANT

Référence à rappeler
SCP/UT/B113836

Annexe 8

Liste des cadeaux officiels remis par le président Valéry Giscard d'Estaing au Mobilier national le 18 mai 1981

– une parure constituée d'un collier et de boucles d'oreilles assorties offerte par le président du Venezuela ;

– un bracelet en or confectionné par le joaillier Bry, portant un corail rouge ;

– une parure constituée d'un collier et de deux boucles d'oreilles assorties, offerte par le président du Brésil, confectionnée par le joaillier Burte-Meaux ;

– un collier fait de boules dorées ;

– un collier d'or confectionné par le joaillier Zolotas ;

– deux colliers en or avec franges en pâte de verre bleu antique provenant de fouilles, offerts par le shah d'Iran ;

– un collier d'or modèle dit « grenades », offerts par le shah d'Iran ;

– un collier en or ;

– un pont en or sur pied en marbre ;

– un diplôme « Honoris causa » du président ;

– une selle mexicaine ;

– un nécessaire de bureau ;

– un surtout de table en cristal et en or offert par le roi du Maroc.

Remerciements

Ils sont nombreux ceux à qui je souhaite faire parvenir aujourd'hui tous mes remerciements. À commencer par les personnes que j'ai sollicitées au cours de cette enquête et qui, même si elles n'ont pas voulu apparaître à visage découvert, ont accepté de témoigner de ce qu'elles ont vu. Leurs anecdotes, leurs conseils, leurs témoignages ont largement contribué à ce livre. Ma gratitude va notamment à ce haut fonctionnaire, fin connaisseur des arcanes de l'État et encyclopédie vivante du droit, qui m'a guidé dans la jungle des textes de loi et du langage administratif, tout en me prodiguant ses conseils.

Un grand merci aussi à tous ceux qui m'ont soutenu depuis le début de ce projet. Et d'abord à ma famille, qui m'a supporté probablement plus que de raison durant ces dix – longs – mois de travail. Sans elle, rien n'aurait été possible.

Il y a aussi tous les amis, collègues ou proches à qui je pense en écrivant ces lignes. Merci donc à Arnaud, mon ami bouquiniste. Merci à tous ceux que j'ai croisés durant cet été de rédaction et qui m'ont encouragé pendant les périodes délicates. Et puis enfin, merci à Mariam, à Marie-Aude, à Horia, à Isabelle, à Camille, à Véronique et aussi à Orane sans qui ce livre aurait certainement eu un visage différent.

Merci enfin à mon éditeur pour la confiance qu'il m'a témoignée.

À tous, je voudrais dire que ce livre est un peu le vôtre...

Bibliographie

Azéroual (Yves), Benaïm (Valérie), *Carla et Nicolas, la véritable histoire*, Éditions du moment, 2008.

Barbier (Christophe), *La Comédie des orphelins*, Grasset, 2000.

Beau (Nicolas), Toscer (Olivier), *L'Incroyable Histoire du compte japonais de Jacques Chirac*, Éditions Les Arènes, 2008.

Bertrand (Yves), *Je ne sais rien, mais je dirai (presque) tout*, Plon, 2007.

Biton (Anna), *Cécilia*, Plon, 2007.

Blanc (Pierre-Louis), *Valise diplomatique*, Éditions du Rocher, 2005.

Bokassa (Jean-Barthélémy), *Les Diamants de la trahison*, Éditions Pharos, 2006.

Chemin (Ariane), Catalano (Géraldine), *Une famille au secret*, Stock, 2005.

Delpey (Roger), *La Manipulation*, Éditions Jacques Grancher, 1981.

Dély (Renaud), Hassoux (Didier), *Sarkozy et l'argent roi*, Calmann-Lévy, 2008.

Dosière (René), *L'Argent caché de l'Élysée*, Seuil, 2007.

Foccart (Jacques), *Journal de l'Élysée*, tomes I à V, Fayard-Jeune Afrique, 1997 à 2001.

Foccart (Jacques), *Journal de l'Élysée*, tome I, *Tous les soirs avec De Gaulle* (1965-1967), Fayard-Jeune Afrique, 1997.

Foccart (Jacques), *Foccart parle*, tome II, Fayard-Jeune Afrique, 1997.

GAULLE (Philippe de), *De Gaulle, mon père,* Plon, 2003.
GAULLE (Philippe de), *Mon père en images,* Michel Lafon, 2006.
LENTIN (Albert-Paul), *Les Héritiers du Général,* Denoël, 1969.
MASSOT (Jean), *La Présidence de la République en France,* NED nº 4343-4347, La Documentation française, 1976.
MAURIAC (François), *De Gaulle,* Grasset, 1964.
MAURIAC (Jean), *L'Après de Gaulle,* Fayard, 2006.
MITTERRAND (François), *L'Abeille et l'Architecte,* Flammarion, 1978.
NORMAND (Joël), DONCIEUX (Pierre), *La Ve République aux fourneaux,* Éditions de la Table ronde, 1999.
Autour d'une collection. Le Président et Mme Georges Pompidou, interview de Claude POMPIDOU par Luc VEZIN. Textes de Claire STOULLIG, Jean-Louis PRAT, Jacques RIGAUD, Maison des Arts Georges Pompidou, 1994.

Table des matières

Composition et mise en pages : FACOMPO, LISIEUX

Cet ouvrage a été achevé d'imprimer en septembre 2008
dans les ateliers de Normandie Roto Impression s.a.s.
61250 Lonrai
N° d'impression : 08-3099
Dépôt légal : septembre 2008

Imprimé en France